한국인의 눈으로 본
근대 일본의 역사

메이지 유신부터 패전까지,
근대 일본의 도약과 몰락을 돌아보다

한국인의
눈으로 본
근대 일본의
역사

박훈 지음

어크로스

차례

책머리에 9

제1부
메이지 유신으로 가는 길

1장 페리 함대의 출현과 막부의 대응

페리 함대의 출현 17 | 당시 일본은 어떤 나라였나 21 |
조약 체결을 둘러싼 갈등 24 | 개항 결정과 막부의 개혁 28

2장 천황의 등장과 반막부 세력의 대두

천황의 정치적 등장 37 | 군주 의식에 눈뜨기 시작한 천황 41 |
요시다 쇼인의 반막부 운동 47 | 요시다 쇼인은 배외주의자였나 53 |
미토번의 등장과 자멸 57 | 막부의 대대적인 탄압 63 |
"다이로의 목을 땄다" 68 | 사쓰마·조슈의 정치적 대두 71 |
교토, 과격 존양파의 천하가 되다 77 | 과격 존양파의 몰락 81 |
사면초가에 빠진 조슈번 85 | 조슈번의 대전환 91 |
조슈번의 부국강병 95 | 막부와 반막부파의 개혁 경쟁 100

3장 막부 타도와 메이지 유신의 성공

삿초동맹과 사카모토 료마 105 |
사카모토 료마, 새로운 국가를 구상하다 108 |
막부의 묘수, 대정봉환 113 | 한겨울 밤의 궁중 쿠데타, 왕정복고 116 |
막부의 질서 있는 퇴각을 이끈 가쓰 가이슈 121

| 더 살펴보기 |

도쿠가와 시대 일본인의 대외 인식 129 |
19세기 일본인의 대외 인식 136 | 19세기 일본인의 국가 인식 141

제2부

19세기 한일 근대사의 명암

4장 서양의 충격과 한일의 대응

정치 리더십은 어떻게 달랐나 153 | 대원군의 개혁과 메이지 유신 비교 158 |
정한론 분쟁과 한일관계 164 | 해외 팽창론 170 |
강화도조약을 어떻게 볼 것인가 175 | 일본의 류큐 침략과 청의 위기의식 180

5장 1880년대 조선의 반청투쟁

조선에 내정간섭을 시작한 청 189 | 조선 속국화 정책의 주역, 위안스카이 194

6장 일본과 한국 개화파

일본의 전쟁 회피와 자강정책 201 | 이노우에 가오루와 한국 근대사 206 |
김옥균의 일본 망명 212 | 김옥균의 죽음 219 |
청일전쟁은 아직 끝나지 않았다 225

제3부

20세기 일본사와 한국

7장 근대 일본의 제국주의와 민주주의

20세기 전야의 일본 237 | 러일전쟁으로 가는 길 241 |
러일전쟁 발발 247 | 메이지 천황의 죽음과 노기 마레스케 장군의 할복 254 |
식민지 조선의 특이성 259 | 결사의 시대와 자유민권 운동 264 |
다이쇼 데모크라시의 아버지, 나카에 조민 270 | 다이쇼 데모크라시 276

8장 일본 군부의 대두와 군국주의

테러가 만든 역사 283 | 중국 늪에 빠져가는 일본 288 | 만주사변 294 |
중일전쟁으로 300 | 태평양전쟁으로 304

9장 대일본제국 패망과 전후 한일관계

일본의 패망 315 | 전후 개혁과 요시다 독트린 320 |
동아시아의 반공주의 325 | 이승만의 일본 인식 328 |
한일회담의 시작 333 | 일본의 과거사 사과 339 |
일본의 반성과 역사학 343

일러두기

1. 일본어 발음은 국립국어원의 외래어 표기법 규정을 따랐다.
2. 일본의 인명과 지명은 일본어 발음으로 표기했다.
3. 그 외의 일본어 단어는 일본어 발음 표기를 원칙으로 하되, 한국어에서 우리말 한자음으로 사용되는 경우가 많거나(예: 천황(天皇), 막부(幕府), 번(藩)), 한자음으로 읽는 것이 뜻을 이해하기 쉽다고 판단되는 경우(예: 존왕양이(尊王攘夷), 대정봉환(大政奉還))에는 한자음으로 표기했다.
4. 단행본 및 정기간행물은 겹화살괄호(《 》)로, 논문, 기사, 단편소설, 시 등의 개별 문헌은 홑화살괄호(〈 〉)로 표기했다.

책머리에

올해(2025년)는 해방된 지 80년, 한일 국교가 회복된 지 60년이 되는 해다. 저 숫자에서도 보이듯 한국과 일본은 태평양전쟁이 끝나고도 20년 동안이나 국교가 없었다. 지금처럼 수백만 명의 양 국민이 왕래하는 상황에서는 상상하기 어려운 시절이다. 그 시절 한국에게 일본은 적성국이나 다름없었으니 식민지 역사에 대한 객관적 인식도, 일본에 대한 정확한 정보도 없이 대충 가늠할 뿐이었다. 내 지도교수인 김용덕 선생님이 서울대학교에 부임하신 때가 1980년인데, 이분이 서울대가 모셔온 첫 일본사 교수였다. 20년 동안 국교도 없었지만 35년 동안 일본 공부도 외면한 것이다.

다행히 지금은 상전벽해桑田碧海, 한국 학계의 일본사 연구도, 한국 시민의 일본 인식도 그전과는 비교할 수 없을 정도로 성숙해졌다. 표지만 봐도 내용을 알 수 있는 '무조건 반일反日' 책은 여전히 넘쳐나지만, 한편으로는 일본사의 다양한 면모와 한일관계의 심층적 모습을 전해주려 애쓰는 책들도 서점의 한 매대를 널찍이 차지하고 있다. 많이 늦었지만 반가운 일이다. 이 책도 그런 한국 학계와 사회적 노력의 일단으로 봐주시면 좋겠다.

이 책의 1부는 미국 제독 매슈 페리가 개항을 요구하기 위해 일본 도쿄만에 나타난 사건(1853)부터 왕정복고 쿠데타(1868)로 메이지 정부가 수립된 시기까지를 다루었다. 《서울경제》에 연재된 글을 묶은 것인데, 일본사만을 주제로 다룬 신문 연재로는 최초의 사례가 아닐까 한다. 사정상 연재는 6개월 만에 끝났지만, 워낙 한 회의 분량이 많았던 터라 너끈히 단행본의 한 부를 구성할 수 있었다. 와쓰키 노부히로의 만화 《바람의 검심》 마니아층이 증명하듯 이 시기는 일반 독자들도 매우 흥미를 갖는 분야이지만, 정작 전공자들은 그 정세의 복잡다단함에 애를 먹는 시기다. 복잡한 이야기의 날줄과 씨줄을 간명하게 정리해 이해하기 쉽게 서술에 신경을 썼다.

2부는 근대 한일관계사다. 대원군과 메이지 유신의 개혁 비교에서부터 청일전쟁까지로, 1부에 이어지는 시기를 다루었다. 아프고 불쾌한 역사이지만 직시하려고 했다. 이 분야는 그동안 연구의 양에 비해 균형 있는 서술이 부족한 편이었는데, 최근에는 비교적 젊은 연구자들의 노력으로 새로운 사실과 내러티브가 출현하고 있다. 이 연구자들의 업적에 많은 빚을 졌다.

3부는 20세기 일본의 역사로 대일본제국이 대국굴기로 승천하다 50년도 안 되어 패망으로 굴러 떨어진 시기를 주로 다루었다. 이어 패전 후 다시 일어서 한일관계를 새롭게 시작하며 생긴 여러 가지 문제도 함께 다루었다. 읽다 보면 러일전쟁, 중일전쟁, 태평양전쟁 등 맨 전쟁 얘기일 텐데, 내 탓이 아니라 일본이 허구한 날 전쟁만 했기 때문이다. 그런 일본이 우리에게 정말 큰 영향을 끼쳤다. 그러니 20세기 한국, 나아가 오늘의 우리를 알기 위해서 20세기 일본사에 대한 기초적 이해는 필수다. 그런 취지로 써봤다. 2부와 3부는《동아일보》에〈한일 역사의 갈림길〉,〈한국인이 본 20세기 일본사〉라는 제목으로 수년 동안 연재한 글을 정리한 것이다.

얼마 전 취임한 한국 신임 대통령은 일본 총리와 만나 "한일은 앞마당을 같이 쓰는 이웃"이라고 했다. 뒤이어 도쿄 주재 한국 대사관에서 열린 한일수교 60주년 기념식에는 일본의 전·현직 총리 네 명과 내각 서열 2~4위 인사들이 대거 참석했다. 부디 양국의 리더들과 시민들이 서로를 깊이 공부하고 이해해 이런 훈풍이 오래 이어지길 기대해본다.

近代日本

1

메이지 유신으로 가는 길

◀

19세기 후반부터 이야기를 시작하려 한다. 대체로 우리의 구한말에 해당하는 시기다. 아마도 우리에게는 한국의 수천 년 역사상 가장 지리멸렬했던 시기일 것이다. 최근 일부에서는 일본의 침략을 규탄하기 위해 이 시기를 재평가하려는 움직임도 있다. 그러나 이 시기 우리 사회의 대응이 나쁘지 않았다고 평가한다면, 역사상 비판할 수 있는 시기는 아마 없을 것이다. 일본의 침략을 규탄하되, 이때의 우리 사회를 향해서도 날카로운 비판을 거두어서는 안 될 것이다.

거꾸로 같은 시기에 일본은 수천 년 역사상 기억에 남을 만한 대응을 보였다. 한 서양인은 이를 두고 '죽음의 도약'이라고까지 불렀다. 양국에서 보인 대응의 차이가 한쪽에는 식민지화로, 다른 한쪽에는 근대화의 성공으로 이어졌다. 이 정도의 극단적인 격차가 나지 않았다면, 감히 일본이 자국 영토의 3분의 2나 되는 규모의 옆 나라를 병합하지는 못했을 것이다. 유감스럽게도 그 후유증이 어떠한가는 우리 모두가 알고 있다. 그러나 근대 일본을 규탄만 해서는 속은 시원할지 모르지만, 머리는 여전히 무겁다. 유라시아 대륙의 동쪽 끝에 고립돼 있던 섬나라가 어떻게 그런 도약에 성공할 수 있었는가. 옆 나라가 그러는 동안 구한말의 한국인들은 대체 무엇을 하고 있었는가. 20세기 후반 한국의 도약은 19세기 말 일본의 도약과 어떤 점에서 비슷하고, 다른 점은 무엇인가. 21세기 초반, 해방 후 처음으로 찾아온 고차방정식의 국제 현실 앞에서 우리는 어떻게 해야 하는가.

규탄을 넘어 냉정한 시선으로 근대 일본을 직시할 필요가 있다. 그렇게 할 때 우리의 생각은 더욱 폭넓고 깊어지고 훨씬 다양해질 것이며, 결국에는 우리 사회와 국익에도 도움이 될 것이다. 이제부터 이웃 나라가 겪어왔던 장대한 파노라마를 추적해보자. 그리고 그 거울에 우리의 모습을 가차 없이 비춰보자.

1장

페리 함대의 출현과
막부의 대응

페리 함대의 출현

1853년 7월, 미국 동인도함대 사령관 매슈 캘브레이스 페리 Matthew Calbraith Perry 제독이 이끄는 함대가 에도만(현 도쿄만)에 '돌연' 나타났다. 해안가에서도 그 모습을 볼 수 있었기에 구경꾼이 몰려들었다(서울과 달리 도쿄는 항구 도시다). 그들은 검은 선체가 뿜어내는 연기에 크나큰 충격을 받았다. 말로만 듣던 흑선黑船, 즉 증기선이었다. 페리는 미국 대통령 밀러드 필모어의 국서를 들이밀며 수교할 것을 요구했다. 막부 관리들은 당황했고, 에도 주민들은 술렁거렸다. 당시 에도는 인구 100만 명의 세계 최대 도시 중 하나였다. 군중 사이로 이 소식은 빠르게 퍼져나갔다.

서양 배를 구경하러 몰려든 사람들 중에는 17세의 소년 사카모토 료마坂本龍馬도 있었다. 훗날 막부 체제를 종식시키고 일본의 근대화에 큰 영향을 미치게 되는 정객으로 소프트뱅크의 손정의 회장이 가장 존경한다는 인물이다. 그는 그곳에서 멀리 떨어진 도사번(현 시코쿠 남부 고치현) 출신이었지만 검술 수련을 위해 에도에 유학 와 있었다. 이 명민한 청년에게 흑선은 강렬한 충격이면서도 한편으로는 신나는 경험이었다. 그는 도사번의 경비 병력으로 동원되자 진짜 전쟁이라도 난 듯 흥분해서 고향에 있는 아버지에게 편지를 썼다. "전쟁이 나면 외국 놈들의 목을 따서 고향으로 돌아가겠습니다!"(1853년 9월 23일, 《사카모토 료마 전집 坂本龍馬全集》)

술렁이는 분위기 속에서 막부 관리들은 대책 마련에 부심했다. 그런데 여기서 주의할 점이 하나 있다. 당시 막부는 이미 1년 전부터 미국 함대가 국교 수립을 요구하러 올 거라는 사실을 알고 있었다는 점이다. 페리 제독의 이름까지도 파악하고 있었다. 당시 나가사키에 거주하던 네덜란드인들이 제공한 정보였다. 어떤 면에서 페리는 '돌연' 나타난 것은 아니었다.

당시 미국은 멕시코와의 전쟁에서 이겨 캘리포니아를 차지했는데, 1848년경에 거기서 금맥이 터졌다(골드러시의 시작이었다). 금광을 찾아 사람과 자본이 모여들자, 자연히 태평양과 그 너머에 대한 관심도 커졌다. 아편전쟁 후 미국은 이미 중국과 조약(망하조약望廈條約, 1844)을 맺어놓은 상태였고, 다른 유럽 국가들이 그랬듯이, 중국과의 무역을 열망했다. 그러나 당시 선박의 수준으로는 태평양을 건너 중국까지 한 번에 갈 수 없었다. 중간에 항구에 들러 석탄과 그밖에 필요한 물품을 공급받을 기항지가 절실했다. 일본은 거기에 적합한 곳이었다.

페리는 멕시코와의 전쟁에서 미국을 승리로 이끈 전쟁영웅이

1. 미국 해군 증기선의 아버지로 불리는 페리 제독.
2. 페리 함대의 증기선.

었다. 특히 증기선으로 미국 해군을 강력하게 만들어 '증기선의 아버지'라 불릴 정도였다. 하지만 당시 그는 59세로 은퇴한 상태였다(당시에는 노인 축에 든다). 이미 명예와 부를 누리고 있었으니, 가족과 함께 시간을 보내며 여생을 즐기면 그만이었다. 사실 그럴 계획이었다. 그러나 그는 국가의 부름에 응했다. 큰일을 할 사람은 용기와 에너지가 넘친다(다만 페리는 일본행 임무를 마치고 귀국한 지 3년 후에 죽었다. 역시 노년에 너무 무리하면 안 된다).

페리 함대는 증기선 두 척, 범선 두 척의 규모였다. 이듬해인 1854년에 재차 에도만에 도착했을 때 그 규모는 더 커져 있었다. 당시 일본은 해군이 없었기 때문에 페리 함대의 규모는 막부에게 충분히 위협적이었을 것이다. 사무라이는 어디까지나 육지의 전사다. 반면에 서양 국가들은 새로 발명한 증기선을 타고 바다를 제 집 드나들듯 했다. 수많은 병사와 무기를 실은 거대한 배가 검은 연기를 내뿜으며, 풍향과 상관없이 빠른 속도로 바다를 질주하는 모습을 본 일본인들은 경악했다. 막부는 에도 주민들에게 동요하지 말라고 했지만 소용이 없었다.

당시 에도 거리에서는 이런 노래가 유행했다. "태평스러운 잠을 깨우는 죠키센上喜撰(당시 유명한 고급 차인데, 증기선蒸氣船과 일본어 발음이 같다), 겨우 넉 잔 마셨을 뿐인데, 밤에 잠을 못 이루네." 네 척의 페리 함대에 놀라 허둥대는 막부를 신랄하게 풍자한 것이다.

당시 일본은 어떤 나라였나

페리 함대가 일본의 문을 두드렸을 때, 일본은 도쿠가와 막부가 270년 동안 통치하고 있었다. 오다 노부나가, 도요토미 히데요시는 약 100년간의 전국시대戰國時代(1467~1573)에 종지부를 찍었지만, 도쿠가와 이에야스는 그들을 누르고 1603년 도쿠가와 막부(에도 막부)를 세웠다. 막부의 통제를 받는 번藩(봉건국가)이 전국에 270개 정도가 있었다. 각 번의 규모는 제각각이었다. 나중에 메이지 유신에서 막부를 타도하게 되는 사쓰마번(현 가고시마현 및 미야자키현 남서부 일대), 조슈번(현 야마구치현), 그리고 사카모토 료마의 도사번(현 고치현)은 규모가 큰 축에 들었다.

전국시대는 끝났지만 이들은 전투태세를 풀지 않았다. 막부도 번도 전투 조직을 그대로 유지하면서 영지를 통치했다. 말하자면 군정이다. 이후 270년 동안 전쟁이 없는 장기 평화가 지속되었지만, 놀랍게도 막부 체제는 그대로 유지되었다. 지배층은 여전히 사무라이였고, 그들은 1871년 메이지 정부가 칼 휴대 금지령을 내릴 때까지 칼을 차고 거리를 활보했다. 그래서 학자들은 도쿠가와 사회를 '병영국가'라고 부르는데, 이 점이 아마도 조선 사회와 가장 다른 부분일 것이다. 아니나 다를까, 1719년 통신사로 일본을 방문했던 신유한은 이렇게 썼다.

> 길가에서 통신사 행렬을 구경하는 사람들이 모두 길가에 앉아 있는데 (…) 질서정연하고 엄숙한 분위기라 떠드는 사람이 없었

다. 이러한 인파가 수천 리 길에 이르렀는데 단 한 명도 제멋대로 행동하여 행렬을 방해하는 사람이 없었다. (…) 다스리는 법이 모두 군사제도에서 나왔으므로 백성들이 보고 배운 것 역시 모두 군대의 법도와 다르지 않았다.《해유록海遊錄》

일본인이 질서를 잘 지키는 것은 군사문화의 산물임을 간파했던 것이다.

정치가 안정되자 경제는 눈부시게 발전했다. 전국시대에 한반도에서 들어온 회취법灰吹法이라는 은 정련 기술을 이용해 전국의 은광을 채굴했다. 그 양은 전 세계 유통량의 3분의 1에서 4분의 1에 달할 만큼 막대했다. 그 결과 국제무역, 특히 명나라에 이어 청나라와 활발하게 무역을 했고, 국내 상업도 크게 번성했다. 중국에서는 주로 비단, 도자기, 차, 서적 등 하이테크 상품들이 대량으로 수입되어 기모노, 다도 등 일본의 '전통' 문화가 꽃피는 데 일조했다. 벼농사도 비약적으로 발전했다. 경작지가 크게 늘어난 데다 농업기술과 비료가 수확량을 촉진했다. 17세기 초 이미 일본은 부유한 나라가 되었다. 이 같은 경제 발전은 폭발적인 인구 증가로 이어졌다.

일본 인구는 17세기 전후에 1000만 명에 이르렀다고 하며, 18세기 초에는 3000만 명으로 늘었다. 18세기 한국의 인구는 많아야 1500만 명이 안 된 것으로 짐작되며, 해방 무렵에야 3000만 명에 이르렀다. 유럽은 어땠을까? 18세기에 인구가 급격히 증가했는데도, 프랑스는 1500만 명(1715년경), 2400만 명(1789년경)

이었고, 독일은 1700만(1750년경), 영국은 잉글랜드와 웨일스를 합쳐도 610만 명(1750년경) 정도에 불과했다. 한국도 적지 않은 인구였지만, 일본의 인구가 얼마나 많았는지 알 수 있다. 그러니 1690년대 초 네덜란드인을 따라 에도를 방문했던 독일인 의사 엥겔베르트 켐퍼Engelbert Kämpfer가 놀란 것도 당연했다. "이 나라는 정말 인구가 많다. (…) 그런데도 이 많은 인구를 다 먹여 살리고 있다. 도로는 촌과 도시를 촘촘히 잇고 있다."(《일본지日本誌》)

이 시기 일본은 전체 인구도 많았지만, 더 중요한 것은 도시 인구 비율이 세계 최고 수준이었다는 점이다. 일본의 3대 도시로 일컬어지는 에도(100만 명), 오사카(38만 명), 교토(34만 명) 외에도 각 번의 수도인 조카마치城下町도 인구가 수만 명에 이르렀다. 18세기 중엽 베이징의 인구는 100만 명, 런던 65만 명, 파리 55만 명을 헤아렸고, 서울은 30만 명을 밑돌았다. 에도는 세계 최대 도시 중 하나였다. 좁은 도시에 이렇게 많은 인구가 복작대며 살았으니 공간을 효율적으로 사용하지 않을 도리가 없다. 또 사람이 많으니 부딪히는 일도 많았고, 그때마다 "스미마셍!"을 연발하지 않고서는 질서를 유지하기 어려웠을 것이다. 재수 없으면 칼 찬 사람하고 부딪힐 수도 있다(!). 어쨌든 18세기 일본은 전체 인구의 5~6퍼센트가 10만 명 이상의 대도시에 거주했고, 10퍼센트가 인구 1만 명 이상의 도시에 거주하고 있었다. 페리가 개항을 요구했을 때 일본은 세계에서 가장 도시화가 진행된 사회 중 하나였다는 점을 유념해두자.

이제 당시 일본이 어떤 사회였는지 얼추 짐작이 갈 것이다. 인구 대국이면서 경제도 비교적 안정되어 있었다. 약 50만 명의 사무라이가 다스리는 지배 체제는 퍽 튼튼해 보였다. 다이묘大名(봉건 영주)들이 막부에 대해 반란을 일으킬 조짐은 보이지 않았고, 다이묘에 저항하는 민중 반란도 거의 없었다. 페리 함대 같은 외부 충격이 없었다면 아마도 도쿠가와 체제는 쉽사리 무너지지 않았을 것이다.

여기서 우리는 역사에서 외압 또는 외부의 영향을 다시 생각하게 된다. 민족주의와 마르크스주의가 묘하게 혼합된 20세기의 역사학은 주로 내재적 발전을 강조해왔다. 그래야 마치 한 민족의 주체성이 증명되는 것처럼 주장해왔다. 그러나 사실을 말하자면, 한 사회의 변화는 외압으로 시작되는 것이 보통이다. 사회도, 개인도 스스로 알아서 정신 차리기란 생각보다 쉽지 않다. 따라서 중요한 것은 외압이 닥쳤을 때 어떻게 대응하느냐다. '외세 배격'만 소리칠 게 아니라 외세에 대응하고 위기를 계기로 자기를 변혁할 수 있는 힘의 수준, 그것이 그 사회의 능력이다. '자주'나 '주체'를 지나치게 강조하게 되면 이런 역사의 실상을 가려버릴 수 있다.

조약 체결을 둘러싼 갈등

페리의 충격에 일본 정계는 술렁거렸다. 갑론을박하며 차일피일 시간을 끌자, 에도 바깥쪽 우라가浦賀에 정박해 있던 페리는 선박 한 척을 에도 내해 깊숙이 침투시켰다. 무력시위였다. 에도 시내는 발칵 뒤집혔다. 당황한 막부는 서둘러 미국 대통령의 국서를 받아보겠다고 했다.

1853년 7월 14일 페리는 드디어 일본 땅에 상륙했다. 국서 증정식은 30분도 안 걸렸으나, 역사적인 장면이었다. 증정식을 마친 후 일본 관료들은 페리 함선에 승선해서 라이플, 증기기관 같은 신문물을 견학하고 그 작동 방식 등을 꼬치꼬치 캐물었다. 그 물건들이야말로 일본을 이 궁지에 몰아넣은 원천이 아니었던가. 페리는 조약 조인을 위해 내년 봄에 다시 오겠다는 말을 남기고 상하이로 철수했다. 돌아가기 전에 다시 한번 에도 내해에 침입해 무력시위를 벌이는 것도 잊지 않았다. 내년에 딴소리하지 말라는 듯이.

페리가 다시 오면 어떻게 할 것인가. 이를 둘러싸고 의견이 충돌했다. 막부의 로주老中(최고 원로 가신으로 다섯 명 정도 있었다)들은 무조건 전쟁을 피해야 한다며, 기항지를 내어주자고 했다. 정식 외교 수립이나 통상 개시만 막을 수 있다면, 이미 네덜란드인이 들어와 있는 나가사키 같은 항구 한두 곳을 미국에게 개방해도 무방할 것이라는 의견이었다. 이에 맹렬히 반대한 사람이 도쿠가와 나리아키德川齊昭였다. 그는 미토번(현 이바라키현 미토시 일대)의 전 다이묘로 쇼군將軍 가문의 종실 중 한 명이었다. 원래 종실은 정치에 개입하지 못하게 되어 있었지만, 이 권력욕에 불타는 인물은 사사건건 막부의 정책에 간섭해왔다. 막부 관료들에게 그는 이미 기피 대상이었다. 나리아키는 미국의 요구에

일본을 개항으로 이끈 로주 아베 마사히로.

굴복하는 것은 신국神國 일본의 수치라며, 전쟁을 각오하고 거부해야 한다고 주장했다. 목소리가 큰 사람이 인기를 끄는 것은 예나 지금이나 마찬가지인 듯하다. 사무라이와 에도 주민들은 그를 '구국의 영웅'으로 치켜세웠다.

이때 수석 로주 아베 마사히로阿部正弘가 나섰다. 그는 20대 초에 로주가 되어 10여 년 동안 국정을 맡아오고 있었다. 다른 로주들은 나리아키라면 손사래부터 쳐댔지만, 아베는 그를 정부에 불러들였다. 세간의 여론이 그를 지지하고 있었기 때문에 함부로 무시할 수는 없었던 것이다. 이때부터 로주들과 나리아키 사이에 치열한 논쟁이 벌어졌다. 로주들은 나리아키가 정권을 잡고 싶어서 가망 없는 전쟁을 선동하고 있다고 주장하며 그를 경멸했다.

그러나 나리아키는 단순한 주전론자는 아니었다. 전쟁에 승산이 없다는 것도, 또 해외 무역이 이미 세계의 대세라는 것도 잘 알고 있었다. 그러나 전쟁이 무서워 타협한다면 미국뿐 아니라 다른 서양 국가들도 일본을 깔볼 것이고, 무엇보다 국내 민심이 나빠질 것을 우려했다. "모두가 전쟁을 각오하다가 평화가 찾아온다면 좋겠지만, 평화에 목매다 전쟁이 나면 어찌할 도리가 없게 될 것입니다. 배꼽 밑에 평화를 품어두어서는 안 되고, 평화라는 생각을 봉해둔 채 임해야 합니다."(〈막부에 올린 상서〉) 그래도 민심이 정신을 못 차린다면 일부러라도 국지적인 전투를 일으켜야 한다고 주장하기까지 했다.

그러나 페리가 전쟁을 을러대는 마당에 그런 주장은 너무도 위험한 것이었다. 해군을 보유하지 못한 상태에서 페리 함대를 상대할 수는 없었다. 막부 로주들이 그를 미친놈 취급한 것도 어찌 보면 당연한 일이었다. 일단 페리의 요구를 들어주어 돌려보낸 후 국방력을 강화하자는 게 로주들의 생각이었다.

상하이로 물러나 있던 페리는 이듬해 2월에 훨씬 대규모의 함대를 이끌고 다시 나타났다. 그 함대의 규모를 보고 놀란 막부는 나리아키의 주장을 물리치고 조약을 맺기로 결정했다.

개항 결정과 막부의 개혁

1854년 3월에 마침내 페리는 지금은 요코하마가 된 한적한 해안가에 상륙해 일본과 조약을 맺었다. 미일화친조약(가나가와神奈川 조약)이다. 일본을 개국시키는 첫 번째 사람이 되겠다는 그의 꿈이 실현되는 순간이었다. 이 조약으로 일본은 나가사키 외에 시모다, 하코다테 두 항구에 외국의 선박이 기항하는 것을 허용했다. 그러나 이 조약에는 정식 외교도 통상도 명문화되어 있지 않았다. 막부는 어쩔 수 없이 기항은 허용하지만, 200여 년 동안 유지해온 쇄국 방침은 계속 유지하려고 했다. 그사이에 서양을 이길 만한 국방력을 키우자는 생각이었다. 그러나 그게 어디 말처럼 쉬운 일인가.

페리가 떠난 후 아베 마사히로는 개혁정책을 밀어붙였다. 먼저 나가사키에 해군학교를 열었다. 그다운 혜안이다. 바다에서 물고기나 건져 올려서는 나라의 명줄까지 내놓아야 하는 세상

지금의 요코하마에서 이뤄진 1854년 미일화친조약.

이 됐다는 걸 간파했기 때문이다. 네덜란드 교관을 모셔와 조선술, 항해술 등을 가르치게 했다. 막부나 번을 막론하고 우수한 가신家臣을 입학시켜 미래의 해군 인재를 기르기 시작했다. 실력 있는 외국인을 최고 대우로 고용해 일본인 제자를 양성하게 하는 것은, 이후 근대 일본이 채택한 발전 전략의 출발점이다. 이로부터 불과 50년 후인 1905년에 일본 해군은 쓰시마 해전에서 러시아의 발트 함대를 궤멸시켰다(러일전쟁). 20세기 중반 전쟁으로 폐허가 되었던 한국이 수십 년 만에 세계 1위의 조선업 대국이 된 것에 견줄 만한 경이로운 일이다.

그다음은 인재 등용이다. 아베 마사히로는 신분이나 출신과 관계없이 능력이 있으면 과감히 발탁했다. 그 수도 엄청났다. 그가 발탁한 인재들은 훗날 막부의 눈부신 개혁정책을 이끌었다. 서양 서적을 전문으로 번역하는 기관인 번서조소蕃書調所(도쿄대학의 전신)도 설립했다. '번역대국' 일본의 시작이었다. 일본 근대화의 기초는 사실 이 시기 막부가 놓았다고 해도 과언이 아니다.

아베 마사히로는 1857년에 38세의 젊은 나이에 죽었다. 로주로 일한 지 14년 만이었다. 그는 즉시 통상을 개시하는 데는 신중한 태도를 보였지만, 일본이 결국은 그런 방향으로 갈 수밖에 없다는 것을 통찰한 정치인이었다. 그는 죽기 얼마 전, 자기 자리를 홋타 마사요시堀田正睦에게 넘겨주었다. 홋타는 일본이 외국과의 무역을 허용해 그 이익으로 강병을 양성해야 한다고 주장하던, 그래서 '난벽蘭癖'(서양 마니아)으로 조롱받던 인물이었다.

페리가 떠나자 막부는 '선방'했다고 생각했다. 미국과 조약(미일화친조약)을 맺었지만, 통상도 외교관계도 피하고 기항지만 내준다고 했으니 말이다. 그러나 막부의 희망과는 달리 일본이 통상도 허용했다고 오해한 서양 선박들이 줄지어 곳곳의 일본 항구를 찾았다. 부지불식간에 교역이 조금씩 이루어지게 되었다. 막부 관리들도 '세계의 대세'를 직감했다. 홍콩에 있던 영국인 총독도 압력을 가해왔고, 러시아 사절단도 나타났다. 페리가 떠난 지 2년여 만에 마침내 미국 정부가 파견한 타운센드 해리스Townsend Harris가 총영사 자격으로 시모다 항에 나타났다. 그는 외교관인 자신은 마땅히 수도인 에도江戶(현 도쿄)에 주재해야 하며, 쇼군을 알현해야 한다고 강경하게 주장했다. 당시 나가사키에서는 일본이 러시아, 네덜란드, 영국과 교섭하고 있었다.

해리스는 때마침 중국에서 터진 애로호 사건(청나라 관리가 영국 국적의 배 애로호에 올라가 밀수 혐의를 받고 있는 중국인 선원을 체포하고 영국 국기를 내린 사건)을 최대한 이용해 위협했다. 중국을 혼내준 영국 함대가 일본을 개항시키러 올 것이고 그렇게 되면 일본은 더욱 나쁜 조건으로 통상조약을 맺을 수밖에 없을 거라고. 미국이랑 먼저 조약을 맺으면 자기가 나서서 다른 국가들과의 관계도 주선하겠노라고. 밀고 당기기가 지루하게 이어지는 와중에 로주 아베 마사히로가 죽자, 2인자인 '서양 마니아' 홋타 마사요시의 발언권이 세졌다. 홋타가 보기에 이제 태평시대는 끝나고 세상은 전국시대로 되어버렸다. "지금 만국의 형세가 일변하여 대체로 중국의 춘추전국시대, 일본의 전국시대와 비슷한 상황이 되었다. 모두가 각각 영토에 할거하여 스스로 제왕이라 칭

애로호 사건으로 촉발된 2차 아편전쟁.

하며 패권을 잡으려고 한다."

그는 당시를 각국이 서로 패권을 잡기 위해 전쟁을 불사하는 시대로 파악했다. 그 후의 제국주의 침략전쟁, 식민지화, 1차·2차 세계대전 등을 떠올려보면 그의 판단은 옳았다.

전국시대가 되었다면 어떻게 해야 할까. 나 혼자 평화롭게 쇄국하며 살겠다고 그게 유지될 턱이 없다. 결국 좋든 싫든 부국강병에 힘쓸 수밖에 없다. 홋타는 개항에 불안해하는 사람들을 설득했다. "개국을 훗날 세계를 통일할 기초로 삼자. 널리 만국에 항해하고 무역을 하며, 서양인의 장점을 취하여 우리의 부족함을 보완하고, 국력을 기르고 국방을 튼튼히 하자."

그런데 홋타는 여기에 머물지 않는다.

> "그리하면 장차 전 세계가 일본의 위엄에 복종하게 될 것이다. 그리고 마침내 만국이 일본을 세계만방의 대맹주로 떠받들고, 일본의 가르침을 받들며 일본의 명령을 받게 될 것이다."《대일본고문서: 막말외국관계문서大日本古文書: 幕末外國關係文書》18권)

당시 일본의 국력을 생각하면 이는 망상에 불과했다. 국제 정세와 일본의 실정을 잘 알고 있던 홋타마저도 왜 이런 과대망상에 빠졌던 것일까. 개항에 반대하는 세력을 달래기 위한 것이었을까.

어쨌든 이런 '해외 팽창론'은 그 후에도 끈질기게 살아남아 결국 태평양전쟁의 참화를 초래하고 말았다. 지금도 그 망상이 아

일본에 통상을 압박한 초대 미국 총영사 타운센드 해리스.

예 없다고 보기 어렵다. 일본이 세계적인 대국이 되어야 한다고 생각하는 사람이 제법 있다. 이런 사람일수록 중국에 적대적이다. 일본은 중국에 버금가는, 혹은 능가하는 강대국이 될 수 있다는 생각. 조금만 생각해보면 비현실적인 이야기인데도 진지한 관심을 보인다. 한국인 중에는 그래도 이 정도의 망상을 가진 사람은 드물다는 점이 다행이라면 다행일까. 한국이나 일본은 문화, 경제, 교육, 기술로 세계에 공헌하는 강중국 혹은 강소국이 되면 안 되는 것일까.

얘기가 조금 옆으로 샜다. 어쨌든 해리스의 요구를 받아들이기로 한 홋타는 또 다른 결단을 내린다. 반대 여론을 억누르기 위해 천황을 이용하기로 한 것이다. 그는 천황의 칙허를 얻기 위해 직접 교토로 갔다. 도쿠가와 시대 내내 천황은 정치권력이 없었다. 군사력도, 경제력도 없었다. 고대부터 내려오는 정신적 권위가 남아 있을 뿐이었다. 당연히 모든 정치 사안을 막부가 도맡아 처리해왔다. 천황이 통치를 쇼군에게 위임한 이른바 대정위임大政委任이다. 외교를 포함해서 정치 문제에 대해 천황에게 의견을 묻는 일도, 하물며 허가를 구하는 일도 없었다. 홋타의 교토행은 이런 전례를 깬 것이었다. 물론 막강한 권력자인 막부의 요구를 천황이 거부하지 못할 것이라는 철석같은 믿음이 있었다. 교토 나들이나 하며 칙허를 얻고 돌아오자는 가벼운 마음이었을지도 모른다. 그러나 착각이었다. 그의 앞에는 파란이 기다리고 있었다.

2장

천황의 등장과
반막부 세력의 대두

천황의 정치적 등장

36세의 고메이孝明 천황은 로주인 홋타가 생각한 만큼 만만한 사람이 아니었다. 19세기 초부터 천황들은 일본의 주인은 바로 '나'라는 군주의식을 갖기 시작한다. 그들은 유학 경서와 역사서를 읽고, 신하들과 열심히 토론했다. 이들의 공부 일정을 보면 놀라울 정도다. 그야말로 '열공'의 열기 속에서 교토의 분위기도 변해 있었다. 천황도 그의 신하들도 기회만 오면 정치와 온갖 세상일에 개입할 의욕이 넘쳤다. 그러나 막부도 홋타도 이를 간과했다.

홋타의 방문 소식을 듣고 고메이 천황은 신하들에게 놀라운 말을 했다. 이번에 홋타가 와서 "아무리 거금의 선물을 뿌리더라도 거기에 눈이 먼다면 천하의 재앙이 될 것이다. 사람의 마음이란 금전 앞에서 흔들리는 법이다. 마음이 흔들리는 것을 전혀 이해 못할 바 아니지만, 이번에 마음이 흔들린다면 실로 큰 일이 벌어질 것이다"(《유신사維新史》 2권)라고 했다. 그러면서 자신은 현상물을 일체 안 받고 막부에 돌려줄 것이라고 선언했다. 도쿠가와 시대에 천황과 공경公卿(조정 고위직 신하)들은 경제력이 형편없었다. 막부의 금전적 지원이나 선물이 주요 수입원이었다. 그런데 고메이 천황은 신하들에게 이를 거부하라고 한 것이다. 홋타가 가져올 개항 요구를 절대로 받아들이지 않겠다는 배수진이었다.

이로부터 몇 달 동안 큰 소란이 벌어졌다. 고위급 신하들은 궁궐 내에서 서로 싸웠고, 하위직 신하들은 떼를 지어 데모를 벌였다. 전에 없던 일이다. 수백 년 동안 정치적으로 동결되어 있던 교토가 마침내 잠에서 깨어나기 시작한 것이다. 결국 홋타는 천황의 칙허를 받지 못한 채 에도로 돌아갈 수밖에 없었다. 누구도 예상치 못한 사태였다.

그사이 에도에서도 큰 일이 있었다. 쇼군 후계 문제가 불거진 것이다. 당시 쇼군 도쿠가와 이에사다德川家定는 34세로 아직 젊었으나 어려서부터 몸이 허약해서 누가 보더라도 자식을 볼 가능성이 없었던 듯하다. 누가 먼저랄 것도 없이 세자 문제를 꺼내자 이에사다는 "이제 나는 필요 없다는 말이지…"라고 중얼거렸다고 한다. 이때부터 본격화된 후계 문제는 에도 정계를 두 쪽으로 갈라놓았다. 권력의 핵심에서는 쇼군과 혈연적으로 가까운 기이번(지금의 와카야마현)의 요시토미(이 사람이 결국 14대 쇼군 도쿠가와 이에모치가 된다)를 밀었다. 이때 그의 나이는 불과 12세였다.

반면 그동안 권력에서 소외되어왔던 다이묘들과 막부 내 비판 세력은 도쿠가와 요시노부德川慶喜(나중에 15대 마지막 쇼군이

메이지 천황이 도쿄로 천도하기 전까지 천황이 살던 왕궁인 교토 고쇼(京都 御所).

된다)를 지지했다. 요시노부는 건장하고, 총명하기로 소문이 난 21세의 청년이었다. 다만 그에게는 결정적인 약점이 있었다. 바로 친아버지가 도쿠가와 나리아키였다는 점이다. 앞에서 말한 대로 나리아키는 쇼군의 종친이면서 집요하게 막부 정책을 비판하던 사람이었다. 페리가 왔을 때도 막부를 공격하며 미국과의 화친조약 체결을 끝까지 반대했다. 게다가 그는 재정을 국방에 쏟아야 한다며 쇼군의 후궁 오오쿠大奧에게 들어가는 경비를 대폭 삭감할 것을 주장하기도 했다. 당시 오오쿠는 심신 모두 비정상이었던 쇼군에게 큰 영향력을 행사하고 있었다.

이처럼 요시토미와 요시노부를 놓고 후계자 경쟁이 치열하게 벌어지는 가운데, 막부는 돌연 히코네번(현 시가현 히코네시)의 다이묘였던 이이 나오스케井伊直弼를 다이로大老로 영입했다. 이미 얘기한 대로 막부에는 다섯 명 내외의 로주가 총리격으로 있었다. 그런데 이들은 중소규모의 영지(5만~10만 석)를 보유한 다이묘 중에서 선발되었다. 너무 큰 영지를 가진 다이묘가 로주까지 되면 쇼군의 권력을 위협할 것을 우려했기 때문이다. 그러다 보니 정작 큰 다이묘들은 막부 요직을 맡을 수가 없었다. 다만 비상시라고 판단될 때는 다이로를 두어 로주를 지휘하게 했다. 이이井伊 가문은 무려 30만 석의 영지를 보유하고 있었다. 말하자면 다른 로주 집안들과는 급이 달랐다. 비상시국을 거물에게 맡긴 것이다.

1858년 초여름 다이로에 취임한 이이 나오스케는 단 두 달 만에 조약 체결과 후계자 문제를 해결했다. 조약은 천황의 칙허를 받지 않고 체결해버렸다(미일통상조약). 이로써 일본은 서양 주도의 국제 체제에 본격적으로 참여하게 되었다. 한국이 일본과 개항조약을 맺은 것은 1876년(강화도조약)이고, 서양과 조약을 맺은 것은 더 늦은 1880년대 초였다.

일본은 조약 체결과 거의 동시에 요시토미를 쇼군의 후계자로 결정해버렸다. 요시노부를 지지하던 다이묘들은 에도성에 몰려가 거칠게 항의했으나 이미 끝난 상태였다. 오히려 다이로 나오스케는 허가도 받지 않고 에도성에 침입했다며 이들을 처벌했다. 도쿠가와 시대를 통틀어 가장 큰 정변인 안세이 대옥安政の大獄의 시작이었다.

군주 의식에 눈뜨기 시작한 천황

막부의 압박에도 불구하고 고메이 천황이 홋타의 요구를 보기 좋게 거절한 것은 그동안의 조정-막부 관계에 비추어볼 때 깜짝 놀랄 만한 일이었다. 천하가 이를 목도했고, 그 충격파가 정치지형을 급속히 바꾸었다. 철옹성 같던 막부의 권위에 생채기가 생겼고, 철벽처럼 보였던 조정-막부 관계도 흔들리기 시작했다. 경우에 따라서는 둘이 대립할 수도 있음을, 나아가 이 작지만 충격적인 균열이 엄청난 기회가 될 수도 있음을 눈치챈 세력들이 감춰뒀던 발톱을 손질하기 시작했다. 원래 도쿠가와 시대의 천황과 조정은 정치적·군사적·경제적으로 막부와는 비교가 안 되는 미약한 존재였다. 외교를 비롯한 모든 정무를 막부가 전담했으며, 조정(천황)은 막부의 경제 원조를 받아야 체통을 유지할 수 있을 정도였다. 존호尊號 사건(1789년 고카쿠光格 천황이 자신의 생부 간인노미야 스케히토閑院宮典仁에게 태상황의 존호를 바치려다 막부의 반대로 실패한 사건) 같은 막부에 대한 작은 도전도 없지 않았지만 늘 조정 측의 완패로 끝나고 말았다.

상황이 이랬으니 막부가 가벼운 생각으로 홋타를 교토에 보낸 것도 이상한 일은 아니었다. 천황이 막부의 요구를 거절한다는 것은 상상할 수 없는 일이었기 때문이다. 더구나 천황의 궁궐이나 천황 친척의 일 같은 문제도 아니고 미국과의 조약 체결이라는 정무적인 일이었으니 더 말할 필요도 없었다. 그런데 모두의 예상을 깨고 고메이 천황이 반란(?)을 일으킨 것이다. 그동안 일본사에서는 '막부의 통상조약 칙허 요구를 고메이 천황이 거절해서 막부는 곤란한 입장에 처하게 되었다'는 식으로만 서술하고 넘어갔다.

그러나 곰곰이 생각해보면 의아한 일이다. 250여 년 동안 막부에 큰 소리 한 번 내지 못했던 천황이 어떻게 이렇게 중차대한 시점에 반기를 들 수 있었을까. 그동안 교토의 조정에서는 어떤 일이 전개되어온 것일까. 그것들이 차곡차곡 쌓여 수면 위로 올라온 것이 1858년 초의 사태가 아니었을까.

다행히 최근의 연구들이 이런 의문을 많이 해소해준다. 짐작대로 조정의 변화는 드라마처럼 하루아침에 생긴 일이 아니었다. 멀리는 18세기 말부터 늦어도 19세기에 들어서자 천황은 자신이

막부의 대미 통상조약 칙허 요구를 거부한 고메이 천황(재위 1846~1867).

19세기 에도의 서당에서 공부 중인 사무라이들. 조정에서도 이런 회독이 이뤄졌다. 참가자들이 각자의 해석을 나누는 회독 학습법은 자연스레 정치 토론과 비평으로 이어졌고, 천황과 조정 신하들의 정치적 각성에 기여했다.

일본의 치자治者라는 '군주 의식'에 눈뜨기 시작했다(김형진, 〈도쿠가와 후기 조정의 부상과 '학문'의 역할〉, 〈막말 조정의 학습원과 공가사회의 '정치화'〉). 고카쿠 천황(재위 1780~1817)은 《효경》 같은 기초 교육을 넘어 《십팔사략》, 《정관정요》 같은 역사나 통치 이념과 관련된 사서를 학습했다. 모두 천황의 정치적 각성을 자극할 수 있는 책들이다. 비슷한 시기에 고사쿠라마치後櫻町도 상황上皇으로 물러난 뒤 《논어》·《맹자》·《상서》·《예기》 등의 경서와 《정관정요》 같은 제왕학, 《좌전》 같은 사서를 공부하는 학습회를 수십 년 동안 계속했는데, 여기에는 20여 명의 공가公家(조정 신하)도 참여했다. 이 무렵 봄과 가을에 농민이 궁궐에 들어와 모내기와 수확을 하는 시범을 보이고, 이것을 상황이 관람하는 의식이 연중행사로 정착했다. 동아시아 군주들의 친경親耕(왕이 농업 장려를 솔선하는 뜻으로 적전籍田에 나가 몸소 땅을 갈고 씨를 뿌리는 의식)을 연상시키는 이 행사는 천황의 '군주 의식' 배양과 무관하지 않을 것이다.

김형진에 따르면 닌코仁孝 천황(재위 1817~1846) 시기에 이르면 역사서 강독이 정례화되었고, 운영 방식과 커리큘럼도 체계화되어갔다. 지금까지는 거의 중국 사서를 읽는 한어회漢御會만 있었던 데 비해, 1830년대 중반에는 일본 사서를 강독하는 화어회和御會도 곧잘 개최되었다. 여기서는 《일본서기》, 《속일본기》, 《일본후기》 등 일본 정사인 육국사六國史에 대한 학습이 이뤄졌다. 군주 의식과 함께 자국의 역사에 대한 인식도 본격화하기 시작한 것이다. 닌코 천황 시기의 학습회에는 더 많은 신하들이 참석했고, 때로는 황족도 참여했다. 이런 분위기는 마침내 조정 신하를 위한 교육기관을 설립하고자 하는 움직임으로 이어져 1847년에 학습원이 창설되었다. 이를 통해 천황과 자리를 함께할 수 있는 고위직 신하뿐 아니라 다수의 하위직 신하들도 경서와 사서의 학습에 뛰어들었고, 그 과정에서 다양한 '학적學的 네트워크'가 형성되었다.

주목할 점은 회독會讀이라는 학습법을 채택했다는 것이다. 회독은 참가자들이 같은 텍스트를 읽고 한 사람씩 돌아가며 해석하는 공부법이다. 해석이 끝나면 질문과 답변, 토론 등이 활발하게 이뤄지기 때문에, 각자가 텍스트에 대해 명확한 입장을 갖고 있지 않으면 견뎌내기 힘들다. 필자가 연구한 사무라이들의 회독에서는 이 토론이 곧잘 정치 비평으로까지 이어져 사무라이의 정치화에 중요한 촉매 역할을 했다. 천황과 공가의 회독에서 민감한 정치적 사안이 얼마나 자주 언급되었을지는 단정할 수 없지만, 충분히 가능성이 있으며 그 과정에서 '정치적 각성'이 이루어졌을 것이라고 짐작할 수 있다. 이 과정을 통해 도쿠가와 후기의 천황들은 강렬한 '군주 의식' 내지 '황통 의식'을 갖게 되었고(후지타 가쿠藤田覚, 《에도시대의 천황江戸時代の天皇》), 조정 신하들도 나라의 진정한 주인이 누구인가를 고민하기 시작했을 것이다.

막부와 사무라이들이 천황과 신하들을 '긴 소매長袖 입은, 유약하고 세상물정 모르는 사람들'이라고 업신여기며 자만에 들떠 있는 사이, 교토는 느리지만 착실하게 변하고 있었다. 막부가 통상조약 칙허를 얻기 위해 홋타 마사요시를 파견했던 1858년에 고메이 천황은 재위 12년째를 맞는 27세의 청년 군주였다. 이상과 같은 분위기 속에서 성장하고 학습해온 이 젊은 천황과 신하들이 개항이라는 국가의 대위기를 맞아 독자적인 정치 행보를 보인 것은 오히려 자연스러운 일이다. 눈에 잘 보이진 않았지만 오래 누적된 변화가 수면 위로 드러나는 순간, 세상이 경악하는 일은 역사에서 드물지 않다. 평소 눈여겨 살펴볼 일이다.

요시다 쇼인의 반막부 운동

천황과 막부가 충돌하고 수많은 사무라이가 처벌받은 대정변에 자극받아 전국에서 사무라이들이 정치에 뛰어들기 시작했다. 이른바 '유신지사維新志士'의 등장이다. 이 가운데는 저 멀리 조슈번의 한 열혈청년도 있었다. 이름은 요시다 쇼인吉田松陰. 이제 이 젊은이의 이야기를 시작해보자.

2022년에 참의원 선거 유세 중 피살된 아베 신조 전 일본 총리는 교육의 쇄신을 주장하며 다음과 같이 말한 적이 있다. "내일은 제 고향이 낳은 위인, 존경하는 요시다 쇼인 선생이 돌아가신 날입니다. 사형당하기 전날인 1859년 오늘, 요시다 선생은 철야로 유서를 쓰셨습니다. '몸은 비록 무사시 벌판에 썩어가더라도 남겨놓은 것은 야마토다마시大和魂(일본인의 혼).'" 그는 쇼인이 남긴 이 절명시의 기개에 압도당한다고 했다. 아베는 총리 시절에 자신과 쇼인의 고향인 야마구치현에 있는 쇼인신사를 때때로 참

1. 아베 총리의 정신적 지주였던 요시다 쇼인.
2. 메이지 유신의 선각자이며 사상가인 요시다 쇼인을 모신 야마구치현 하기시에 있는 쇼인신사.

배하며 쇼인 정신의 계승을 공공연히 표방했다.

이렇게 아베 신조를 매료시킨 요시다 쇼인은 어떤 인물이었을까. 조슈번에서 1830년에 태어났으니 흥선대원군보다 열 살 어리고, 이토 히로부미보다는 열한 살이 많다. 페리 제독이 일본 앞바다에 나타났을 때 그의 나이는 23세였다. 기묘하게도 페리 등장 시 훗날 메이지 유신에서 맹활약하게 되는 인물들인 요시다 쇼인, 이토 히로부미, 사카모토 료마 등이 모두 고향을 떠나 에도에 와 있었다. 이 젊은이들이 그 현장에 있었다는 것은 그 후 역사 전개에서 큰 의미를 갖는 우연이었다. 서양 놈의 목을 따서 돌아가겠다는 17세의 사카모토와 달리, 23세의 요시다는 좀 더 성숙한 사람이었다. 그는 당대 최고의 양학자이자 스승이었던 사쿠마 쇼잔佐久間象山에게 감화되어 외국 유학을 결심했다. 당시 쇄국정책을 시행하고 있던 일본은 자국민이 외국에 나가는 것을 엄격히 금지하고 있었다. 해외로 나간 일본인은 부산 왜관에 있던 쓰시마 사람 아니면 표류자밖에 없던 시절이었다. 그의 외국행 결심이 얼마나 파천황적인 것인지 알 수 있다.

물론 막부나 조슈번 당국이 허가할 리 만무했다. 그는 러시아 사절 푸탸틴이 왔다는 소식을 듣고 다짜고짜 나가사키로 달려갔다. 그러나 이미 배는 떠나고 없었다. 이에 굴하지 않고 페리가 국서를 수리하러 다시 왔을 때, 하인 한 명과 함께 조각배를 타고 페리 함대의 기함에 다가가 자신을 미국에 데려가달라고 간청했다. 페리도 황당했을 것이다. 요시다 쇼인은 당시 느꼈던 심정을 이렇게 썼다.

> 중국의 책을 읽고서 유럽과 아메리카의 사정을 알게 되어 오대주五大洲를 주유周遊하려는 마음이 생겼다. 그러나 일본은 해금海禁이 매우 엄격하여 외국인이 국내로 들어오는 것과 일본인이 외국으로 가는 것을 모두 허용하지 않는다. (…) 절름발이가 뛰어다니는 사람을 보고, 뛰어다니는 자가 말 탄 자를 볼 때 그 부러움이 어떻겠는가. 하물며 내가 평생 뛰어다니더라도 동서 30도, 남북 20도의 바깥을 나가지 못함에랴.(《투이서投夷書》)

동서 30도, 남북 20도의 좁은 일본에 갇혀 있는 신세를 한탄하는 것이 인상적이다. 딴 얘기이지만 이 시기의 사료를 읽다 보면 당시 사람들이 위도와 경도에 매우 민감했음을 엿볼 수 있다. 예를 들어 사토 노부히로佐藤信淵는 "지금 만국의 지리를 자세히 살펴 우리 일본국의 형세를 고찰해보니, 적도 북30도에서 시작하여 45도에 이르고, 기후는 온화하며 토양은 비옥하다. 그러니 만 가지 종류의 산물이 넘쳐나고, 사방이 대양에 면해 있어 바닷길의 편리함이 만국에 비할 데가 없으며 토지는 비옥하고 인물은 용감하기가 다른 나라에서는 찾아볼 수가 없다"(《혼동비책混同秘策》)라고 했다.

자화자찬이 귀에 거슬리나 어쨌든 위도를 인식하고 있다. 어떤 사람은 강국인 영국과 일본의 위도가 비슷하니 일본도 부강해질 것이라며, 이왕이면 런던과 위도가 비슷한 캄차카로 일본의 수도를 옮기자는 주장까지 한다. 내용은 허황된 것이 많지만, 중요한 사실은 그들이 세계지도를 가까이 하고 있었다는 것이다. 실제로

19세기에 들어서면 세계지도가 널리 유포되었고, 선물 품목으로 지구본도 심심치 않게 등장했다.

다시 얘기를 돌리자. 요시다 쇼인은 미국으로 데려가달라고 간청했지만 중요한 조약 체결을 앞두고 있던 페리가 들어줄 리 없었다. 뜻을 이루지 못한 그를 기다리고 있는 것은 막부의 오랏줄이었다. 그는 당장 조슈번의 수도인 하기萩로 압송되었다. 조슈번은 그를 연금했지만, 학생들을 가르치는 것까지 막지는 않았다. 그렇게 해서 탄생한 것이 그 유명한 서당 쇼카손주쿠松下村塾다. 하기 변두리에 자리 잡은 이 조그만 서당에서 요시다 쇼인은 2년여 동안 혼신의 힘을 다해 공부하고 제자를 가르쳤다.

기도 다카요시木戶孝允, 다카스기 신사쿠高杉晋作(아베 신조安倍晋三 총리 이름의 晋은 여기서 따온 것이다), 구사카 겐즈이久坂玄瑞 등 막부 타도운동의 리더들, 그리고 이토 히로부미伊藤博文, 야마가타 아리토모山縣有朋, 시나가와 야지로品川彌二郎 등 메이지 정부의 총리와 대신들이 여기서 배출됐다. 지금도 쇼카손주쿠는 쇼인 신사 경내에 보존되어 있고, 그 앞에는 '메이지 유신이 태동한 곳明治維新胎動之地'이라는 돌비석이 서 있다(이곳 출신 사토 에이사쿠 총리의 글씨다).

1858년 미국 총영사 해리스가 쇼군 알현과 통상조약 체결을 압박하자 이에 반대하는 존왕양이론尊王攘夷論(천황을 받들어 오랑캐를 몰아내자는 주장)이 전국적으로 확산되었다. 국제 정세에 밝은 막부 관리들은 더 늦기 전에 유리한 조건으로 조약을 체결하는 것이 최선이라고 생각했지만, 젊은 사무라이들은 이를 굴욕

일본 야마구치현 하기시에 있는 막부 말기의 사숙인 쇼카손주쿠(松下村塾).

외교라고 규탄했다. 이를 돌파하기 위해 막부 로주 홋타 마사요시가 교토까지 찾아갔지만 앞에서 보았듯이 천황의 칙허를 얻는 데 실패했다.

요시다 쇼인은 배외주의자였나

이에 고무되어 조약 체결 반대운동은 점점 격렬해졌다. 요시다 쇼인도 그 한가운데 있었다. 이 때문에 요시다는 지금까지도 존왕양이론의 거두로 알려져 있다. 그러나 일본이 살아남기 위해서는 서양을 알아야 한다며 서양 유학까지 하려고 했던 요시다가 무작정 서양을 때려잡자고 주장할 리는 없지 않은가. 과연 막부가 통상조약을 체결하기 직전에 요시다 쇼인은 다음과 같이 말했다.

> 쇄국은 일시적으로는 무사함을 가져다줄 수 있으나 무사안일을 꾀하는 무리들이 좋아하는 것이지 원대한 계책은 아니다. 일본 내에서도 한 지방에만 사는 사람과 전국을 돌아다니는 사람은 지식이나 경험에서 큰 차이가 나게 마련인데, 하물며 세계는 어떻겠는가. (…) 영국과 프랑스 등은 소국이지만 만리 먼 바다에 걸쳐 타국을 제압하게 된 것은 모두 항해의 이점을 활용했기 때문이다.(《속우론續愚論》)

해외 진출을 위해서는 무엇보다도 항해술을 익혀야 한다는 것이다. 요시다는 이에 대해서도 구체적인 방안을 내놓았다. 첫째, 교토에 '대학교'를 세워 항해술을 가르치게 한다. 둘째, 무사와 조정 신하 중 젊은 인재들을 발탁해 외국 배에 탑승시켜 항해술을 배우게 한다. 셋째, 젊은 청년 수십 명을 네덜란드 선박에 태워 매년 광둥, 자바, 기타 지역에 파견한다. 이렇게 해서 항해술을 배운 다음 중국, 조선, 인도 등지를 항해하면 수년 안에 일본의 항해술은 크게 발전할 것이라고 주장했다.

해외 진출을 위해서는 서양 사정에도 밝아야 한다고 했다. 요시다는 청나라 학자 위원魏源의 《해국도지海國圖誌》를 읽고 나서는 "임칙서林則徐, 위원 두 사람 모두 뜻이 있는 선비로 서양 서적에 정통한 사람들이에요. 어떻게든 뜻있는 자들에게 서양학을 권장해 이런 좋은 책을 쓰게 해야 해요"라고 했다(〈형 스기타 우메타로에게 보낸 편지〉).

이쯤 되면 요시다 쇼인이 정말 양이론자가 맞나 하는 생각이 든다. 조선의 양이론자 최익현이나 이항로처럼 서양 문명에 맞서 중화문명을 지키겠다는 태도와는 뭔가 다르지 않은가. 양이론자라면서 그렇게 필사적으로 서양에 가려고 했었고, 서양 언어를 배워야 한다니 이 무슨 가당치 않은 소린가 말이다. 그럼 애당초 미국과의 통상조약은 왜 반대하는가. 그의 대답은 이렇다.

> 국가의 대계를 말하노니 위엄을 떨치고 만국을 제압하려고 한다면 무역과 항해가 아니고서 무엇으로 이루겠는가. 만약 쇄국하여 앉아서 적을 기다린다면 기세가 꺾이고 힘이 위축되어 망

메이지 유신이 태동한 장소임을 알리는 비석(明治維新胎動之地). 1968년 메이지 유신 100주년을 기념하여 사토 에이사쿠(아베 신조의 작은 외조부) 일본 총리의 글씨를 새겨 쇼인신사 내에 세웠다.

하지 않을 수 있겠는가. (…) 원컨대 미국은 이번에는 물러가서 우리가 찾아가 답해줄 것을 기다리라. (…) 나중에 우리가 직접 캘리포니아加里蒲爾尼亞를 방문하여 이번에 와준 사절단에 보답하고 조약을 체결할 것이다.(《대책일도對策一道》)

요시다 쇼인은 통상을 거부한 것이 아니다. 다만 막부가 해리스의 압력에 굴복해 국가적 체면을 손상당한 채 조약을 맺는 것을 반대했을 뿐이다. 그는 여기에 그치지 않는다.

크게 통상을 열어 선박과 물자를 늘려 수출하고 윗사람이 이를 관장하게 하십시오. (…) 상선과 상품이 점점 늘어나서 무역이 활발하게 되면 곧바로 군함을 만들어야 합니다. 군함에는 반드시 총포를 갖추고 사졸을 태우며 상선이 군수품을 조달하게 해야 합니다. 이렇게 되면 유럽이나 미국도 멀다고 이르지 못할 것이 없고, 조선과 만주는 말할 필요도 없을 것입니다.(《재상 마스다에게 보내는 편지》)

한국에서 요시다 쇼인은 흔히 정한론자로 소개된다. 그가 정한征韓을 주장한 것은 맞다. 그러나 그건 그의 주장 중 극히 일부분에 지나지 않는다. 게다가 그가 살던 시대에 일본은 한국을 침략할 힘이 없었다. 그런데도 아무런 현실성 없이 정한을 주장하는 게 유행이다시피 했다. 젊은 그도 거기에 영향을 받아 그런 주장을 했을 것이다. 이런 일본인의 망상 자체가 연구 주제이긴 하다.

그러나 '요시다 쇼인 하면 정한론자'라고 하는 도식은 그를 매도하는 데는 편리하나, 그 사상의 전모를 살펴 근대 일본의 심층을 세심히 들여다보는 것을 방해한다.

미토번의 등장과 자멸

도쿠가와 나리아키는 도쿄의 동북쪽 일대에 있던 미토번이라는 봉건국가의 영주였다. 정실이 낳은 형이 세자로 있었으니, 첩의 자식인 그는 평생 구석에 찌그러져 있어야 할 운명이었다. 그런데 병약하던 형이 젊은 나이로 죽었다. 나리아키를 눈여겨보던 젊은 사무라이들은 즉시 그를 세자로 추대하는 운동을 벌였고, 1829년에 마침내 나리아키가 다이묘가 되었다.

나리아키는 자기에겐 기회가 오지 않으리라 생각하면서도, 젊은 시절 남몰래 개혁을 구상해왔었다. 이제 그 정책들을 하나하나 실행해나갈 차례였다. 이것이 이른바 미토번의 '덴포天保 개혁'이다. 그는 일약 '명군名君'이 되었고, 막부 정책을 비판하기 시작했다. 명군 뒤에는 '명신名臣'이 있었으니 후지타 도코藤田東湖다. 천하의 호색한이었던 주군에게 후지타가 "제발 여색을 조금만 멀리하시라"고 충언하자, 나리아키는 "그대는 술을 좀 작작 마시구려"라고 응수해, 애주가인 그의 입을 다물게 했다. 그야말로 '수어지교水魚之交'였다. 나리아키는 후지타를 비롯해 신분은 낮으나 유능한 인물을 대거 발탁해 토지 조사, 불교 억압 같은

1 2

---

1. 미토번의 다이묘 도쿠가와 나리아키. 반대파에 의해 실각하며 이성을 잃기 전까지 그는 유능한 인물을 기용해 토지 조사, 불교 억압 같은 파격적 개혁을 시행한 명군이었다.
2. 나리아키에게 쓴소리를 아끼지 않았던 신하 후지타 도코.

파격적인 개혁을 추진해나갔다. 그는 후지타와 '계급장 떼고' 토론을 벌이며 최선의 정책을 찾아 헤맸다.

그러나 세상의 박수를 받던 나리아키의 개혁은 1844년에 된서리를 맞았다. 그를 눈엣가시로 여기던 막부는 그에게 은거隱居 명령을 내리고, 그의 아들을 새 다이묘에 임명했다. 강제사퇴당한 것이다. 나리아키는 자신의 실각이 총애하던 중신 유키 도라주結城寅壽의 음모 때문이라고 의심하고서는 분노에 차 노발대발했다.

잠깐만 옆으로 새겠다. 유키는 명문가의 아들로 젊고 아주 미남이었던 모양이다. 그와 나리아키의 관계에 대한 흥미로운 증언이 있다. 나리아키와 가까웠던 에치젠번의 다이묘 마쓰다이라 요시나가松平慶永에 따르면, 나리아키가 "색욕을 너무 좋아해서 유키의 잘생긴 용모에 빠졌고, 그를 남색男色의 대상으로 삼았다. 유키도 간악한 자였으므로 때때로 이에 응해 공公에게 아부하여 남색의 유락遊樂이 거듭되었다"(이노베 시게오井野邊茂雄, 〈미토번붕당기원론水藩朋黨起源論〉3권)라고 했다.

정치적 적대감 때문인지 연인에 대한 배신감 때문인지는 알 수 없지만, 유키와 그 당파에 대한 증오로 나리아키는 이성을 잃었다. 이때부터 미토번의 나리아키파와 막부파 사이에 격렬한 당쟁이 벌어졌다. 나리아키는 다이묘로서 가신들을 통합하기는커녕 추종자들을 선동해 미토번을 두 진영으로 갈라놓았다. 후지타는 이러다간 미토번이 두 동강이 날 수 있다며 나리아키에게 반대파를 포용하라고 진언했다. 진짜 지도자의 역량은 위기 상황에서 드러나는 법이다. 그런데 이때 나리아키는 오히려 진영 싸움을 부추겼다. 후지타의 충언도 점점 귀찮아했다.

후지타는 '쓴소리'를 하기로 작정하고, 주군의 폭주에 제동을 걸고 나섰다. 그는 문벌파門閥派를 대표하던 유키가 중하층 사무라이들의 정치적 도전을 막으려고 막부에 공작했던 것은 사실인 것 같지만, 나리아키의 폐위까지 의도한 것은 아닐 거라며 "다만 약발이 지나치게 들어서, 노공老公(나리아키)까지 이리 되신 것에는 유키도 놀랐을 것"이라고 나리아키를 달랬다. 또 나리아키를 몰아낸 혐의를 받고 있는 문벌파 대신들을 직접 만나 대화를 해서, 그들이 심복하게 만들지는 못하더라도 적으로 만들어서는 안 된다고 했다.

그러나 나리아키의 마음을 읽은 과격파는 더욱 설쳐댔다. 그들은 스스로를 '유지有志'라고 칭하며, 상대 진영을 싸잡아 간신배라고 공격했다. 후지타는 아무리 사이가 안 좋아졌다 해도 같은 가신에게 간신이라는 말을 써서는 안 된다며, "제가 보건대, 간인姦人이라고 할 정도의 자는 아무리 봐도 없고, 공자가 말하는 비부鄙夫(비루한 자)만 많다고 생각합니다. (…) 그런데도 이것도 간姦, 저것도 간이라고 지목한다면 점점 비부의 당류는 많아지고, 당대뿐 아니라 자자손손까지 파를 나누고 당을 세우게 되어 국가영세國家永世의 대해大害가 될 것"이라고 경고했다(이상 인용은 후지타 도코, 〈許々路酒阿登〉). 상대방이 못났다고 비판할 수는 있어도, 아무에게나 '간인'이라는 딱지를 붙이면 대화와 협상은 불가능할 것이라는 얘기다. 상대 당을 무조건 악마화하면 진영 간 대립은 깊어지고 거기서 빠져나오기란 매우 힘들 수밖에 없다.

도쿠가와 나리아키가 죽은 뒤 미토번의 가신들이 일으킨 덴구당(天狗黨)의 난.
나리아키는 반대파를 포용해야 한다는 후지타의 충고를 듣지 않고, 그들을 가혹하게
숙청했다. 결국 미토번은 피비린내 나는 내전에 휩싸여 자멸하고 말았다.

당시 나리아키 일파는 보안을 위해 신발가나神發假名라는 암호 비슷한 문자를 사용하기도 했고, 은명隱名(사람의 이름을 보안상의 이유로 은어로 표기하는 것)을 쓰기도 했다. 아무리 보안 때문이라지만 누가 봐도 정도正道는 아니었다. 후지타는 이런 식으로 해서는 상대방을 '간사하다, 간사하다'고 하는 사이에 이쪽도 간姦에 휩쓸리게 될 것이라며, 일을 신중하게 해야 하는 것은 당연하지만, 어디까지나 광명정대光明正大의 기상을 잃어서는 안 된다고 충고했다. 이 정도로 간언하기는 결코 쉽지 않을 것이며, 이런 심복을 곁에 둔 주군은 행운이라고 해야 할 것이다.

그러나 나리아키는 끝내 후지타의 호소를 듣지 않았다. 몇 년 후 권력을 되찾자 그는 유키부터 종신금고형에 처했다. 후지타는 종신금고라는 극형을 내리면 퇴로를 차단당한 그 일파가 필사적으로 저항할 것이라며, 일정 기간 구금하는 데 그치도록 진언했지만 나리아키의 마음을 돌리지 못했다. 유키가 종신금고를 당하자, 후지타의 우려대로 그 일파는 극렬한 저항에 나섰다. 이에 나리아키는 유키와 그 일당을 아예 처형해버렸다. 이쯤 되자 두 진영 간의 원한은 걷잡을 수 없게 되었고, 결국 미토번은 피비린내 나는 내전에 휩싸여 자멸했다.

쓴소리는 누구나 듣기 싫다. 가족이 해도 싫은데 신하나 부하의 쓴소리는 더 말할 나위도 없다. 인지상정이다. 그러나 성공에는 필수요소다. 한두 번은 불쾌해도 참고 귀를 열던 사람도 그 이상 계속되면 등을 돌리고 싶어진다. 바로 여기가 위대한 지도자와 범부凡夫가 갈리는 지점이다. 동서고금을 막론하고 예외가 없다. 귀에 달콤한 말은 다 독약이라고 생각하면 된다. 지금 누리는 권력은 쓴소리로만 유지될 수 있다. 대신 권좌에서 내려왔을 때, 달콤한 찬사가 쏟아질 것이다.

막부의 대대적인 탄압

1858년 여름, 막부 다이로 이이 나오스케는 격렬한 반대에도 불구하고, 미국과의 통상조약 체결과 쇼군 후계 선정을 자기 뜻대로 강행했다. 이에 항의하는 다이묘들은 일제히 처벌했다. 여론은 삽시간에 나빠졌다. 개방정책에는 언제나 저항 세력이 있기 마련이다. 우리도 그랬다. 신라에 처음 불교가 들어왔을 때 격렬한 반발에 부딪혀 이차돈이 죽었고, 성리학이 도입되기까지도 우여곡절을 겪었다. 구한말 서양 문물에 저항해 위정척사파가 일어난 것은 기억에 새롭다. 개방은 물론 힘들고 불편한 일이지만, 자기도 모르게 위정척사파가 되어 있지는 않은지 돌아볼 일이다.

이야기로 다시 돌아가자면, 반대파는 조약 체결에 천황의 칙허가 없다는 것을 구실로 삼았다. 막부로서는 억울한 일이었다. 300년 가까이 대정大政(국가 대사)은 막부의 소관이었다. 모든 정책 결정을 막부에 위임했다는 것은 공인된 사실이었다. 그런데 문제는 방금 전 막부 로주가 교토에 가서 칙허를 구했다는 점이다. 긁어 부스럼이란 이런 걸 두고 하는 말일 것이다. 고메이 천황의 강력한 반대에 막혀 끝내 조약 체결에 대한 칙허를 받지 못한 점을 반대파는 집요하게 물고 늘어졌다. 사실 반대파도 개방이 불가피하다는 것은 알고 있었다. 이 시기만큼 외교를 정쟁에 이용한 때도 없을 것이다.

이렇게 되자 천황이 있는 교토에는 전국의 야심가들이 모여들었다. 교토는 더 이상 천황과 그의 신하들이 유유자적하며 와카和歌(일본의 전통 시)나 읊는 곳이 아니었다. 정치적 프로파간다, 음모술수와 테러가 판을 치는 뜨거운 '정치도시'가 되어버렸다. 그런 가운데 무오밀칙戊午密勅 사건이 터졌다(그해가 무오년, 즉 1858년이었다). 천황이 조약 체결에 대한 불만을 표하는 칙서를 막부 몰래 미토번에 내린 것이다. 존왕양이론자였던 도쿠가와 나리아키의 번이자, 천황을 떠받드는 것으로 유명한 번이다. 원래 도쿠가와 막부는 집권하자마자 천황과 조정을 통제하는 데 주의를 기울여왔다. 무엇보다도 천황과 다이묘가 직접 연결되는 것을 가장 경계했다. 이 때문에 칙서를 막부를 통하지 않고 다이묘에게 직접 전달하는 것은 금기사항이었다. 무오밀칙으로 막부가 발칵 뒤집힌 것도 당연했다.

막부는 우선 밀칙에 관계된 미토번 인사들을 색출해 할복을 명하거나 심지어 할복마저 허락하지 않고 참수해버렸다. 어차피 죽는 거 방식이 뭐 그리 중요하냐고 할지 모르지만, 사무라이에게 할복과 참수는 차원이 다른 죽음이다. 죽음을 스스로 결정하는 것은 사무라이의 자부심이다. 사무라이에게 할복할 기회를 주지 않고 목을 벤 것은 막부의 분노를 잘 보여준다. 그러나 당한 측에게는 이를 갈 만한 치욕이었다.

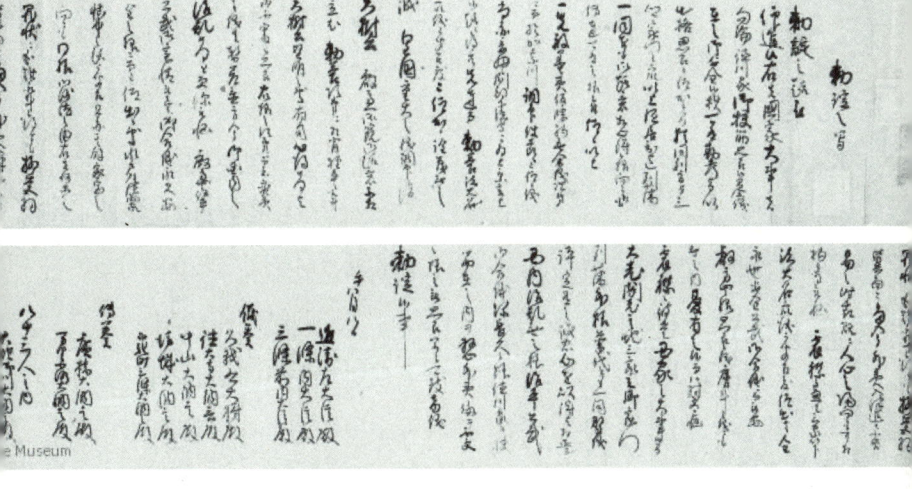

천황이 미국과 통상 조약을 체결한 막부에 불만을 표현하는 내용을 담아 비밀리에
미토번에 보낸 무오밀칙. 이 일로 막부와 천황 사이 감정의 골은 더욱 깊어진다.

막부는 미토번에 칙서를 반납하라고 압박했다. 존왕양이론의 본거지인 미토번이 이를 순순히 들어줄 리 없었다. 막부는 이 사건이 도쿠가와 나리아키가 이이 나오스케를 타도하고 정권을 장악하기 위한 음모라고 의심했다. 세 개의 종실 가문 중 하나인 미토번이 이 위기의 순간에 막부의 주적으로 등장한 것이다. 감히 막부에 대들지 못했던 다른 다이묘들도 미토번의 등 뒤에서 막부에 서서히 도전하기 시작했다. 역시 모든 일은 내부 단속부터다.

다음으로 막부는 교토를 압박했다. 감히 천황이나 공경에는 직접 손을 댈 수 없으니, 그 휘하에서 활동했던 자들과 그동안 반反막부운동을 전개했던 '지사志士'들이 대거 체포되었다. 철저한 색출이었다. 수많은 지사들이 포박되어 수십 명이 죽임을 당했다. 존왕양이론의 선구자인 야나가와 세이간梁川星巖, 희대의 정치 천재 하시모토 사나이橋本左內도 처형되었고, 요시다 쇼인도 그중 한 명이었다. 이를 일본사에서는 '안세이의 대옥安政の大獄'이라고 일컫는다. 도쿠가와 막부 사상 최대의 정변이었다.

사실 도쿠가와 시대에는 정변과 당쟁이 드물었다. 17~18세기 당쟁이 극심했던 조선에 비하면 더욱 그랬다. 무사들이니 고매한 이념이나 학파로 갈려 당파를 만들 일이 없었다. 신분에 따라 지위가 나뉘고, 또 가업에 따라 직무가 결정되는 사회에서 이를 넘어서는 행위는 금기시되었다. 각자에게 정해진 역할이 있는 '야쿠役의 세계'인 것이다. 또 조선이나 중국과 다른 점은 지배층 구성원들에게는 정치적 지위와 별도로 세습자산, 즉 가산家産이 있었다는 점이다. 다이묘의 수십만 석에서부터 하급 사무라이의 몇

십 석에 이르기까지 그랬다. 상층으로 올라갈수록 그 사람의 위신은 가산과 그에 연동되는 사회적 서열에 의해 규정되는 경우가 많았다. 정치권력이나 지위는 물론 중요했으나, 그게 전부는 아니었다. 굳이 권력투쟁을 감행하는 모험을 하지 않더라도 자기 가문의 지위나 위신은 얼마든지 보전할 수 있었다. 이것이 도쿠가와 시대에 격렬한 당쟁이나 정변이 별로 없었던 이유 중 하나일 것이다.

반대파 진압에 성공한 이이 나오스케의 권력은 하늘을 찌를 듯했다. 그러나 그가 천황의 의사를 무시했다는 점, 그리고 천황을 따르는 수많은 '지사'들을 처절하게 숙청했다는 점 때문에 그는 원성의 표적이 돼버렸다. 특히 미토번이 격렬하게 반발했다. 전 다이묘(나리아키)와 그 아들인 현 다이묘가 동시에 처벌되고, 많은 가신들이 극형을 받았기 때문이다. 미토번에 전달된 '무오밀칙'은 말 그대로 뜨거운 감자였다. 막부는 즉시 반납하라고 윽박질렀지만, 미토번의 가신들은 벌떼처럼 들고일어났다. 수천 명의 사무라이와 민중이 에도와 미토 사이의 가도를 봉쇄하는 사태까지 일어났다. 이들 중에는 집단으로 상소문을 올리는 자들도 있었고, 자기 분에 못 이겨 할복하는 자도 있었다. 그러나 언제나 그렇듯 '일탈자'도 있었다. 수많은 사람들이 모여드니 거리는 아연 활기를 띤 모양이다. "이곳은 실로 도회지와 같이 부산하다. 목욕탕과 이발소가 생겨나고 술·과자 등 셀 수 없이 많은 상품이 있다." 장기간 농성을 하다 보니 심심했던지 스모를 하는 자도 나타났고, 심지어 유녀遊女를 부르는 자까지 있었다. 이를 본 한 지식인은 "의사義士, 의민義民이라 자칭하는 자들이 어찌 이리 한심한 짓을 한단 말인가"라고 한탄했다(《남량연록南梁年錄》).

"다이로의 목을 땄다"

긴장은 고조됐다. 1860년 3월 24일. 벚꽃이 흐드러질 시기에 새벽부터 때 아닌 폭설이 내렸다. 기이한 일이었다. 이때 열여덟 명의 사내들이 에도성 남쪽 아타고 신사에서 나와 에도성을 향하기 시작했다. 이 중 열일곱 명이 미토번 출신이었다. 이날은 다이묘들이 등성登城하는 날이라 구경꾼들이 모여들었다. 이들은 에도성 남쪽 사쿠라다몬櫻田門에 도착해 매복했다. 이이 나오스케의 가신들은 주군의 등성을 만류했다. 가혹한 처벌을 당한 번들이 다이로 암살을 계획하고 있다는 소문이 들려오던 터였다. 폭설은 경호를 방해할 것이었다. 그러나 다이로는 만류를 뿌리쳤다. 그까짓 자객의 위협 따위에 굴복한다면 막부의 위신이 서지 않는다는 심사였을 것이다.

매복하고 있는 자객들 앞에 다이로의 행렬이 모습을 드러낸 것은 오전 9시가 조금 지나서였다. 눈발 속에서 불쑥 나타난 적 앞에 다이로의 호위무사들은 힘을 쓰지 못했다. 눈에 젖을까 봐 칼집을 한 겹 더 덮어놓았기 때문에 칼을 뽑는 데 시간이 걸렸다. 그 사이 수많은 칼날이 허공을 가르며 붉은 피를 흰 눈 위에 흩뿌렸다. 20여 분간의 혈투 끝에 호위무사들이 쓰러지고 홀로 남은 다

사쿠라다몬 밖의 변

이로의 가마에 수십 개의 칼날이 꽂혔다. 이어 숨을 헐떡이는 다이로를 끄집어내어 목을 땄다.

백주대낮에 다이로의 모가지가 떨어졌다는 소식은 문자 그대로 경천동지驚天動地였다. 막부는 무엇보다 무위武威로 만들어진 정권이다. 1600년 세키가하라 전투에서 도쿠가와 군대가 도요토미 군대를 격파했고, 그 후로도 압도적인 무력의 과시는 막부가 천하를 다스리는 가장 중요한 근거였다. 천명天命이니 인정仁政이니 하는 군주의 덕은 그다음이었다. 막부는 다른 건 몰라도 무력 다툼에서는 절대 빈틈을 보여서는 안 되었다. 그런데 불과 열여덟 명의 낭사浪士(번을 이탈한 사무라이)들의 칼날이 쇼군을 대신하는 막부 총사령관 다이로의 목을 겨누었다. 강철대오 도쿠가와 막부의 신화가 무너지는 상징적인 사건이었다.

자객들은 사건 당일 뿌린 참간취지문斬奸趣旨文(간신을 처단한 이유를 적은 성명서)에서 나오스케를 '천하의 큰 적天下之巨賊', '국적國賊'이라고 부르며 하늘을 대신해서 그를 죽였다(천주天誅)고 주장했다. 천황과 국가를 위해서 간신을 처치했다는 이 상투적인 문구는 이후 암살범들이 애용하는 수사가 되었다. 그 후 일본은 1930년대 후반 군부가 정권을 장악할 때까지 테러가 빈발했다. 그리고 거의 모든 테러는 정국을 크게 변화시켰다. 어찌 보면 테러는 근대 일본 정치의 상수라고 할 정도였다. 한국에서는 단기간의 해방공간을 제외하고는 그전에도 그 후에도 테러가 정치의 상수가 된 적은 없다. 이제 누가 봐도 막부는 내리막길이었다. 메이지 유신 발발 8년 전이었다.

사쓰마·조슈의 정치적 대두

막부의 최고 실력자인 다이로가 백주대낮에 낭인들에게 암살당하자 막부의 권위는 일순에 무너지기 시작했다. 사무라이 사회에서는 무력이 힘이요 명분이요 정통성이다. 사회는 정교하게 짜인 무력의 서열 체계다. 강자가 지배하고 약자는 말없이 순종해야 한다. 강자에게는 굽혀야 하고, 약자는 억눌러야 한다. 이게 사회의, 인생의, 세계의 당연한 원리다. 이치에 닿지 않는 일이라면 힘센 자에게 항의하고 약한 자의 편을 들어야 한다는 가정교육은 바람직하지 않다. 힘의 대결에서 지면 무조건 "마이리마시다!"(졌습니다)라고 외치며 무릎 꿇어야 한다. 졌으면서도 "두고 보자"며 승복하지 않는 것은 이 세계에서는 허락되지 않는다. 머리를 쳐들 수 있는 날은 저놈보다 힘이 강해졌을 때뿐이다. 힘의 우열이 모든 것을 결정하는 '쇼부勝負'의 세계다.

막부는 여기에 빈틈을 보인 것이다. 이 틈을 사쓰마번, 조슈번, 도사번이 치고 들어왔다. 셋 다 일본 열도의 서남쪽에 위치한, 대규모 영지를 보유한 번이었다. 이들을 서남웅번西南雄藩이라 부른다. 당시 전국에는 270개 정도의 번이 있었지만, 덩치가 큰 번은 소수였다. 20만 석石 이상이 20여 개, 10만 석 이상이 50개 정도였다. 대체로 10만 석 이상은 되어야 제대로 된 번으로 대접받았다. 번은 희한하게도 각자의 석고石高, 즉 생산력으로 평가되었다. 석고만이 사회적 위신을 결정하지는 않았지만, 가장 중요한 기준 중 하나였다. 그래서 어떤 학자들은 도쿠가와 시대가 경제적 실력을 중시하는 '경제사회'였다고 평가하기도 한다. 그런 면이 없는 것은 아니지만, 석고는 기본적으로 군사력을 얼마나 동원할 수 있는가를 보여주는 지표였다. 따라서 석고를 중시했다는 것은 도쿠가와 시대가 '경제사회'보다는 '군사사회'였음을 보여준다고 봐야 한다. 조선사에 익숙한 우리로서는 가장 이해하기 힘든 점 중 하나다.

사쓰마번은 72만 석, 조슈번은 36만 석, 도사번은 24만 석으로 모두 내로라하는 대번大藩이었다. 게다가 이들은 1600년 세키가하라 전투에서 도요토미 편을 들었다가 전쟁 후 도쿠가와에게 처벌을 받았던 도자마 다이묘外樣大名였다. 이 때문에 도쿠가와 시대 내내 막부 정치에 개입할 수 없었다. 300년 가까이 굳게 닫혔던 문에 드디어 빈틈이 보였다. 그러나 막부는 여전히 버거운 상대였다. 그래서 이들은 미토번이나 존왕양이파(이하 줄여서 존양파尊攘派) '지사'들을 이용하거나 무엇보다 천황을 정치무대에 끌어들였다. 막부와 쇼군의 권위를 누를 수 있는 것은 역시 천황밖에 없었다. 그러나 이 번들의 가신이 모두 막부에 도전한 것은 아니었다. 다이묘나 상급 사무라이는 300년 가까이 막부와 좋은 관계를 유지하며 부귀영화를 누려왔다. 새삼 그런 세상을 바꿀 이유가 없었다.

문제는 중하급 사무라이였다. 이들은 경제적으로 곤궁했고, 무엇보다 상인들이 터무니없이 많은 돈을 버는 것이 영 못마땅했다. 정치적으로도 신분제에 꽁꽁 묶여 대대로 내려오는 서리 일 비슷한 가업 말고는 발언할 기회가 많지 않았다. 전쟁이라도 터지면 전공戰功을 세워 어떻게 출세라도 해보련만…. 이들에게 서양 함대가 출몰하고 다이로가 살해당하는 등 세상이 소란해지는 것은 기회가 될 수 있었다. 사이고 다카모리西鄉隆盛, 기도 다카요시, 사카모토 료마, 이토 히로부미도 그런 무리 중의 하나였다.

먼저 사쓰마번이다. 규슈 남단에 거대한 영지를 갖고 있던 이 번은 이미 쇼군 후계 문제로 다이로 이이 나오스케에 맞선 바 있었다. 그런데 그 전쟁의 와중에 영명하기로 천하에 이름이 알려졌던 다이묘 시마즈 나리아키라島津齊彬가 요절했다. 그의 지시로 에도에서 맹렬한 반막부 활동을 하던 사이고 다카모리는 주군을 잃고 쇼군 후계 문제마저 실패로 돌아가자 번으로 돌아가는 바닷길에 몸을 던져버렸다. 막부의 추적 때문이기도 했지만, 그가 얼마나 주군을 흠모했는지 알 수 있다. 같이 투신한 동지는 죽었지만, 사이고는 살아남았다.

나리아키라의 후계는 그의 이복동생 시마즈 히사미쓰島津久光의 어린 아들로 정해졌다. 자연히 히사미쓰가 실권을 쥐게 되었다. 이복형만큼은 아니었지만 히사미쓰도 유능한 정치가였다. 1862년, 다이로의 목이 잘린 지 2년 후에 그는 약 1000명의 병사를 이끌고 교토로 행군했다. 천황과 조정을 자기편으로 만들고 막부에 개혁을 요구하기 위해서였다. 전대미문, 막부 지배 체제에서 다이묘가 대군을 이끌고, 그것도 천황이 있는 교토에 입성한다는 것은 있을 수 없는 일이었다. 누가 봐도 도발적인 행동이었다. 전국의 사무라이들이 흥분한 것도 무리가 아니었다. 사쓰마번의 가신들은 더더욱 그랬다. 드디어 주군이 천황의 선봉이 되어 막부를 친다고 신나했다. 그들 중 수십 명이 교토 인근의 데라다야寺田屋라는 곳에 숙박하며 거사를 꾸몄다.

그러나 정작 주군의 뜻은 딴 데 있었다. 교토에 들어간 히사미쓰는 애초에 막부를 전복할 생각 따위는 없었다. 그러기엔 가진 게 너무 많았다. 그가 바란 것은 그저 막부의 정치 운영에 사쓰마번이 좀 더 간여하는 것이었다. 그런 그에게 데라다야에 모여 있는 '철부지'들은 위험천만한 존재였다. 즉각 번의 최고 검객들에게 일망타진을 명령했다. 안면이 있는 가신들끼리 처참한 살육전을 벌였다. 이를 일본사에서는 '데라다야 사건'이라고 한다. 주군에 대한 절대충성이라는 사무라이의 의식에 큰 균열이 발생한 순간이었다. 주군에 대한 충성보다 '더 큰 대의'가 있을 때는 어떻게 해야 하는가. 어느 쪽에 목숨을 걸어야 하는가. 이 '더 큰 대의'가 천황, 그리고 '일본'이라는 국가로 수렴되어가는 과정이 곧 메이지 유신이다.

과격파 가신들을 도륙한 히사미쓰는 에도로 갔다. 그는 영리하게도 천황의 칙사를 대동하고 갔다. 그리고 천황의 명령이라는 형식을 빌려 막부의 개혁을 촉구했다. 쇼군이 교토에 가서 천황을 배알할 것, 막부 정치에 외부 유력자를 포함시킬 것 등이 그 내용이었다. 칙사의 힘을 빌리는 형식이었다고는 해도 감히 일개 도자마 번이 막부를 상대로 개혁을 촉구한 것은 전에 없던 일이었다. 한번 터진 둑에 밀물이 밀어닥쳤다. 사쓰마에 뒤질세라 이번에는 조슈번이 칙사를 대동하고 들어와 막부 정치 개혁을 주장했다. 이때부터 사쓰마-조슈, 즉 삿초薩長의 경쟁이 시작된다. 흥미로운

교토로 진군해 막부 개혁을 촉구한 사쓰마번의 시마즈 히사미쓰.

점은 칙사가 쇼군에게 천황의 칙서를 전달하는 장면이다. 그전에는 쇼군이 상단에 앉고, 칙사가 하단에서 칙서를 바치는 형식이었지만, 칙사의 강경한 주장으로 그 자리가 바뀌었다. 이제 시각적으로도 천황과 쇼군 중 누가 윗사람인지가 명확해졌다.

조슈번의 석고는 공식적으로 36만 석이었지만 실제 경제력은 100만 석에 가깝다고 알려져 있었다. 석고는 대체로 도쿠가와 시대 초기에 산정되었는데, 경제 부침에 따라 공식 석고와 실제 경제력 간에 차이가 생기게 된다. 조슈번은 소금, 종이, 납蠟 등 산물이 풍부한 데다 항구 시모노세키를 끼고 있어서 교역 수입도 대단했다. 이런 경제력을 바탕으로 조슈번은 에도 정계에 뛰어들었다. 사쓰마와 마찬가지로 조슈번 내에서도 여러 정치세력이 분출했는데, 그중 압권은 과격한 존양파 세력이었다. 앞에서 얘기한 요시다 쇼인의 쇼카손주쿠에서 배운 사람들이다. 사쓰마번에서는 다이묘와 상층 사무라이들이 중하급 사무라이를 적절히 통제하면서 기존 서열을 어느 정도 유지했지만, 조슈번에서는 중하급 사무라이들이 다이묘를 옹립해 실권을 장악해나갔다. 유명한 조슈번 '존양파'다. 투쟁 과정에서 많은 호걸이 죽었지만, 살아남은 자들은 훗날 메이지 정부의 거두가 되었다. 기도 다카요시, 이토 히로부미, 야마가타 아리토모 등 숱하다.

사쓰마번과 조슈번으로부터 연타를 맞은 막부는 쇼군을 교토로 보내지 않으면 안 될 처지에 몰렸다. 표면적으로는 천황의 요구였지만, 사쓰마와 조슈의 공작이 있었다. 이듬해인 1863년 초에 쇼군은 결국 교토에 갔는데, 이는 1634년 3대 쇼군 도쿠가와 이에미쓰德川家光 이래 229년 만의 일이다. 당시 이에미쓰는 30만 대군을 이끌고 위풍당당하게 교토를 위압했지만, 지금은 천황에게 그간의 결례를 사죄하기 위한 초라한 행렬이었다. 게다가 교토에는 조슈번을 비롯해 전국 각지에서 모여든 열혈 존양파 '지사'들이 우글거리고 있었다. 혹시 쇼군이 그들에게 포로가 되는 것은 아닐까 걱정하는 사람도 있을 지경이었다. 그 후로도 쇼군 이에모치는 교토와 오사카에 두 번 더 가야 했고, 마지막 쇼군 요시노부는 아예 내내 교토에 체류하면서 재임 중 에도 땅을 밟지 못했다. 에도는 이미 정치적 공동화 상태로 들어가고 있었고, 교토는 수백 년 만에 다시 일본의 중심으로 부상했다.

교토, 과격 존양파의 천하가 되다

교토에 가보면 도처에 '아무개, 아무개의 순난지殉難地'라는 표지가 자주 눈에 띈다. 순난지는 변을 당한 곳이다. 전투로, 암살로, 처형으로 죽은 사람들의 흔적이다. 이제 천황과 쇼군이 격돌한 그 뜨거웠던, 그리고 무시무시했던 1863년의 교토로 가보자. 조선에서는 흥선대원군이 집권하기 직전이다.

1862년 사쓰마번의 시마즈 히사미쓰가 막부 개혁을 촉구하기 위해 병력을 이끌고 에도로 떠난 후 교토는 과격한 존양파가 장악하기 시작했다. 이들은 천하의 주인은 막부가 아니라 천황이라며 조정 신하들을 자기편으로 끌어들였다. 막부는 간신히 최고위직인 관백關白 정도를 자기 파로 확보한 데 그쳤다. 천황과 조정의 대소신하들은 천황의 칙허 없이 통상조약을 맺은 막부에 이미 등을 돌리고 있었다. 전국에서 몰려든 존양파 '지사'들과 조정의 신하들이 연결되자 그 힘은 가히 폭발적이었다. 문제아 취급을 받던 존양파는 명분을 얻었고, 오랫동안 정치적으로 소외되어왔던 조정으로서는 브레인과 행동대가 동시에 생긴 셈이었다.

일약 정치의 중심에 진입한 이들은 폭주하기 시작했다. 마음에 안 드는 사람에겐 덴추天誅(하늘의 벌), 즉 테러를 일삼았다. 1862년 여름에 이이 나오스케를 도와 막부 편을 들었던 관백의 브레인 시마다 사콘이 교토 기야마치木屋町에서 살해당해 목이 강가에 효수됐다. 기야마치는 지금은 예쁘게 흐르는 다카세천高瀨川을 내려다보며 온갖 산해진미를 맛볼 수 있는 거리이지만, 당시에는 '덴추'를 꿈꾸는 칼잡이들의 소굴이었다. 일본사에서 이름난 수많은 사람이 이곳에서 그들의 칼날에 꿈을 접어야 했다. 쇼군이 229년 만의 상경을 앞둔 1863년 초 교토 상황은 이랬다. 이후 교토는 무법천지가 되었다. 막부의 경찰력은 무용지물이었고, 사람들은 존양파의 '덴추'가 무서워 벌벌 떨었다.

이렇게 살벌한 교토에 쇼군이 발을 들여놓았다. 이미 조정은 존양파가 장악했고, 존양파의 배후에는 조슈번이 있었다. 천황은 쇼군에게 양이攘夷, 즉 조약을 파기하고 서양을 몰아내라고 요구했다. 이미 세계 각국과 조약을 맺고 외교관까지 주재하고 있는 상황에서 말도 안 되는 요구였다. 그러나 쇼군은 감히 거절하지도, 그렇다고 받들지도 못하고 전전긍긍했다. 쇼군이 즉답을 피

1862년 여름 시마다 사콘이 살해된 교토 기야마치의 다카세천.
지금은 벚꽃 아래 강물이 아름답게 흐르는 관광 명소다.

하고 애매한 태도를 보이는 사이 존양파의 기세는 날로 등등해졌다. 좀처럼 궁궐 밖을 나오는 일이 없던 천황은 양이를 기원하는 제사를 지낸다며 신사로 행차했다. 쇼군은 수행하지 않을 수 없었다. 사방이 적으로 둘러싸인 쇼군은 어떻게 해서든 교토를 빠져나가려 했다. 그러나 양이를 약속하지 않는 한 고메이 천황은 그를 놔줄 것 같지 않았다. 결국 쇼군은 그해 6월 25일까지 양이를 단행하겠노라는 지키지도 못할 약속을 하고서야 에도로 돌아갈 수 있었다. 이제 사람들은 막부의 붕괴와 왕정복고를 생각하기 시작했다.

쇼군이 떠난 교토는 존양파 세상이었다. 인구 35만 명의 이 도시는 복잡한 골목 어디에서 자객이 튀어나올지 모르는 공포에 휩싸였다. 마쓰다이라 요시나가松平慶永가 상경한다는 소식은 그들을 더욱 자극했다. 그는 쇼군 계승 분쟁 이후로 막부 핵심을 비판해왔던 정치가다. 그의 가문은 쇼군과 혈연관계였기 때문에 원래는 막부 정치에 개입할 수 없었지만, 1862년 사쓰마번의 요구로 막부의 정사총재직政事總裁職(다이로와 맞먹는 최고위직)에 취임했다. 궁지에 몰린 막부가 마지못해 그의 취임을 받아들인 것이다.

그는 취임하자마자 과감한 개혁정책을 추진했다. 이를 '분큐文久의 개혁'이라고 한다. 다이묘가 정기적으로 에도에 머물며 쇼군을 알현해야 하는 참근교대제參勤交代制를 대폭 축소했고, 에도 성 등성 시 행렬 축소 등 각종 의식을 대폭 간소화해 다이묘의 에도 체류 비용을 줄여주었다. 이 때문에 불황에 빠진 에도의 인력거꾼들이 그를 습격한다는 소문이 나돌 정도였다. 그러나 그가 원한 것은 막부 정치의 개혁이었지 천황 권력의 부활이 아니었다. 말하자면 그는 막부 핵심 세력과 존양파 사이에 끼어 있는 처지였다.

이런 상황에서 마쓰다이라 요시나가가 교토에 온다는 소식이 전해지자 존양파는 살기등등했다. 그의 숙소로 예정돼 있던 절이 불태워졌다. 방화범들은 "이 절의 간악한 승려들이 조적朝敵(조정의 적)에게 숙소를 내주었으니 신화神火를 질러 불태워버렸다. 향후 이런 자가 또 있다면 같은 죄를 물어 덴추를 내릴 것이다"라고 위협했다. 그리고 그를 도운 사람의 목을 잘라 교토 시내 대교에 효수하면서 "간신 마쓰다이라 요시나가의 간악한 계책에 가담하여 인민의 고혈을 짜내고 제멋대로 설쳤으므로 덴추를 가한 것이다"(《속재몽기사續再夢紀事》 2권)라고 써 붙였다.

과격 존양파의 몰락

천황에게 양이를 약속했지만 에도로 돌아간 쇼군이 이를 실행할 리 없었다. 애초에 가능하다고 생각해 약속한 것도 아니었다. 기만이었다. 조정은 독촉하고 막부는 변명하는 일이 반복되었다. 그런데 양이 기한, 즉 서양 오랑캐를 쫓아내기로 한 날이 밝자 조슈번이 자기 영지인 시모노세키 항구 앞을 지나던 서양 선박들에 포격을 가하고 해협을 봉쇄해버렸다. 전국에서 유일하게 조슈번만이 양이를 진짜 실행한 것이다. 미국, 영국, 네덜란드 등 서양

1863년 조슈번은 시모노세키 항구 앞을 지나던 서양 선박을 포격하고, 해협을 봉쇄했다. 전국에서 유일하게 조슈번만이 양이를 실행한 것이다. 하지만 이에 격노한 서양 각국은 이듬해 연합 함대를 구성해 조슈번을 공격함으로써 처절하게 보복했다.
그림은 프랑스 화가 장 바티스트 앙리 뒤랑 브라제의 〈시모노세키 전투〉.

각국은 격노했고 다음 해 조슈번은 처절하게 보복당하지만, 전국의 양이지사攘夷志士들은 조슈번에 환호했다. 조슈번의 무사들을 중심으로 한 교토의 과격 존양파는 더욱 과격해졌다. 원래 존양파를 지지했던 한 조정 대신이 막부 함선에 승선해 오사카만 연해를 순시했다는 이유로 피살되기도 했다.

더 나아가 존양파는 천황이 직접 서양 정벌군을 이끄는 양이친정攘夷親征을 계획했다. 사태가 이렇게까지 되자 원래 양이파였던 고메이 천황도 뒷걸음질 치기 시작했다. 그는 막부가 서양과 맺은 조약을 파기해 쇄국으로 돌아가길 바라기는 했지만, 친정까지 받아들이기는 어려웠다. 그때까지 궁궐 밖으로 나가본 적이 거의 없고, 군대라는 건 구경해보지도 못했다. 게다가 과격 존양파는 자신의 신하까지 멋대로 암살하고 있었고 천황의 친정을 주장하며 조슈번의 병사들이 속속 입경하고 있었다. 더 폭주했다가는 서양이든 막부에게든 호되게 당할 판이었다. 정무 감각이 뛰어난 천황은 물러서기 시작했다.

과격 존양파의 폭주에 사쓰마번의 고위층도 질려 있었다. 게다가 조슈번이 정국을 일방적으로 끌고 가는 것에도 위기감을 느꼈다. 조정의 대신들도 조슈번에 합세해 서양이나 막부와 일전을 벌일 각오는 전혀 없었다. 그들도 중하급 신하들이 자신들을 누르고 조정을 좌지우지하는 게 달가울 리 없었다. 애초에 막부에 대한 불만이었지, 막부 타도까지 의도한 건 아니었다. 사쓰마번이 움직였다. 1863년 9월 30일 새벽 사쓰마번과 아이즈번의 병력이 궁궐의 아홉 개 문을 봉쇄하고 조슈번의 병력을 쫓아냈다. 아이즈번은 막부의 오른팔로 메이지 유신 때도 막부와 함께 옥쇄玉碎한 바로 그 번이다. 이어서 산조 사네토미三條實美 등 과격파 공경들의 입궐을 금지했다. 삽시간에 조슈 반대파가 천황과 궁궐을 장악했다. 전형적인 궁중 쿠데타다. 이를 일본사에서는 음력 날짜를 따 '8·18 정변'이라고 부른다.

8·18 정변으로 약 2년 동안 교토에서 활개를 치던 과격 존양파는 일소되었다. 존양파가 칙명을 날조해 이 사태에 이르렀다고 판단한 고메이 천황은 "지금까지 이런저런 진위가 불분명한 일이 있었지만, 지난 8월 18일 이후 발표하는 것이 진짜 짐의 뜻이다"(《고메이 천황기孝明天皇記》)라는 희한한 성명을 발표했다. 어쨌든 천황의 의사 표시로 조슈번과 존양파의 정통성은 무너져 내렸다.

이때부터 일본 근대사는 '진짜 천황의 뜻은 무엇이냐'를 둘러싼 쟁탈전이라고 봐도 무방하다. 천황은 최고 주권자이기는 하지만 정치 전면에 나서지 않는다. 그래서 막부가, 메이지 유신 이후에는 내각이 '천황의 뜻'을 헤아려 정치를 했다. 천황은 좀처럼 국사에 대해 발언하지 않았다. 이러니 진짜 천황의 뜻을 두고 정치세력 간에 각축이 벌어진다. 저마다 상대가 '천황 옆의 간신'(군측君側의 간奸)이고 내가 충신이라고 부르짖었다. 노련한 정치가에게 '천황의 뜻'은 신성한 그 무엇이라기보다는 조종과 공작의 대상이었다. 사쓰마번 사무라이들의 리더였던 오쿠보 도시미치大久保利通는 천황을 '다마玉'라 부르며 권모술수의 표적으로 여겼다.

시대를 훌쩍 건너뛰어 1936년에 젊은 장교들이 군사 쿠데타를 일으켰다. 유명한 '2·26 쿠데타'다. 이들은 당시 내각이 재벌과 정당의 이익만 대변하고 진정한 천황의 뜻을 실현하지 못하고 있다며, 자신들 황군皇軍이 천황의 뜻에 따라 정부를 전복하고 새로운 체제를 만들어 쇼와 유신昭和維新을 단행하겠다고 기염을 토했다(한상일,《쇼와 유신》). 그러나 이들이 정부 고관들을 살해하자 쇼와 천황, 즉 히로히토는 냉정하게 진입하라는 말을 내뱉었다. 머쓱해졌을까, 기세등등하던 1000명의 청년 장교들은 그 한마디에 곧바로 항복했다. 그러나 이런 몇 가지 예외를 제외하면 천황은 늘 장막 뒤에 있었고, 그 그림자를 제 것으로 만들려는 복잡하기 이를 데 없는 정치투쟁이 일본 근대사를 장식했다.

사면초가에 빠진 조슈번

조슈번은 교토에서 쫓겨났지만 명분은 거머쥐었다. 양이를 주장하다가 탄압을 받았다는 것이 그들의 명분이었다. 배외주의자가 받는 탄압은 언제나 민심을 격동시킨다. 합리적으론 옳지 않다는 걸 알아도 감정은 그쪽으로 쏠린다. 약소국일수록 더 그렇다. 외세를 받아들이고 이용해 도약할 수 있는 여유와 능력의 폭이 좁기 때문이다. 그러니 곧잘 배외주의자가 그 사회의 지도자가 된다. 그러나 그들은 나라를 위해 몸 바친 투사일지언정 지도자가 되어서는 안 된다. 지도자는 단순한 투사를 넘어선 어떤 경지를 제시할 수 있는 사람이어야만 한다.

당시 조슈번과 존양파가 없는 교토에서는 사쓰마번을 비롯한 유력한 다이묘들이 모여 새로운 권력 구상을 시도하고 있었다. 유력 다이묘들이 천황 밑에 모여 권력기구를 구성하려는 것이었다(참예회의參預會議). 실현된다면 당장 에도에 있는 막부와 별도의 정부가 생길 판이었다. 다이묘들 간의 갈등 끝에 이 구상은 실현되지 않았고, 양이를 촉구하는 목소리는 가라앉을 줄 몰랐다. 더 이상 번 권력의 힘을 빌리지 않고 전국의 사무라이들이 횡단적으로 연대해 봉기를 일으키려는 움직임도 시작되었다. 교토를 탈출한 존양파 공경을 옹립한 세력은 교토 남쪽에서 병사를 일으켰고, 미토번의 사무라이들은 쓰쿠바산에 들어가 빨치산이 되었다. 모두들 교토에서 쫓겨난 조슈번이 봉기하길 기다렸다.

1864년 여름 조슈번이 움직였다. 조슈번 다이묘의 억울함을 천황에게 호소한다는 명분을 내걸고 교토로 진격한 것이다. 교토에서 전투가 벌어진 것은 거의 250년 만이었다. 이미 궁궐은 사쓰마번과 아이즈번 병력이 철통같이 지키고 있었다. 궁궐 근처에서 대규모 전투가 벌어졌다. 궁궐의 아홉 개 문 가운데 하나인 하마구리몬蛤門에는 지금도 총탄의 흔적이 남아 있을 정도로 격렬한 전투였다. 결국 조슈번은 패배했고 그 과정에서 다수의 존양파 지사가 숨졌다. 이를 '금문禁門의 변變'이라고 한다. 이때 아이즈번 편에 서서 자기들을 공격한 사쓰마번을 조슈번은 증오했다. 사쓰마-조슈는 견원지간이 되었다. 이로부터 1년 반 만에 두 번의 화해를 성사시키고 동맹(삿초동맹薩長同盟)을 맺도록 중재한

1864년 8월 교토에서 벌어진 '금문의 변'을 그린 우키요에.
이 사건으로 조슈번은 결국 패하고, 다수의 존양파가 목숨을 잃었다.

교토의 동쪽 끝에 위치한 유신의 길.
나지막한 동산에 사카모토 료마, 기도 다카요시 등의 묘들이 있다.

사람이 바로 사카모토 료마였다. 탁월한 조정 능력이다.

  잠시 쉬어가자. 교토의 동쪽 끝에는 '유신의 길'이라는 곳이 있다. 한국인이 즐겨 찾는 관광지인 기요미즈데라淸水寺 바로 뒤편이다. 나지막한 동산에 묘비가 즐비하다. 입구에서부터 음기가 스산하다. 이 시기 막부 타도 운동을 했던 사람들의 묘다. 사카모토 료마도, 기도 다카요시도 여기 누워 있다. 금문의 변에서 목숨을 잃은 사람도 다수 있다. 메이지 유신 직후 메이지 천황의 지시로 조성되었다. 그런데 문제는 여기에 이들만 묻힌 게 아니라는 거다. 그 후 중일전쟁과 태평양전쟁 등 아시아 침략 과정에서 전사한 이들도 여기에 묻히기 시작했다. 그 수는 수천 명에 이른다. 이들의 묘를 따라 쭉 내려오다 보면 마지막에 라다비노드 펄 판사의 얼굴이 새겨진 벽을 만나게 된다. 태평양전쟁 후 도쿄 전범재판에서 일본의 무죄를 변호했던 인도인 판사다.

  이 묘지의 기획은 매우 걱정스럽다. 메이지 유신 과정에서 죽은 '지사'부터 20세기 대외 침략전쟁의 전사자까지 '호국의 영령'으로 한데 묶어 애국심을 고취하려는 의도였겠으나, 거꾸로 보면 '지사'들까지 전범으로 묶어버린 것이다. 기요미즈데라를 방문하는 독자들은 잠시 짬을 내어 이곳을 한번 들러보길 권한다. 일본인의 역사 인식의 심층이 어떤 모습인지를 엿볼 수 있다(다만 재미있거나 아름다운 곳은 아니니 나중에 필자 탓을 할 분은 가지 마시길).

  금문의 변으로 조슈번은 완전히 역적이 되었다. 천황이 사는 궁궐에 발포를 했으니 말이다. 교토의 가옥 수만 채가 불탔다. 조슈번의 군대는 과격파 공경 일곱 명을 데리고 번으로 퇴각했다. 궁궐에 총질을 해댄 역적을 막부가 가만 놔둘 수는 없다. 조슈번을 정벌하기 위해 막부의 군대가 움직이기 시작했다. 그런데 바로 그때 미국, 영국, 프랑스, 네덜란드 등 4개국 연합 함대가 조슈번의 시모노세키를 포격했다. 지난해 양이를 외치는 조슈번에게 포격당하자 즉각 보복했던 서양 열강이 더 큰 함대를 만들어 재차 쳐들어온 것이다. 막부와 서양이 동시에 조슈번을 공격하는 형국이었다. 여론은 조슈번에 동정적이었다. 사카모토 료마는〈누나 오토메에게 보내는 편지〉에서 "정말로 개탄스러운 것은 조슈를 공격한 서양 선박이 에도에서 수리를 한 후 다시 조슈에 가서 싸우고 있다는 겁니다. 이건 모두 막부의 간신과 서양 오랑캐들이 내통하고 있기 때문이에요"라며 분개했다. 막부와 서양이 내통했다는 명백한 증거는 없었지만 막부가 서양의 공격을 즐기는 건 확실했다.

서양 연합 함대가 공격해오자 양이 열풍에 들뜬 조슈번의 사무라이들은 흥분했다. 드디어 일본 사무라이의 무용과 기개를 보여줄 기회가 왔다고 생각했다. 그러나 정신 승리는 며칠 가지 못했다. 서양 함대의 맹폭 앞에 시모노세키의 조슈번 포대는 그저 고철 덩어리임이 드러났다. 압도적인 무력 앞에, 그리고 철저한 패배 앞에 조슈번의 사무라이들은 잽싸게 태세전환을 했다. '서양 오랑캐를 이기려면 저들의 우수한 무기와 전법과 군대를 갖지 않으면 안 된다.'

실은 누구나 아는 사실이었다. 인정하기 싫었을 뿐. 조금만 생각해보면 너무도 분명한 사실을, 인정하기 싫어서 엉뚱한 길로 가다가 헛길로 새는 일은 인류사에서 부지기수다. 누가 너무 늦지 않은 시기에, 냉정하게 이를 직시하고 방향을 제대로 잡느냐의 싸움이다.

조슈번의 대전환

이때 조슈번의 태도는 놀라웠다. 어제까지 그렇게도 처절하게 양이를 부르짖었던 자들이 패하자마자 서양과 협정을 맺고 표변했다. 그리고 가열차게 '서양화' 정책을 추진했다. 간단하다, 서양을 이기기 위해 서양화한다는 것이다. 이 전환에 크게 기여한 사람이 이토 히로부미와 이노우에 가오루井上馨다. 전자는 따로 설명이 필요 없을 것이고, 이노우에는 청일전쟁과 갑오개혁 무렵 특명전권공사로 조선에 와서 일본식 개혁정책을 조선 정부에 강요했던 그 사람이다(뒤에서도 다룬다). 이들은 1863년에 막부 몰래 영국에 유학하러 갔었다. 그러나 조슈번이 서양과 전쟁을 할 것이라는 소식을 듣고는 이를 어떻게든 막아보려고 급거 귀국한 것이다. 안중근을 만나기 46년 전, 젊은 이토가 영국에서 유학했다는 사실도 함께 기억하자.

이로부터 메이지 유신이 발발하기까지 3년 반 동안 막부와 조슈번(혹은 사쓰마번) 사이에 '근대화 경쟁'이 전개되었다. 막부는 지금까지 해온 대로 서양과의 조약을 기반으로 그들의 우수한 문물을 적극 받아들였고, 조슈번은 막부를 타도하고 스스로 살아남기 위해서, 그리고 무엇보다도 서양을 몰아내기 위해서 서양 문물을 필사적으로 받아들였다. 그 핵심은 사무라이답게 군사 분야였고, 그 중심인물이 바로 다카스기 신사쿠였다.

'군사혁명military revolution'이라는 말이 있다. 근대화는 무엇보다도 전쟁을 수행하면서 군대를 비롯한 각 사회 분야가 효율·경쟁·규율을 체화하면서 이뤄졌다는 학설이다. 고도의 산업화, 금융의 발전, 민주화 등도 그 과정에서 실현되었다는 것이다. 근대화 이전 2~3세기 동안 유럽은 지속적인 전쟁 상태였고, 동아시아는 18세기 이후 이렇다 할 전쟁이 없는 장기 평화 시대가 이어졌다. 이 학설에 따르면 동아시아는 전쟁이 없는 평화 체제였기 때문에 근대화가 늦어졌다고 할 수 있다.

다시 조슈번으로 돌아오자. 웅번雄藩이라고 해봤자 인구 50만 정도로, 우리의 경기도 평택시 정도 규모다. 이런 번에서 1864년부터 3년여 동안 파천황적인 개혁정책이 실행되었다. 먼저 사무라이만의 군대 대신 평민을 군대로 동원했다. 이를 '기병대奇兵隊'라 한다. 이름에서 보듯 정규병이 아닌 기이한 군대다. 사무라이가 아닌 농민, 상인, 수공업자, 신관神官 등을 끌어 모아 만든 데서 나온 이름이다. 이 군대를 서양식으로 훈련시켰다. 정규 사무라이 군대는 자존심 때문에 서양식 전법을 받아들이기 힘들어 했다. 사무라이는 각자가 전투의 플레이어였지만 근대적 군대의 병사는 까놓고 얘기하면 그저 부속품이다. 사무라이로서는 이를 수용하기 어려웠다. 조슈번의 개혁파는 기병대를 따로 만들어 사무

다카스기 신사쿠의 초상.

1863년 다카스기 신사쿠의 제안으로 결성된 사병 집단인 조슈 기병대.

라이의 기득권을 돌파했지만, 이 구도는 그 후로도 계속되었다. 메이지 정부 수립 후 사무라이만이 아니라 전 국민을 대상으로 한 징병제를 시도했던 오무라 마스지로大村益次郎는 1869년에 이에 반대하는 사무라이에게 암살당했다. 사무라이는 평민이 무인의 역할을 침범하는 것에 분개하며 1870년대 내내 반란을 일으켰다. 그 정점이 사이고 다카모리가 이끈 세이난 전쟁西南戰爭(1877)이다. 그러나 2만여 명에 달하는 사무라이 군대를 메이지 정부의 평민 군대가 간단히 제압해버렸다. 여기에 이르는 출발점이 바로 조슈번의 기병대에 있다고 하면 '조슈 중심사관'이라고 비판하는 사람도 있겠지만, 이 시기 조슈번에서 추진한 절체절명의 개혁이 그 후 역사 전개에서 갖는 적지 않은 의미를 부인하기는 어렵다. 이제 그들의 '필사의 도약'을 살펴보기 위해 조슈번 안으로 들어가보자.

조슈번의 부국강병

천황에게 양이를 강요하고, 시모노세키에서 서양 상선을 포격하며 환호하던 조슈번은 교토 전투(금문의 변)에서 패배하고 서양 열강으로부터 보복 공격을 받자 정신이 번쩍 들었다. 목에 칼이 들어오는 마당에 '정신 승리'에 도취해 있을 때가 아니었다. 금문의 변에서 궁궐에 총격을 가해 '조적'으로 몰렸으니, 막부가 토벌하러 올 것은 불문가지였다. 어떻게 살아남을 것인가.

시모노세키 전투 당시 조슈번 포대를 장악한 서양 병사들.

1865년 초 적은 수의 군사로 번의 권력을 탈취한 다카스기 신사쿠는 대개혁을 선언했다. 골자는 부국강병이다. 양이를 하려면 강병이 있어야 하고 강병을 양성하려면 부국이 되어야 한다.

먼저 강병이다. 강한 군대를 만들려면 어떻게 해야 하나. 답은 뻔하다. 서양 군대처럼 만들면 된다. 지금까지는 정치적·사회적 이유로 거부했을 뿐이다. 조슈번은 즉각 서양 진법을 채용해 서양식 군대를 육성하기 시작했다. 사무라이 사회에서 진법을 바꾸는 일은 조선에서 서원을 철폐하는 것만큼이나 어려운 일이었다. 이어서 서양식 무기를, 그것도 최신식으로 대량 구입했다. 당시 나가사키에는 서양 무기 상인들이 들어와 있었다. 그중에서도 큰 손은 스코틀랜드 상인 토머스 글로버Thomas Glover였다. 이때 활약한 사람 중 하나가 이토 히로부미였다. 조슈번에 막대한 무기를 판 글로버는 훗날 "도쿠가와 막부의 반역자 중에 내가 가장 큰 반역자일 것"(《글로버 사담 속기록》)이라고 했다. 지금도 나가사키에는 그가 체류하던 저택이 관광 명소인 글로버 정원으로 남아 있다.

서양 진법과 서양 최신 무기로 사무라이뿐 아니라 평민까지 서양식 군대로 편성되었고 이들은 다카스기 신사쿠의 휘하에 결집했다. 작지만 강한 군대다. 기도 다카요시는 당시 상황을 "숙연한 것이 심야와 같은 분위기"(《방장회천사防長回天史》)라고 표현했다. 오늘날 휘황찬란한 심야에 익숙한 도시인은 감이 안 오겠지만, 깊은 산속 오밤중의 분위기를 상상해보라. 계엄이다. 사쓰마와 조슈의 동맹을 성사시키기 위해 조슈번에 잠입한 사카모토 료마는 그 상황을 보고서는 "조슈번에 들어와보면 방방곡곡에

1. 스코틀랜드 상인 토머스 글로버.
2. 나가사키에 위치한 토머스 글로버의 저택. 현재는 관광 명소 글로버 정원이 되어 있다.

방벽을 치고 대로에는 남김없이 지뢰를 설치했어요. 서양 포술은 조슈가 제일인데, 숲이 조금만 있으면 야전 포대를 만든답니다"라며 "일본의 다른 곳에서는 볼 수 없는 일이에요"(〈형, 누나, 유모에게 보낸 편지〉)라고 감탄했다.

이런 일에는 어마어마한 돈이 든다. 다카스기 신사쿠는 "나라를 경영하려면 부국강병이 우선이다. 성인도 먹는 게 족해야 군대가 있을 수 있고, 그래야 백성의 신뢰를 얻을 수 있다고 말했다. 성인이 지금 나타나신다고 해도 '국가 경영, 국가 경영'이라고 큰소리만 치고 비분강개만 해서는 아무것도 되지 않을 것이다"라고 말했다. 강병은 즉 부국에서 나온다. 그럼 어떻게 해야 부국이 될 것인가. 농민의 세금을 뜯어서 될 일이 아니다. 돈줄은 단 하나, 무역밖에 없다. 무역? 이들은 양이론자가 아닌가. 서양과의 통상조약을 당장 파기하라고 외친 자들이 아니던가.

교토에서 양이운동이 절정에 달했던 1862년에 다카스기 신사쿠가 쓴 글을 보자.

> 지금의 형세로 봐서 우리 번의 물건을 팔기에는 오사카보다 나가사키가 낫다. (…) 막부가 외국과의 통상을 허가할 때에는 나가사키를 근거지로 삼아, 여기서 물건을 선적하여 광둥, 딩하이定海, 홍콩, 나아가 영국의 런던, 미국의 워싱턴까지 진출해야 한다.(《동행선생유문東行先生遺文》)

이른바 세계 무역론이다. 막부를 괴롭히기 위해 양이론을 가장

했다고 비판받아도 할 말이 없을 것이다.

마침 조슈번에는 시모노세키라는 좋은 항구가 있었다. 부관釜關(부산-시모노세키) 페리가 보여주듯 이 항구는 한반도 교류의 입구이기도 했지만, 동시에 서양 선박이 오사카로 향할 때 지나는 목구멍에 해당하는 곳이다. 조슈번이 양이를 한답시고 서양 상선을 포격한 곳도, 그 보복으로 포격을 당한 곳도 바로 이곳이었다. 조슈번은 시모노세키를 개항해 서양 무역에 뛰어들려고 했다. 오랫동안 양이를 부르짖었고, 불과 반년 전에 서양과 치열한 전투를 벌였던 자의 '표변'이다. 사람 관계에서 표변을 좋다고 할 수는 없겠지만, 국가 지도자급의 경우에는 달리 봐야 한다. 표변하지 않으면 살아남을 수 없을 때, 왔던 길을 고집하는 것이 지도자의 선택이 될 수는 없다. 변화무쌍한 시세를 통찰해 국가에 이익이 되는 쪽으로 '표변'을 감행하고, 그에 따른 비난과 희생을 달게 받는 것. 착한 지도자는 필요 없다.

막부와 반막부파의 개혁 경쟁

조슈번은 일본 내 교역, 특히 사쓰마와의 무역에 눈독을 들였다. 이 무역은 이미 몇 년 전부터 이뤄지고 있었지만, 8·18 정변과 금문의 변으로 서로 대립하면서 중단된 상태였다. 막부와의 전쟁을 눈앞에 둔 조슈번에 가장 절실한 것은 사쓰마를 자기편으로 끌어들이는 것이었다. 경제 협력은 외교 회복을 위한 좋은 디딤돌이다. 과감하게도 조슈번은 사쓰마번에 서양의 최신식 총포와 증기선의 구입을 의뢰했다. 조슈번은 막부의 철저한 감시를 받고 있어 아무래도 활동에 제약이 있었기 때문이다. 사쓰마 측에도 위험이 큰 비즈니스였다. 만약 사쓰마가 들어준다면 양측의 신뢰는 급속도로 회복될 것이었다. 이때 중재자로 나선 사람이 사카모토 료마였고, 그 결과물이 1866년 초에 결성된 '삿초동맹'이다.

시모노세키에는 무역을 관장하는 월하방越荷方이라는 기구가 있었는데, 다이묘 개인의 돈으로 운영되며, 그 회계도 공식 회계와는 따로 운영되었다. 번의 수뇌부가 그 수익을 규정의 제약을 받지 않고 특별한 곳에 쓰기 위한 것이다. 그건 다름 아닌 해군비 충당이었다. 다음으로 무육방撫育方이라는 기구를 설치해 돈이 되는 납, 기름, 종이, 철 같은 상품의 생산과 유통, 판매를 관장하게 했다. 번 정부가 주도해서 유력 산업을 키운 후 민간에 불하하려는 계획으로 메이지 정부 초창기의 경제정책과 비슷하다. 어쨌든 무역과 생산을 번 정부가 틀어쥐고, 그 이익금을 해군을 비롯한 군사비에 쏟아붓기로 한 것, 조슈번의 힘은 여기서 나온 것이다.

막부도 가만히 있지는 않았다. 서양화에 의한 부국강병 없이 조슈번을 꺾을 수 없다는 건 분명했다. 서양에 정통한 관료들을 속속 등용해 맹렬하게 개혁을 추진했다. 조슈번과 마찬가지로 군대를 서양식으로 편제하려고 시도했고(조슈번만큼 성공적이지는 않았다), 서양에서 군함을 사들여 대규모 해군을 육성했다. 에도 근처에는 거대한 제철소를 건설했다. 지금까지 제철소, 조선소, 군항으로 사용되어온 요코스카 제철소의 출발이다. 프랑스에서 막대한 차관을 들여오는 계획도 세웠다. 그러나 차관 도착보다 막부가 먼저 멸망했다. '시간과의 경쟁'에서 진 것이다.

여기서 우리가 주목할 점이 있다. 이 시기 막부와 반막부파(토막파討幕派)의 싸움은 수구와 개혁의 싸움이 아니라는 점이다. 막부도 반막부파도 필사적으로 개혁에 나섰다. 누가 더 과감하게, 더 철저하게 신속히 개혁하느냐의 싸움이었다. 이 싸움에서 개혁에 조금 미진했고, 조금 늦었던 막부는 무너졌다. 그러나 막부는 미래의 개혁을 위한 많은 유산을 남겨놓았다. 잘 정비된 근대적인 관료 기구와 유능한 관료, 서양에 정통한 지식인, 전문가, 요코스카 제철소 같은 산업기반, 서양 국가와의 원만한 외교관계 등등. 그 덕분에 메이지 정부의 출발지는 맨땅이 아니었다. 막부가 남겨놓은 유산들은 메이지 정부의 근대화 개혁의 토대가 되었다.

그나저나 막부는 왜 패했던 것일까. 문제는 정치적 리더십이었다. 페리 등장 후 10여 년 동안 이 중요한 시기에 두 명의 쇼군(이에사다, 이에모치)이 재임했지만, 정치력을 거의 발휘하지 못한 무능한 자들이었다. 1866년 말에 가서야 8년 전 쇼군 계승 분쟁에서 밀려났던 도쿠가와 요시노부가 쇼군이 되어, 막부는 오랜만에 탁월한 정치 능력을 가진 최고 지도자를 갖게 되었다. 그러나 혈연적으로 방계 중 방계인 미토번 출신인 데다 막부를 괴롭혀온 도쿠가와 나리아키의 아들인 그에게 막부 가신들은 충성하지 않았다. 그는 재임 기간 중 한 번도 에도 땅을 밟지 않아 막부보다는 천황에 더 충성한다는 가신들의 불신을 지우지 못했다. 에도에 있던 중소규모 다이묘 출신의 로주들이 막부 가신들을 하나로 묶는 것은 역부족이었다. 로주 간의 권력투쟁도 심각했다.

이에 비해 조슈번은 현명한 다이묘를 중심으로 한 유능한 반막부파 정치집단이 강력한 리더십을 구축했다. 에도와 번에 이중으로 존재하던 번 정부를 하나로 통합하고, 각종 관료 기구도 단순하게 정리했다. 정부 회의에서는 격렬한 토론이 보장되었다. 회의 상황은 '설전舌戰', '혈전血戰'으로 묘사될 정도였다. 신분의 차이는 그리 중요하지 않았다. 신분이 높더라도 논파된 주장은 채택되지 않았다. 이게 가능했던 것은 그 회의가 다이묘가 참석한 '어전회의'였기 때문이다. 주군 앞에서는 다 같은 가신이었다. 신분 차이는 약화될 수밖에 없었다. 이게 더 진전되면 메이지 시대의 '일군만민一君萬民'(천황 아래는 모두 똑같은 백성이다)이다. 이렇게 간결하게 구축된 간결한 체제에서 강력한 정치 리더십을 발휘한 오야붕親分이 바로 다카스기 신사쿠였다.

근대 역사학에서는 영웅을 논하면 촌티난다고 여겨졌다. 거대한 시대적 제약 앞에서 인간의 힘은 초라하게 보였다. 그러나 하늘이 쳐놓은 그물을 헤집고 어딘가에 구멍을 내어 도약하는 개인의 힘, 영웅의 돌파력을 감지해내는 것, 이것이야말로 역사를 읽는 묘미다. 다카스기 신사쿠, 이 희대의 전략가는 그의 말대로 '세상을 뒤집어놓고는回天', 시 한 줄 남기고 유신 직전에 사망했다. "별 재미없는 세상이지만 재미있게."

3장

막부 타도와 메이지 유신의 성공

삿초동맹과 사카모토 료마

1866년 여름, 필사적으로 '근대화 개혁 경쟁'을 하던 막부와 조슈번이 결국 충돌했다. '2차 조슈 정벌전'이다. 이전에 정벌전이 한차례 시도되었으나 큰 전투 없이 끝났다. 쇼군 이에모치는 오사카에 진을 치고 조슈번 정벌에 대한 천황의 칙허를 얻어냈다. 막부는 자기 병력과 다른 번의 군사력을 동원해 네 곳에서 진격해 들어갔다. 반면 조슈번은 "숙연하기가 심야와 같이" 일치단결해 준비태세를 갖추었다고 하더라도 병력은 겨우 2만 명이었다. 상대방은 막부 병력 15만 명에 다른 번의 병력까지 가세한 상태였다. 모두가 조슈번의 폭망을 예상했다. 그러나 아무도 몰랐던 사실이 있었으니, 사쓰마번이 이미 조슈 편으로 돌아섰다는 것이다.

그해 초 견원지간이던 두 번은 극적으로 화해하고 군사동맹을 체결한 상태였다. 역사상 유명한 '삿초동맹'이다. 이것을 성사시킨 사람이 바로 사카모토 료마다. 1865년 말부터 사카모토는 교토, 나가사키, 조슈를 바삐 오가며 두 번의 주요 인사들과 접촉했다. 사쓰마번은 사이고 다카모리, 오쿠보 도시미치, 고마쓰 다테와키, 조슈번은 기도 다카요시, 히로사와 사네오미 등이었다. 마침내 1866년 2월 막부 순찰대의 삼엄한 눈을 피해 교토에서 양측 대표가 만나 회담을 했다. 오랜 숙원宿怨이 금방 해소될 리 없었다. 회담은 결렬 직전이었다. 기도 다카요시는 사카모토 료마에게 얼른 와달라고 했다. 사카모토가 참석한 후에 회의는 다시 열렸다. 격론 끝에 사쓰마는 앞으로 있을 막부의 조슈번 정벌에 참가하지 않을 것이며, 조슈번이 역적의 누명을 벗는 데 힘을 다하기로 합의했다. 가장 막강한 두 번이 반막부 전선을 위해 결집한 순간이었다.

삿초동맹을 성사시킨 사카모토 료마는 가벼운 마음으로 교토 외곽의 데라다야로 내려갔다. 그런데 그날 밤 막부 순찰대의 습격을 받았다. 그를 예의주시하고 있던 막부 측에 동선이 노출된 것이다. 데라다야의 여종업원이자 사카모토의 애인이었던 오료는 목욕을 하던 중 이상한 낌새를 채고 급히 사카모토에게 알렸다. 방에 있던 사카모토는 칼을 꺼낼 틈도 없이 기습당했다. 그를 살려준 것은 늘 품고 다니던 피스톨이었다. 자기도 엄지손가락을 다쳤지만, 피스톨로 한 명을 죽이고 여인숙을 탈출하는 데 성공했다. 나중에 그는 이 여종업원과 결혼한다. 아무튼 이 소식에 조슈번의 기도 다카요시도, 조정의 이와쿠라 도모미岩倉具視도 기겁을 했다. 그러나 사카모토는 태연했다.

죽을 뻔한 사카모토에게 조슈번으로 떠난 기도 다카요시의 서

1. 도사 번 향사(郷士) 계급 출신으로 해군과 무역상사를 조직한 사카모토 료마.
2. 사카모토 료마가 기습당한 교토 외곽의 데라다야.

한이 날아든다. 그저께 사쓰마와 약속한 사항을 문서로 확인해달라는 내용이었다. 천하의 기도 다카요시도 불안했던 모양이다. 사카모토는 그가 보낸 편지지 뒷면에 회의에서 약속한 내용을 6개 항으로 써서 답신을 보냈다. 사쓰마번의 지원을 확보한 조슈번은 천군만마를 얻은 것 같았다. 막부 군대는 숫자는 많으나 무기 수준과 사기 면에서 조슈만 못했고, 다른 번들은 막부의 명령이라 동원은 됐으나 전의는 시원찮았다. 그들에게 바로미터는 사쓰마번이었다. 사쓰마가 움직이지 않으면 모두 빠져나갈 구멍만 찾을 터였다. 우선은 움직였다. 아무도 이미 삿초동맹이 맺어졌다는 걸 몰랐으니까.

사카모토 료마, 새로운 국가를 구상하다

요시다 쇼인이 메이지 유신의 과격한 이상주의, 광신적 민족주의, 잠재적 침략주의를 대표한다면, 사카모토 료마는 명민한 현실주의, 국제 정세에 대한 통찰, 점진적 평화주의를 상징한다. 아베 신조는 요시다 쇼인을, 손정의 소프트뱅크 회장은 사카모토 료마를 좋아한다. 민족주의와 제국주의 시대에는 요시다가 빛났겠지만, 미래의 일본은 사카모토에게서 길을 찾아야 할 것이다.

사카모토의 집안은 원래 부유한 상인 가문이었다. 할아버지 대에 이르러 하급 무사인 향사鄕士 신분을 얻었다. 신분은 낮았지만 경제적 어려움을 모르고 살았다. 다섯 남매 중 막내였는데, 맏형

과는 스무 살 차이였으니 친해지긴 어려웠을 거다. 대신 세 살 터울 누나인 오토메와 단짝이었다. 얼마나 의지를 했는지 전국을 누비며 반막부 활동을 할 때도 수시로 누나에게 편지를 써서 보냈다. 이 편지들은 우리가 사카모토 료마의 행적을 알 수 있는 보물창고가 되었다. 페리가 왔을 때 료마는 때마침 검술을 배우러 에도에 유학 와 있었다. 사카모토는 서양 오랑캐의 목을 따겠노라며 큰소리쳤지만 전쟁은 일어나지 않았다. 1년 넘는 에도 유학을 마치고 돌아온 사카모토는 도사번 최고의 난학자인 가와다 류조를 찾아갔다. 우리는 이 행보에 주목할 필요가 있다. 사카모토는 정신 승리만으로는 서양을 이길 수 없다는 것을 어렴풋이나마 짐작했을 것이다. '풋워크footwork의 경쾌함', 사카모토 료마의 특징을 여기서도 볼 수 있다. 아니다 싶으면, 바로 방향 전환이다.

도사번의 하급 무사 중에는 다케치 한페이타武市半平太라는 걸물이 있었다. 존왕양이 운동이 확산되는 가운데 그는 192명을 모아 '도사근왕당土佐勤王黨'을 결성했다. 가신단 내에 이런 당을 만드는 것은 군부 내 하나회를 만드는 것과 같다. 결성 맹약문에 료마는 아홉 번째로 이름을 올렸다. 그러나 사카모토가 보기에 다케치는 과격했고, 정신승리주의자였다. 일을 이루려면 인심과 돈을 장악해야 한다. 다케치는 오사카 상인들에게 '협조금'을 요구하자며 응하지 않을 경우 할복으로 위협하면 금방 내놓을 것이라고 태연히 말했다. 이런 방법으로는 인심도 돈도 다 잃는다는 걸 료마는 알았을 것이다.

사카모토 료마는 1862년에 탈번脫藩했다. 요즘으로 치면 국적

포기에 버금가는 모험이다. 다른 번적藩籍을 얻은 것도 아니고, 그냥 낭인이 된 것이다. 27세였다. 이해 에도에서 가쓰 가이슈勝海舟를 만났다. 막부 측 인사 중 당대 최고의 양학자이면서 일본 해군의 기초를 놓은 인물이다. 가쓰를 만난 사카모토는 해군과 무역의 중요성에 눈을 떴다. 바다의 주인이 세계를 제패할 것임을 직감했다. 그는 가쓰의 뜻을 이어받아 나가사키에 가메야마샤추龜山社中를 설립했다. 무역상사 같은 조직이다. 신분을 불문한 인재 영입, 무역, 외국어 학습, 그리고 에조(현 홋카이도) 개척을 목표로 했다. 이게 나중에 도사번의 정식 지원을 받아 근대 해군이자 무역상사인 가이엔타이海援隊로 발전하게 된다. 나가사키는 매력적인 냄새가 나는 곳이다. 도쿠가와 시대 일본에서 유일하게 네덜란드와 중국인이 거주했던 곳인만큼 서양풍과 중국풍이 잘 섞인 도시다. 도시 깊숙이 들어온 만을 가운데 두고 양쪽으로 시가지가 발달해 있다. 토머스 글로버 등 동아시아 무역을 주름잡던 서양 상인들도 여럿 들어와 있었다. 이 복잡한 도시에서 사카모토 료마 일당은 쉽게 암약할 수 있었다.

거대한 두 번인 사쓰마와 조슈가 손을 잡지 않고서 막부를 타도하는 것은 누가 봐도 역부족이었다. 그런데 이 둘은 견원지간이었다. '8·18 정변'과 '금문의 변' 때는 서로 적군으로 싸웠다. 그런 만큼 불신도 깊었다. 먼저 신뢰부터 쌓아야 했다. 당시 막부의 침공을 눈앞에 두고 있던 조슈번은 서양식 무기가 절실했다. 앞에서 본 대로 사카모토는 사쓰마번의 명의로 무기를 구입해 조슈번에 넘겨주자고 했다. 마침내 사카모토는 사쓰마번의 명의로 증기선('사쿠라지마호'라는 이름을 붙였다. 사쿠라지마는 가고시마 앞바다의 섬 이름이다)과 총포 등을 구입해 조슈번으로 운반하는 일을 도맡았다.

이제 사카모토 료마는 사쓰마에 없어서는 안 될 존재였다. 그를 보호하기 위해 사쓰마번으로 데려갔다. 아내 오료도 함께 갔다. 이때부터 몇 개월 동안 사카모토는 인생 최초이자 최후의 달콤한 시간을 보냈다. 사쓰마번의 휘대 속에 온천으로 명승지로 오료를 데리고 다니며 행복한 시간을 만끽했다. 일본인들은 이를 '일본 최초의 신혼여행'이라고 한다. 그러는 사이 막부와 조슈번 사이에 전운이 감돌고 있었다. 사카모토는 '신혼여행'을 급히 중단하고 글로버에게 구입한 사쿠라지마호를 지휘해 막부와의 해전에 참전했다. 사쓰마번의 명의로 구입한 함선을 이끌고 조슈번을 위해 막부와 전투를 벌이는 료마의 모습은 반막부 연합의 상징적인 장면이다.

조슈번과의 전쟁에서 패한 막부의 권위는 한층 더 떨어졌다. 이제 사람들은 토막討幕(막부 타도)과 왕정복고를 공공연히 떠들었다. 그러나 료마의 생각은 달랐다. 막부는 여전히 강대하다. 이것을 무력으로 쓰러뜨리려면 큰 혼란과 희생이 따를 것이다. 그 틈을 타 서양 열강이 일본의 내전에 개입할 우려도 있었다. 그는 권력을 천황에게 돌려주고(왕정복고), 그 밑에서 막부는 하나의 다이묘로 신정권에 참여하는 그림을 구상했다. 그의 생각을 잘 보여주는 것이 '선중팔책船中八策'(배 안에서 작성한 여덟 가지 방책)이다.

좀 길지만 중요한 내용이니 함께 살펴보자. "첫째, 천하의 정권을 조정에 돌려드려 명령이 조정에서만 나오게 할 것. 둘째, 상하의정국上下議政局을 설치하고 의원議員을 두어 천황의 정치를 돕게 하고 만기萬機를 반드시 공론公論으로 결정할 것. 셋째, 유능한 공경제후 및 천하의 인재를 고문으로 삼아 관작을 내리고, 유명무실한 관직을 제거할 것. 넷째, 외국과의 교류는 널리 공론을 모아 합당한 조약을 새로 맺을 것. 다섯째, 고래古來의 율령을 참작해 영원히 지속될 헌법을 새로 정할 것. 여섯째, 해군을 확장하는 데 힘쓸 것. 일곱째, 천황의 친병親兵을 두어 천황의 수도를 수비하게 할 것. 여덟째, 금은물화金銀物貨는 외국과 동등한 법을 둘 것."

놀라운 구상이다. 메이지 정부의 국시라 할 만한 것은 다 들어 있다고 해도 과언이 아니다. 헌법의 제정과 의회 설치는 곧 서양을 모범으로 삼는다는 것을 천명한 것이다. 당연히 서양과의 조약은 폐기가 아니라 합당하게 개정되어야 한다. 그리고 그들과의 무역을 원활하게 하기 위해 금과 은의 교환 비율을 명확히 규정한다. 해군 확장과 친병 설치는 군사적 과제다. 메이지 정부는 이 중 하나도 빼놓지 않고 다 실현했다. 가히 '일본 근대국가 플랜의 원형'이라 할 만하다.

신정부 참여 인사 중에 자기 이름을 빼는 등 사카모토 료마는 권력욕을 자제할 줄도 알았다. 그의 머릿속은 앞으로도 충돌할 사쓰마, 조슈, 막부를 잘 조화시켜 일본을 '세탁'할 구상으로 꽉 차 있었을 것이다. 고생만 한 아내 오료도 조금은 호강시켜줄 맘이 있었을지 모른다. 그러나 하늘은 이 젊은이에게 그런 기회를 주지 않았다. 교토에서 신정권 만들기 공작에 한창이던 사카모토는 1867년 숙소에서 다시 한번 막부 순찰대의 공격을 받았다. 저항할 틈도 없이 그는 즉사하고 평생 동지 나카오카 신타로中岡慎太郎는 중상을 입은 채 일주일 만에 고통 속에 죽었다. 메이지 유신을 알리는 궁중 쿠데타 발발 30일 전이었다.

막부의 묘수, 대정봉환

조슈번과 전투를 벌이는 동안 막부의 근거지인 에도와 오사카에서는 대규모 민중 폭동이 일어났다. 높은 물가가 주원인이었다. 또 전쟁 지휘를 위해 오사카성에 와 있던 쇼군 이에모치가 병사했다. 후사가 없었다. 막부는 울며 겨자 먹기로 정적인 나리아키의 아들 요시노부에게 쇼군 취임을 요청했으나 거절당했다. 몇 달 후 요시노부가 못 이기는 척하면서 받아들일 때까지 쇼군의 자리는 비어 있었다. 도저히 전쟁을 할 수 있는 상황이 아니었다. 막부는 전국이 지켜보는 가운데 처참하게 패배했다.

이때부터 막부의 권위는 눈사태처럼 무너져 내렸다. 원래 막부의 권력은 무력에서 탄생했고 무력에 의해 정당화되었다. 세키가하라 전투(1600)와 오사카 전투(1615)에서의 승리가 그것이다. 그에 비하면 종교적·혈통적·정치적 원천은 부차적인 것이었다. 막부가 개항 이후 비등하는 압력에도 불구하고 서양과의 전쟁을 끝내 회피한 것은 국지적이라 할지라도 전쟁 패배는 곧 치명상이라는 걸 알았기 때문이다. 무위武威의 실추, 이것이 막부가 가장 두려워하는 것이었다. 조슈전 패배 후 무위에 의해 지탱되어오던 막부 권력은 와르르 무너져 내렸다. "도쿠가와 가문도 별거 아니구나!" 세간의 인식이 바뀌었다.

밀고 당기기 끝에 결국 쇼군 자리를 수락해 15대 쇼군에 취임한 도쿠가와 요시노부는 비장의 한 수를 던졌다. 1867년 11월 9일 정권을 스스로 천황에게 반환한 것이다. 이를 '대정봉환大政奉還'이라고 한다.

> 신臣 요시노부, 삼가 황국皇國의 역사를 생각해보니 옛날 왕가王家의 기강이 흐트러져 (…) 정권을 사무라이들이 잡게 되었습니다. (…) 구습을 고쳐 정권을 조정에 반환하고 널리 천하의 공론으로 천황의 뜻을 받들어 함께 협력하여 황국을 보호한다면 분명히 해외만국과 나란히 설 수 있을 것입니다. 요시노부가 국가를 위해 할 일은 이것뿐이라고 생각합니다.(《대정봉환 상주문》)

자못 비장한 문장이다. 이 한 수로 여론은 확 바뀌었다. 쇼군이 정권을 포기한 이상 그를 더 몰아붙일 명분은 없었다. 많은 다이묘가 요시노부의 결단을 환영하며 평화적인 정권 이양을 기대했다. 순식간에 판세가 뒤집어지자 조슈번의 기도 다카요시는 요시노부를 가리켜 "도쿠가와 이에야스德川家康가 재림한 것 같다"라며 위기감을 토로했다. 그의 눈에는 요시노부의 속셈이 보였다.

1867년 도쿠가와 막부는 메이지 천황에게 정권을 반납하는 대정봉환을 단행한다.

정권을 반환해 정치적 명분을 확보한 후 천황 밑에 신정부를 구성해서 그 실권을 장악하려는 것이었다. 이대로 가다가는 그동안의 반막부 운동이 허사로 돌아갈 게 뻔했다. 가만히 보고만 있을 수는 없었다.

조슈번은 역적으로 찍혀 교토에 들어갈 수 없는 상태에서 사쓰마번이 기민하게 움직였다. 사이고 다카모리는 군대 쪽을, 오쿠보 도시미치는 조정 공작을 맡았다. 고메이 천황이 지난해 급사한 후 천황이 된 무쓰히토(훗날의 메이지 천황)는 아직 15세의 소년이었다. 요시노부와 친했던 고메이 천황이 살아 있었다면 사쓰마의 공작은 매우 힘겨웠을 것이다. 고메이가 없는 조정 내에는 사쓰마 편인 이와쿠라 도모미가 버티고 있었다. 훗날 이와쿠라 사절단의 그 이와쿠라다. 궁정 내 신분은 비교적 낮았으나, 조정의 공경답지 않게 정치력 하나만은 탁월한 사람이었다. 이와쿠라의 공작으로 막부를 토벌하라는 천황의 명령이 비밀리에 떨어졌다. 사실은 이와쿠라와 몇몇 공경이 만든 위조된 칙서였지만.

한겨울 밤의 궁중 쿠데타, 왕정복고

조정은 대신들과 주요 번의 중신들을 궁궐에 불러들였다. 그들이 속속 도착하는 가운데 사이고 다카모리가 이끄는 군대가 궁궐 문을 장악했다. 1868년 1월 3일에 열린 조정회의에서 '왕정복고의 대호령'이 발포되었다.

> 도쿠가와 쇼군이 지금까지 위임받았던 대정大政을 반환하고 쇼군직을 사퇴하겠다는 두 안건을 천황께서 이번에 단호히 받아들이셨다. 계축년(1853, 페리가 온 해) 이래 미증유의 국난이 있어 선제先帝께서 오랫동안 고심하신 것은 모두가 다 아는 바이다. 이에 따라 왕정복고를 하여 국위를 만회할 기반을 세우기로 결심하시고 지금부터 섭정攝政, 관백, 막부 등을 폐지하고 임시로 총재總裁, 의정議定, 참여參與의 세 개 직을 두어 만기萬機를 행하실 것이다.

이로써 300년 가까운 도쿠가와 시대는 끝이 났고, 아울러 700년간의 사무라이 정권도 종말을 고했다.

그러나 그게 끝이 아니었다. 막부가 폐지된 상태에서 전 쇼군 도쿠가와 요시노부의 지위를 어떻게 할 것인가를 둘러싸고 격론이 벌어졌다. 막부와 가까운 인사들은 이미 대정봉환으로 천황에 대한 충성심을 보인 쇼군 요시노부도 회의에 참석시켜야 한다고 주장했다. 반면 사쓰마 측은 막부가 그동안 실정을 거듭해온 죄를 물어 요시노부의 관위官位를 박탈하고 도쿠가와 씨의 영지도 대폭 삭감해야 한다고 맞섰다. 요시노부가 관위를 유지하고 전국 생산량의 30퍼센트를 차지하고 있는 도쿠가와 가문의 경제력이 건재하는 한 신정부에서도 요시노부의 영향력이 유지될 것은 뻔했기 때문이다. 밤이 깊어갈수록 대립은 격화되었다.

막부에 우호적이었던 도사번 전 번주 야마우치 요도山內容堂는 회의석상에서 "오늘의 이 일들은 대체 무엇인가. 두세 명의 신하

'마지막 쇼군' 도쿠가와 요시노부.

가 유충幼沖한 천자를 끼고 음모를 꾸민 게 아닌가"라고 일갈했다. 당대의 호걸다운 기개다. '유충'이란 나이가 어리다는 뜻이다. 열다섯 살이니 지당한 말이다. 사쓰마번과 몇몇 공경이 있지도 않은 천황의 뜻을 구실로 음모를 꾸민 게 아니냐는 힐문이다. 그러자 이와쿠라는 "오늘의 일은 모두 천자님(천황)의 뜻으로 행해진 것이다. 유충한 천자라니 무슨 말인가?"라고 반격했다. 현실성 없는 얘기이지만 감히 반박할 수 없는 명분론이다. '꼬마 애가 뭘 안다는 깃이냐'라고 맘속에 있는 말을 할 수도 없는 노릇이다. 회의에서는 명분론이 이긴다. 회의가 난항에 빠졌다는 소식을 전해 들은 사이고 다카모리는 "그저 단도 하나면 해결될 것을"이라고 내뱉었다고 한다. 궁궐을 제압하는 무력은 이미 사쓰마 측이 장악하고 있었다. 결국 왕정복고 선언 후 최초로 열린 회의는 요시노부의 관위 삭탈과 영지 감축을 결정했다. 사쓰마의 승리다.

그 후 정세는 묘하게 돌아갔다. 요시노부는 교토를 빠져나와 막부의 근거지인 오사카에 진을 치고 추이를 냉정하게 지켜봤다. 뒤통수를 맞았지만 명분과 여론은 결코 불리하지 않다고 생각했다. 과연 '도쿠가와 이에야스의 재림'이라고 불릴 만한 영민한 정치가였다. 이미 대정봉환을 한 마당에 뜬금없이 일어난 쿠데타에 호의적이지 않은 다이묘가 많았다. 지금부터는 그야말로 명분싸움이었다. 사쓰마번과 조슈번은 막부가 먼저 도발하기를 간절히 바랐다. 아닌 게 아니라 쿠데타를 당한 막부 신하들은 당장 교토로 쳐들어가 무도한 삿초 무리들을 소탕해야 한다며 들끓고 있었다. 요시노부는 이들을 필사적으로 말렸다. 이미 천황은 저들의 손에 있었다. 전쟁을 걸면 곧바로 '조적朝敵'이다. 금문의 변으로 조적의 오명을 얻은 조슈번은 지금껏 중앙정계에 한 발짝도 들여놓지 못했다. 교토와 오사카 사이에 피 말리는 긴장이 흘렀다.

열혈분자가 저지르는 경솔한 짓, 이것이 대사를 그르친다. 1868년 1월 27일 요시노부의 만류에도 불구하고 교토와 오사카 사이의 도바鳥羽 가도街道에서 대치하고 있던 막부와 사쓰마군이 충돌했다. 이로 인해 양군의 전투가 시작됐다(도바·후시미 전투). 사쓰마군은 곧바로 천황을 상징하는 깃발을 앞세웠다. '우리가 관군官軍이고 너희는 역적'이라는 것이다. 사쓰마번과 조슈번으로서는 기다리고 기다리던 상황이었지만, 요시노부에게는 절대로 피하고 싶었던 상황이 전개된 것이다.

전쟁 발발 소식을 듣고 요시노부는 전투를 지휘하기는커녕 오사카를 탈출해 함선을 타고 에도로 가버렸다. 그리고 거기서 천황에 복종할 것을 선언했다. 막부의 많은 가신들은 이에 불복했지만 이미 전세는 기울었다. 막부의 가신들은 도쿠가와 종가의 정적이었던 나리아키의 아들 요시노부가 결국 막부를 팔아먹었다고 분개했다. 아직 막부의 군사력은 건재했다. 정치적으로도 막부는 여전히 많은 우군을 갖고 있었다. 최후로 건곤일척의 한판 승부를 걸어도 좋을 상황이었다. 그러나 쇼군 요시노부는 근신하며 복종의 뜻을 굽히지 않았다. 막부 가신들에게 그는 두고두고 욕을 먹었지만, 그 덕분에 일본은 큰 내전 없이 정권 교체에 성공했다. 메이지 정부의 수립이다.

당연하게도 신정부에는 사쓰마번과 조슈번 출신이 대거 들어갔다. 그러나 다른 번 출신들도, 심지어는 막부 인사도 능력 있는 인재라면 발탁되었다. 마지막까지 저항했던 막부군 총사령관 에노모토 다케아키榎本武揚도 몇 년간의 복역 후 메이지 정부에 발탁되어 외무대신까지 역임했다. 만약 요시노부가 끝까지 항전을 고집했다면 전국이 피비린내 나는 내전에 휩싸였을 테고 아마도 이런 일은 벌어지지 않았을 것이다.

막부의 질서 있는 퇴각을 이끈 가쓰 가이슈

가쓰 가이슈, 한국 독자들에게 좀 낯선 이름이다. 앞에서 잠깐 언급했지만 낭인이 된 사카모토 료마가 스승으로 섬긴 인물이며, 막부의 가신으로 메이지 유신군이 도쿠가와 막부의 수도 에도까지 쳐들어왔을 때 막부 측 총사령관이었다. 말하자면 역사의 패배자다. 그러나 나는 그처럼 멋있고, 의미를 남긴 패배자를 알지 못한다. '멋진 패배자'의 이야기다.

막부의 마지막 쇼군 도쿠가와 요시노부는 정치적 후각이 뛰어난 사람이었다. 막부에 반란을 일으켰던 조슈번의 정벌에 실패하자, 권력을 유지할 길은 막부를 포기하는 방법밖에 없다고 생각했다. 대정봉환을 단행해 270년간의 막부 체제를 폐지하고 자신도 쇼군 자리에서 내려왔다. 막부를 지탄하던 여론이 순식간에 바

가쓰 가이슈. 메이지 유신군이 도쿠가와 막부의 수도 에도까지 쳐들어왔을 때 막부군 총사령관이었다.

뀌어 그의 용단을 지지했다. 그가 노린 대로였다. 요시노부의 노림수는 지지 여론을 모아 천황 밑에 신정부를 세우고 그 실권자가 되려는 것이었다. 막부를 무력으로 무너뜨리려 계획했던 사쓰마번과 조슈번은 당황했고, 그 반전을 꾀한 것이 왕정복고 쿠데타였다.

'이기면 관군, 지면 역적이다.' 쿠데타로 천황을 손아귀에 넣은 그들은 하루아침에 '관군'이 되어 '역적' 도쿠가와 씨를 치러 에도로 행군했다. 그들을 막아선 사람이 갑자기 막부군 총사령관에 임명된 가쓰 가이슈였다. 그는 한미한 집안 출신이었다. 탁월한 재능 덕에 승진을 거듭했지만, 막부 주류 세력을 좇지 않았다. 그가 보기에 막부의 생명은 얼마 남지 않았다. 막부의 종말을 피할 수 없다면 어떻게든 최대한 의미 있게 '마무리'해야 할 터였다. 권력에 대한 미련은 질긴 법이지만, 역사의 대세를 거스르는 것은 미련한 짓이다. 그러나 그걸 통찰하는 사람은 드물거니와, 통찰했다 해도 미련을 끊는 사람은 더욱 드물다.

막부 주류 세력은 그의 노선을 경멸하고 그를 한직으로 내쳤다. 그는 좌절하지 않고 해군 건설에 뛰어들었다. 자기를 내쳤던 사람들을 찾아다니며 작은 해군 조련소 설립을 지원해달라고 호소했다. 머지않아 막부도 번도 없어진 다음에는 새로운 국가를 건설해야 할 터인데, 그 국가를 지켜주는 것은 해군이라고 생각했다. 그때 함께 일한 사람이 사카모토 료마였다. 섦은 사카모토 료마는 누나에게 쓴 편지에서 "요즘은 천하에 둘도 없는 군학자軍學者 가쓰 린타로(가쓰 가이슈)라는 큰 스승님의 문인이 되어 굉장히 귀여움을 받고 있어요. (…) 가까운 장래에 오사카에서 40킬로미터 정도 떨어진 곳에 해군 교육 기관을 설립하고, 80~90미터 정도 되는 배를 만들 거예요. 400~500명의 제자들이 각지에서 모여들고 있어요"라며 신나했다. 그러나 집권자들은 이를 지원하지 않았다.

가쓰는 반막부 세력의 중심지인 사쓰마번의 리더 사이고 다카모리와도 친교를 맺었다. 1864년 사이고를 만나 막부 독재를 허물고 웅번雄藩(큰 봉건국가) 연합정권을 세워야 한다고 속내를 밝혔다. 놀란 것은 사이고였다. 그는 이를 '공화정치'라 명명했다. "(가쓰는) 실로 놀라운 인물이었다. 두들겨 패줄 심산으로 만났으나 완전히 머리를 숙이고 말았다. 그의 지략이 얼마나 되는지 헤아릴 수 없을 정도였다. 학문과 견식은 사쿠마 쇼잔(당시 최고의 양학자)이 발군이지만, 실제 일을 다루는 솜씨에서는 가쓰 선생이 최고다. 정말 반해버렸다"라고 토로했다.

반하기는 가쓰도 마찬가지였다. "그(사이고)를 만나봤더니 식견과 논리로는 내가 오히려 더 나았지만, 이른바 천하대사를 짊어지는 것은 결국 사이고가 아닐까."

진영을 뛰어넘은 두 호걸의 만남은 몇 년 후 일본의 운명을 결정지었다. '관군'이 에도성 총공격을 앞두고 있을 때, 얄궂게도 (혹은 다행히도?) 양군의 지휘관은 두 사람이었다. '공화정치'에 뜻을 같이하는 사람이 싸울 일은 없었다. 에도성 외곽에서 단둘이 이틀 동안 회담했다. 둘은 외세 침입을 눈앞에 둔 마당에 오직 국가만을 생각하자고 했다. 사이고는 무리한 요구를 하지 않았

가쓰 가이슈와 관군 총사령관인 사이고 다카모리는 이틀간 협상을 벌였다.
가쓰는 무고한 희생을 막기 위해 막부의 본거지인 에도를 관군에 내어준다.
당시 협상 장면을 그린 삽화.

고, 가쓰는 예상치 못한 양보안을 내놓았다. 사이고는 점령군이었지만 깍듯이 예의를 갖췄다. "사이고는 나에 대해 막부 중신의 예우를 잃지 않았다. 담판할 때에 시종 자세를 바로하고 손을 무릎 위에 얹은 채 조금도 승리자의 위광을 내세워 패장을 경멸하는 모습은 찾아볼 수 없었다."

이 담판 없이 총공격이 이뤄졌다면 100만 명의 에도 주민은 참화를 겪었을 것이다. 그리고 양군 간에 벌어졌을 처절한 전투는 두고두고 깊은 원한과 분열을 초래했을 것이다.

에도를 점령한 사이고는 잠시 교토로 떠나게 되자 "어떠십니까, 잘 부탁드립니다. 지금부터의 일은 가쓰 선생께서 어떻게든 해주시겠지요"라며 치안 책임을 가쓰에게 맡겨버렸다(이상 직접 인용은 박훈, 《메이지 유신을 설계한 최후의 사무라이들》).

승자는 승자의 품격을 지켜야 한다. 조그만 승리에 우쭐해서 점령군처럼 행세하는 자에게 승복할 패자는 없다.

가쓰는 패자의 품격을 지켰다. 회담 결과를 받아들이지 않고 저항하는 막부군을 끝까지 설득했고, 막부 가신들을 이끌고 도쿠가와 가문의 본거지인 시즈오카로 선선히 물러났다. 막부 가신들은 그를 사쓰마 및 조슈와 타협해서 막부를 팔아먹은 자라고 매도했지만, 그는 변명하지 않았다. 이후 메이지 정부의 거듭된 입각 요청에 응하지 않고, 남은 생애 동안 그가 한 일은 주군과 가록家祿(집안 대대로 세습되어 물려받는 녹)을 잃고, 생계가 막막해진 막부 가신들과 그 식솔들을 챙기는 것이었다.

한 사회의 변혁 과정에서는 승리한 세력의 행태도 중요하지만,

패자의 '패배하는 방식'도 그에 못지않게 중요할 때가 많다. 대세를 읽지 못하고 무모하게 집착을 부리면, 무고한 인명을 잃고 큰 사회적 비용을 치러야 한다. 물러나면서 행한 총질로 폐허가 되면 사회 재건은 그만큼 어렵다. 자기 세력을 넘어서 사회 전체의 존망을 염두에 두고, 미련을 끊어낼 수 있는 사람이야말로 진정한 지도자다. 가쓰 가이슈가 이끈 '질서 있는 퇴각'이 일본을 살렸다.

천황을 등에 업은 관군이 에도를 함락하기 위해 진군하는 과정에서 도쿠가와 막부와
벌인 고슈·가쓰누마 전투(1868). 이 전쟁의 패배로 막부는 더욱 수세에 몰렸고,
막부군 총사령관이었던 가쓰 가이슈는 항복을 결심하게 된다.

● 더 살펴보기

도쿠가와 시대 일본인의 대외 인식

　조선시대 지식인들의 주된 관심은 자국 조선의 특성이나 전통이 아니라 우주, 사회, 인간을 떠받치고 있는 보편원리였고, 이를 바탕으로 형성되고 유지되는 보편문명(중화문명)에 있었다. 그러니 이황이나 이이, 송시열에게서 제대로 된 '조선론'을 볼 수 없는 것도, 19세기 말에 소개된 민족주의를 한국의 식자층이 낯설어 한 것도 자연스러운 일이다. 그런데 일본은 사정이 좀 달랐다. 그들은 일찌감치 국제관계 속의 '자국 일본'에 대해 사고했다.

　도쿠가와 시대에 들어서자 일본에도 유학이 퍼지면서 중화론자들이 등장했다. 그들에게 중요한 것은 자국 일본보다는 성신誠信, 혹은 인민安民 같은 유학적 덕목이었다. 임진왜란의 와중에 포로로 끌려온 조선의 성리학자 강항姜沆에게 일본의 성리학자 후지와라 세이카藤原惺窩는 말한다.

도쿠가와 시대 일본의 성리학자이자 중화론자인 후지와라 세이카.
조선과 달리 중화론자들은 일본 지식계에서 끝내 주류가 되지 못했다.

일본 인민이 곤궁한 것이 지금처럼 심한 적이 없었다. 만약 조선이 명나라와 함께 인민을 이 물불 같은 고통에서 구할 것을 표방하며 군대를 파견하고, 조금이라도 인민의 이익을 침범하는 짓을 하지 않는다면, 쉽사리 도호쿠 변경인 시라카와관白河關까지 진출할 수 있을 것이다. 그러나 만약 일본인이 조선에서 저지르고 있는 것 같은 살인, 약탈 행위를 한다면 쓰시마馬島조차도 취할 수 없을 것이다.(강항,《간양록看羊錄》)

여기서는 자국, 타국이라는 인식을 넘어 '보통 사람들의 편안함과 이익'이라는 보편적 관점이 도도하게 설파되고 있다.

그러나 일본의 지식계에서 이런 관점은 끝내 주류가 되지 못했다. 많은 지식인은 국가라는 단위를 중시하고, 일본을 그저 자기 나라라는 이유로 추켜세우려는 경향이 확산되었다(박훈,〈18세기 말~19세기 초 일본에서의 '전국戰國'적 세계관과 해외 팽창론〉).

17세기의 유학자 야마가 소코山鹿素行는 사람들이 "일본은 소국이기 때문에 모든 것이 중국에 미치지 못하고, 성인도 중국에만 출현한다고 생각한다. 이것은 우리에게만 한하는 것이 아니라, 고금의 학자가 모두 그렇게 생각하여 중국을 흠모하고 배워왔다. 근자에 처음으로 이 생각이 잘못임을 알았다"(야마가 소코,《배소잔필配所殘筆》)라며 식자층의 중국 숭배를 비판하고 일본의 우월성을 강조했다.

그런데 일본이 중국보다 우월하다고 제시한 이유가 흥미롭다. 중국은 오랑캐들과 국경을 접하고 있어 방위가 곤란하고, 그 때문에 만리장성 건설 노역 같은 것으로 백성을 괴롭히고 있는 점, 한족이 아닌 이민족의 지배를 받고 있는 점, 만세일계萬歲一系(영원히 천황 가문만이 왕 노릇을 한다는 뜻)의 천황이 존재하는 일본과 달리 정치적 변동이 잦은 점 등이다. 즉 군사적 우월성, 황통의 안정성 등을 내세우고 있는데, 이는 앞에서 본 후지와라 세이카의 성신·안민 같은 가치기준과는 사뭇 달라진 것이다.

더욱이 도쿠가와 시대 제일의 성리학자 야마자키 안사이山崎闇齋에 이르면 그 변화는 뚜렷해진다. 어느 날 중화문명을 열심히 설파하는 야마자키에게 제자들이 물었다. 만일 그토록 훌륭한 중화의 성인들이 군대를 이끌고 일본에 쳐들어온다면 어떻게 해야 하느냐고. 야마자키는 이렇게 대답했다.

> 중국이 일본을 무력으로 복속시키려 한다면, 요순문무堯舜文武가 대장이 되어 온다고 하더라도 석화시石火矢(대포)로 깨부수는 것이 대의다. 예의덕화禮義德化로 복종시키려 해도 신하가 되지 않는 것이 옳다. 이것이 춘추春秋의 도다.(아시미 게이사이淺見烔齋,《정헌유언강의靖獻遺言講義》7권)

당연한 얘기 아니냐고 할 수도 있지만, 달리 생각하는 우리 선조들도 있었다. 〈황사영 백서〉에서 보듯이, 조선 천주교도들은 서양 군함이 들이닥쳐 신앙을 퍼뜨려줄 것(예의덕화)을 바랐고, 김옥균을 비롯한 개화파는 조선의 전제정부에 대해 일본이 군사행동을 해줄 것을 요청하기도 했다.

18세기 말 일본인과 중국인, 유럽인의 교류 장면.

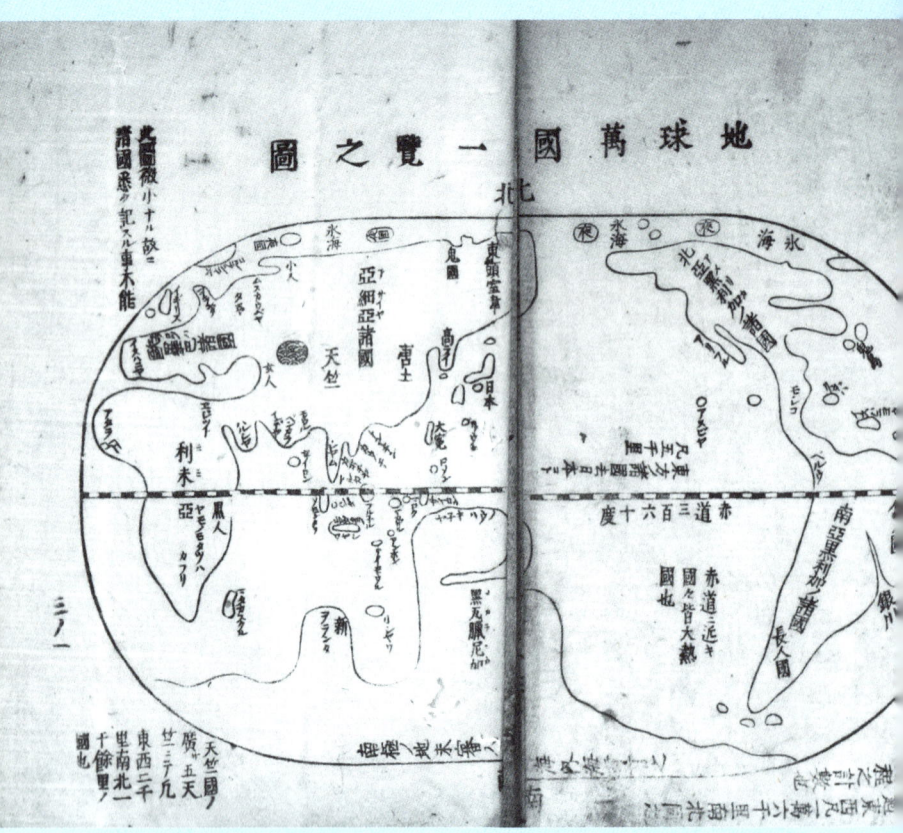

니시카와 조켄이 쓴 《증보화이통상고》에 수록된 세계 지도.
이 책에는 오대주라는 지리 개념과 전 세계 129개국에 대한 설명이 담겨 있다.
일본은 17세기부터 유럽과의 교류를 통해 세계 지리 지식을 받아들였고,
그 결과 중국이 중심이라는 '중화주의'를 탈피할 수 있었다.

일본이 중국 중심주의를 탈피하는 데에는 세계 지리에 관한 지식의 보급이 중요하게 작용했다. 니시카와 조켄西川如見이 쓴 《화이통상고華夷通商考》(1695)와 《증보화이통상고增補華夷通商考》(1708)는 오대주라는 지리 개념을 소개하며, 무려 129개국에 대해 설명하고 있다. 이후에도 아라이 하쿠세키新井白石의 《채람이언采覽異言》(1713)과 《서양기문西洋紀聞》, 데라지마 료안寺島良安의 《화한삼재도회和漢三才圖繪》(1713), 다카하시 가게야스高橋景保의 《신정만국전도新訂萬國全圖》(1810) 등이 간행되었다.

세계 지도와 지구본도 널리 보급되어 일본인의 세계 지리에 대한 지식이 비약적으로 향상되었다. 일본인들은 지구본을 신기한 듯 빙글빙글 돌리면서 중국이 크고 중요한 나라이긴 하지만 세계의 중심은 아니라는 것을 확인했다. 마찬가지로 일본 역시 만세일계의 훌륭한 나라이긴 하지만, 지구본 위의 한쪽 구석을 차지하고 있는 나라임을 인정하지 않을 수 없었다.

야마자키 안사이의 문하생 아사미 게이사이는 "무릇 하늘은 땅을 감싸고 땅은 하늘을 받들지 않는 곳이 없다. 그렇다면 각각 그 지역의 풍속이 미치는 곳은 각자 나름의 천하이니 존비귀천 같은 것은 없다"(〈중국변中國弁〉)라며 국가 간의 대등성을 주장했다. 따라서 중국을 중화라고 하는 것도 잘못이지만 거꾸로 일본을 중화라 하고 중국을 오랑캐라고 해서도 안 된다고 했다. 자국, 타국을 부를 때는 그저 오국吾國, 이국異國으로 불러야 한다는 것이다.

이처럼 도쿠가와 시대 주류 지식인의 국제관은 크고 작은 나라들이 나뉘어 존재한다는 만국병립론萬國竝立論이었다. 당시 일본에 약 270개의 봉건국가가 병립하고 있는 실정은 이런 이미지를 유추하는 데 도움이 되었을 것이다. 그 과정에서 만국 중에 일본은 얼마나 훌륭한 나라인가를 설명하기 위한 논의도 등장했다. 19세기에 들어 안보 위기의식이 커지자 만국병립론은 만국대치론으로 급속히 바뀌어갔다. 단순히 나뉘어 존재하는 것이 아니라 서로 패권을 노리며 할거·대치하고 있다는 것이다. 이는 곧바로 불과(!) 200~300년 전 자기 땅에서 실제로 전개되었던 전국시대를 떠올리게 했으며, 실제로 지식인들은 이를 전국시대의 재래再來라고 파악했다. 잠재해 있던 일본의 선민의식은 이때부터 폭주하기 시작한다. 여기에는 국학國學과 미토학水戶學이 큰 역할을 했다.

19세기 일본인의 대외 인식

미토번의 유학자 아이자와 야스시會澤安는 세계가 '전국시대'에 들어섰다고 봤다. 청나라·무굴제국·페르시아·오스만튀르크·신성로마제국·러시아, 그리고 일본이 '전국칠웅戰國七雄'으로 대치하고 있다는 것이다. 부정확한 억측이지만 자국을 G7으로 인식했다는 게 중요하다. 진단·천축·일본의 정립이든, 칠웅의 각축이든 일본은 빠지지 않는다. 이러니 다른 소국들이 눈에 들어올 리가 없다. 아이자와는 조선과 베트남은 약소국이라 손꼽을

《신론》의 저자 아이자와 야스시.

만하지 못하므로 논하지 않는다고 했고, 비교적 조선에 우호적이었던 가쓰 가이슈도 "원래 조선은 나약한 나라로 (…) 무기를 소홀히 하여 궁술을 중요하게 여기는 정도로, 나머지는 돌팔매질 외에는 없다"(가쓰 가이슈, 《개국기원開國起源》)라는 인식을 드러냈다.

이야기가 잠시 새지만 조선인이 싸우거나 소동을 일으킬 때 돌팔매질을 한다는 기록을 여기저기서 찾아볼 수 있다. 그러고 보니 1980년대 한국의 학생 데모의 주력무기도 돌팔매질이었다. 그 역시 '유구한 전통'인가.

전국시대라면 일본은 어떻게 해야 할까. 여기서 등장하는 게 '웅비론雄飛論'이다. 남이 들이닥치기 전에 먼저 쳐들어가야 한다는 것이다. 아이자와가 일본 중심주의를 주창한 책 《신론新論》은 필사본으로 유포되는 과정에서 제목이 《웅비론》으로 바뀌기도 했다. 18세기 후반~19세기 전반의 농학자 사토 노부히로佐藤信淵는 먼저 조선과 만주를 장악한 다음, 이를 발판으로 중국을 공격하는 방책을 제시했다. 그리고 천황이 직접 구마모토에서 발진해 양쯔강을 따라 올라가 난징을 취해 임시 황거로 삼자고 했다(《혼동비책》). 아직 서양의 외압도 없고 동아시아 국제 정세에 아무런 변동 조짐이 없던 19세기 초에 그런 주장을 했다. 기이하다고 할 수밖에 없는 일이다.

흥미로운 것은 세계가 결국 하나의 국가에 의해 통일될 것이라고 생각했다는 점이다. 아이자와는 "러시아는 세계를 석권하여 이를 모두 신하로 만들지 않고서는 멈추지 않을 것"(《신론》)이라

국내에 있는 아이자와 야스시의 《신론》 필사본. 일본이 "원래부터 대지의 원수이며 만국의 중심이다"라며 일본 중심주의를 주창한 대표적인 책이다.

고 했고, 에도 시대 말기의 사상가 하시모토 사나이도 현 정세로 보건대 "오대주는 결국 하나가 될 것이며 맹주를 세워야 전쟁이 멈추게 될 것"이라며 그 맹주는 영국이나 러시아가 될 것이라고 주장했다. 이런 상황에서 일본은 러시아와 동맹을 맺어야 한다고 생각했다(〈무라타 우지히사에게 쓴 편지〉).

일본이 세계의 최종 승자가 될 것이라고 생각한 사람도 있었다. 훗타 마사요시는 일본의 개항을 결정한 막부 로주, 즉 총리대신이었다. 그는 무역을 통해 국력을 기르고 군사력을 튼튼히 하면 마침내 일본은 세계만방의 대맹주가 될 것이고, 만국이 일본의 지휘를 받게 될 것이라고 말했다(《대일본고문서: 막말외국관계문서》18권).

물론 그들의 주장은 1930년대까지는 정책에 반영되지 않았다. 현실주의적 정치가들이 이런 주장을 잘 통제했기 때문이다. 그렇지만 아이자와의 《신론》은 1930년대 젊은 장교들에게 필독서였다고 한다. 아마 다른 책들도 그랬을 것이다. 권력에서 소외된 우익 이데올로그들도 군부 인사들에게 이런 사상을 펌프질했다. 군부의 전략가로 대외 침략을 주도한 이시하라 간지石原莞爾의 '세계최종전쟁론'도 그 영향을 받았을 가능성이 있다. 그는 1차 세계대전 후 전 세계가 소련, 미주美洲, 유럽, 동아시아라는 4개 국가연합으로 나뉘었다며, 그들 사이에 일종의 준결승이 벌어져 소련과 유럽이 탈락하고 일본과 미국이 최종 전쟁을 벌일 것이라고 주장했다. 그 '자존망대'적 발상이 초래한 파멸은 우리가 잘 알고 있는 바다.

패전 후 일본은 자존망대를 버리고 평화국가의 길을 걸어왔다. 그런데 21세기에 중국은 '도광양회韜光養晦'(자신을 드러내지 않고 때를 기다리며 실력을 기른다)를 버리고 다시금 '자존망대'하기 시작했으며, 세계는 '전국시대'로 접어들고 있다. 그에 올라타 일본의 '유구한 전통'도 다시 꿈틀대려는 듯하다. 미들파워 국가가 선택할 길은 아니다. 나의 기우이겠지만 그런 조짐이 있다면 부디 자중하길 바란다.

19세기 일본인의 국가 인식

1937년에 발발한 중일전쟁을 기점으로 일본 사회는 국가주의로 치달았다. 낮에는 반미시위에 참여하고 밤에는 이불 속에서 재즈를 듣는 사람도 있었다지만, 전반적으로 일본 국민은 '국가'를 자기 이에家나 무라村와 같은 공동체로 내면화하기 시작했다. 한국 '국가주의'의 정점이었을 유신시대에 청소년기를 보낸 나도 국가주의라는 것과 대면했지만, 그건 어딘가 엉성한 것이었다.

오후 6시였던가. 국기 하강식과 함께 애국가가 울려퍼지면 길을 걷다가도 모두가 멈춰서 가슴에 손을 얹었다. 내 기억 속의 그 장면은 엄숙하다기보다는 살짝 코믹한 것이었다. 애국가가 채 끝나기도 전에 발걸음을 옮기는 사람들의 표정은 '이 노무 거, 언제까지 해야 하나', 뭐 그런 쪽이었다. 나는 TV 속 태극기 앞의 근엄한 사람들보다, 어쩐지 이들이 더 미더웠다. IMF 사태 때 금 모으기에 동참했던 사람들도 대부분 이때 '에이 씨~' 하며 멈췄던 걸음을 재촉했던 그분들이었을 것이다.

국가주의를 대하는 일본인의 태도는 이보다는 훨씬 진지했다. 코믹한 분위기도, 삐딱한 사람도 거의 없었다. 진지함이 지나치다 보니 국가와 천황과 나를 동일시하며, 무슨 사교집단처럼 가미카제神風 자살특공대까지 만들어버렸다. 한국의 유신정권도, 타이완의 계엄정권도, 중국의 공산정권도, 심지어는 북한의 김씨정권도 이르지 못한 경지다(아마도 북한은 전쟁 전의 일본 국가주의와 가장 비슷한 체제일 것이다. 그래서 학계에는 북한 체제를 전쟁 전 일본 천황제의 유산으로 보는 시각도 있다).

조선시대 '백성'이 '국가'에 대해 갖는 감각은 그 종류도 강도도 오늘날의 '국민'과는 퍽 달랐을 것이다. 근대의 발명품인 국민국가nation state는 '백성'에게 국가라는 존재를 주입시키려는 시도를 줄기차게 해왔고, 그 결과 '국민nation'이 형성되었음은 이제 상식에 속한다. 그 방법은 국기·국가國歌·국경일의 제정, 의무교육, 징병제 등 비슷했지만, 그 과정은 나라마다 다양했다. 일본은 메이지 유신(1868) 직후인 1870년대에는 취학률이 25~50퍼센트에 머물렀지만, 1890년대에는 90퍼센트를 넘어섰고, 러일전쟁 무렵인 1905년에는 남아의 98퍼센트, 여아의 93퍼센트에 이르렀다. 어떻게 이토록 단기간 내에 국가가 인민 속에 파고들 수 있었을까.

이에 대해 메이지 시대의 유명 저널리스트였던 야마지 아이잔山路愛山은 "일본 국민은 애국심의 사범학교로서 번藩이라는 것을 갖고 있었다"라고 말했다(야마지 아이잔, 〈일한문명이동론日漢文明異同論〉). 도쿠가와 시대는 최대 영주인 도쿠가와 막부와 약 270개 내외의 번(봉건국가)으로 이뤄져 있었다. 이 번들은 대부분 한 가문(다이묘)이 세습하면서 통치했고, 그 밑에는 가신단과 영민領民(영지 내의 백성)이 있었다. 가신단의 첫 번째 충성 대상은 막부가 아니라 자기 번과 다이묘였다. 그들은 자기 번을 '구니國'라고 불렀다. 도쿠가와 시대 후기로 갈수록 번 당국은 번조藩祖(번을 세운 다이묘) 현창사업이나 다이묘의 지역 순행을 빈번히 시행함으로써 영민들 사이에서 번의 존재감을 확산시켜갔다. 이를 학계에서는 '번국가화藩國家化' 현상이라고 한다. 번은 규모가 커도 우리 경기도만 한 면적에 인구 70만 정도였으니, '번국가'가 영내 백성에게 침투하는 게 상대적으로 용이했을 것이다. 따라서 조선의 지방 백성보다 번의 백성이 '번국가'에 대해 느끼는 소속감은 밀도가 더 높았을 것이다.

1853년 페리 함대 출현 이후 도쿠가와 체제가 크게 동요하고 번을 넘어 '일본' 전체의 방위 필요성이 절박해지자, '번국가' 의식 역시 기로에 처하게 된다. 강대한 서양 세력과 맞서려면 번이 따로따로 행동해서는 안 되었다. 전국의 번을 강고하게 결합할 새로운 구심점이 절실해지자 천황을 추앙하는 존왕사상尊王思想이 확산되었다. 충성의 대상도 '번국가'(다이묘)에서 일본(천황)으로 이동하기 시작했다(이은경 외, 2023,《근대 일본인의 국가주의》). 그러나 그 전환은 그렇게 용이한 것은 아니었다. 아무리 상대가 천황이라 하더라도 수백 년을 섬겨온 주군(다이묘)에 대한 충성을 철회하는 것은 사무라이로서 하기 힘든 배신 행위였다. 이 시기 '유신지사'들은 주군과 천황 사이에서 자기분열을 겪으며 거기서 빠져나오기 위해 고뇌에 찬 결단을 하지 않으면 안 되었다. 존왕양이 사상의 주창자인 요시다 쇼인은 "나는 모리가毛利家(조슈번의 다이묘)의 신하다. 따라서 주야로 모리가에 봉사하기 위해 연마한다"(《요시다 쇼인 전집吉田松陰全集》 8권)라고 했고, 천황이 미토번에 내린 밀칙(무오밀칙)을 둘러싸고 다이묘의 명령을 거부했던 다카하시 다이치로高橋多一郞는 스스로를 '죄신罪臣'이라고 칭했다. 사쓰마번의 오쿠보 도시미치도 번 당국과 불화하자 "사정私情으로는 누대에 걸친 신하이니, 감정상 가만히 있기 어렵고 도외시할 수가 없다"(《오쿠보 도시미치 문서大久保利通文書》 3권)라며 고심했다. 그렇지만 이들은 사사로운 감정을 억누르고 번을 폐지해 천황 직할 체제를 만들어버렸다(폐번치현廢藩置縣, 1871). 다이묘를 앞장세워 막부를 타도하고 메이지 유신을 일으킨 지 3년 반 만이었다.

메이지 천황은 다이묘들을 불러 모아 폐번치현(다이묘의 번을 폐지하고 중앙정부 직속의 현을 설치함)을 선언했다. 폐번치현을 주도하고 그 현장에 입회해 있던 조슈번의 사무라이 기도 다카요시는 기뻐 날뛰는 대신 감격의 눈물을 흘렸다. "(조슈번 다이묘께서는) 50~60명의 다이묘들과 나란히 엎드려 듣고 계셨다. 해악海嶽도 미치지 못할 높은 은혜를 내게 주신 주군이시다. 감정이 가슴에 차올라 눈물이 줄줄 흐르는지도 몰랐다."(《기요 다카요시 일기木戶孝允日記》 2권)

조슈빈 소속으로 존왕양이, 막부 타도를 외치다 29세에 막부에 의해 처형당한 요시다 쇼인. 조선 침략 등 해외 팽창을 적극 주장한 그는 이토 히로부미의 스승이기도 하다.

1871년 폐번치현이 발표되는 가운데 발을 내려 얼굴이 가려진 천황을 향해 머리를 조아리고 있는 다이묘들.

고뇌와 번민이 있었지만 '작은 국가'(번)에서 이미 익숙해 있던 국가의식을 '큰 국가'(일본)에서 사이즈업을 하는 것은 그리 어려운 일은 아니었다. 특히 '구니國'에 강한 일체의식을 갖고 있던 사무라이 출신들은 새로운 국가에 대한 충성에 쉽게 적응해갔다. 그리고 '백성'에게 국가의식을 주입하고 그들을 '국민'으로 만드는 데에도 열성적이었다. 이렇게 보면 일본 국가주의의 뿌리는 유별난 것임을 알 수 있다. 제대로 된 군부도 없는 나라를 '군국주의'라고 비판하는 것도 난센스이겠지만, 일본의 리버럴한 측면만을 강조하는 것도 일본에 대한 이해로서는 애꾸눈이라 할 것이다.

近代日本

2

19세기
한일
근대사의
명암

¶

　1876년 조일수호조규(강화도조약)가 체결되었다. 그로부터 지난 150년 동안 한국이 겪어야 했던 일본과의 부대낌, 그야말로 '파란만장'이라고밖에는 달리 표현하기 어려운 역사를 새삼 반추하려 한다. 21세기 초반인 지금 유쾌하지도 않은 이 기억을 굳이 반추하려는 것은, 이제야 그것이 가능해졌기 때문이다. 이게 가능해진 이유는 대한민국의 성장이다. 과거 세계 열강에 처참하게 능욕당했던 한국이 제국주의적 방법을 쓰지 않고도 '세계 열강'의 하나가 되었다. 세계 10대 강대국이니 경제 대국이니 하는 나라치고 한국과 같은 과정을 거쳐 성장한 국가는 없다. 대한민국의 도약에 가장 당황한 나라는 아마도 일본일 것이다. 서양 열강에 혹은 대국 중국에 대해 느끼는 열등감을 한국(조선) 멸시로 견뎌온 게 근대 일본의 민족주의다. 그런데 그것을 떠받치고 있던 기둥이 한국의 도약으로 현재 무너지는 중이다. 혐한 정서는 그 당혹감의 적나라한 표현이다.

4장

서양의 충격과 한일의 대응

정치 리더십은 어떻게 달랐나

먼저 정부와 정치적 리더십 문제다. 조선 국왕은 그에 견줄 만한 다른 권력이 존재하지 않았다는 점에서 강력한 권력을 갖고 있었으나, 국가권력이 사회 기층까지 촘촘히 작동하고 있었다고 보기는 어렵다. 국가권력은 대개 군郡 단위에 머무는 경향이 있었다.

일본의 경우 막부와 270개 정도의 번藩이 있었다. 막부 권력은 번의 영지에는 침투하지 못했으나 각 번의 국가권력은 영지 내 구석구석까지 파고들었다. 막부와 번으로 분산되어 있던 상층 권력만 통합되면 중앙권력은 기층 사회까지 쉽사리 통제할 수 있는 상태였고, 이를 이룬 것이 메이지 유신이다. 이렇게 보면 조선=중앙집권 체제, 일본=지방분권 체제라는 도식은 일부만 진실이다. 국가권력이 사회 기층을 장악한 정도에서는 일본이 더 중앙집권적이었다. 재정 면에서도 조선 정부는 막부보다 규모가 작았던 것 같다. 일본에 비하면 조선은 '작은 정부'였다. 의미심장한 것은 19세기 전반에 막부 재정이 열악해지는 데 반해 반막부파의 리더였던 사쓰마번과 조슈번은 개혁에 성공해 번의 재정을 강화한 것이다. 이 힘을 바탕으로 두 웅번雄藩은 막부를 타도하고 메이지 유신을 이끌어낼 수 있었다.

정치적 리더십은 어떠했나. 흔히 우리는 조선 정치 하면 당쟁을 떠올린다. 그러나 19세기 조선에는 이렇다 할 당쟁이 없었다. 대략 여덟 개 정도의 대가문이 권력을 과점하면서 남인을 비롯한 다른 세력들은 지방으로 배척당했기 때문이다. 유명한 세도정권이다. 수십 년에 걸친 정치 엘리트의 분열로 정치세력 간 노선은 극단적으로 갈라졌고, 타협과 단결의 가능성은 줄었다. 격렬한 당쟁은 바람직하지 않지만, 적절한 붕당정치까지 사라진 것은 아쉬운 대목이다. 흥선대원군 집권(1864년 초) 후 한국병합까지 조선 정계는 의미 있는 정치적 리더십을 구축하는 데 끝내 실패했다. 강력하고 유능한 정치력이 있으면 웬만한 어려움은 돌파할 수 있다. 절체절명의 시기에 그 장기적 부재는 치명적이었다.

도쿠가와 시대에 일본은 막부가 전적으로 정치를 담당해왔고 주요 번들은 권력에서 배제되어 있었다. 그러나 페리 제독의 개항 요구(1853)를 계기로 서양 세력의 압력이 강해지자 사쓰마번, 조슈번 같은 세력이 중앙정치에 뛰어들었다. 막부와 이들 사이에 격렬한 정쟁이 벌어졌지만 그 과정을 통해 정치 엘리트 간에 국가가 가야 할 방향을 둘러싸고 광범한 논의와 합의가 진전되었다. 1860년대 이후 정쟁은 격화되었지만 양쪽 다 근대화를 거부하지는 않았다. 거부하기는커녕 이미 서술한 대로 막부와 반막부파의 싸움은 누가 먼저 근대화를 달성하느냐 하는 경쟁이었다.

이 과정에서 오랫동안 정치적으로 동결되어 있던 천황이 부활해 강력한 통합 장치 역할을 했다.

한편 조선에서 정치 엘리트 간 분열 못지않게 치명적인 것은 민중의 이반이었다. 세도정치하 환곡제도의 악용과 행정 문란이 주범이다. 홍경래의 난(1811), 진주 민란(1862), 갑오농민전쟁(1894), 만민공동회(1898) 등을 통해 조선 민중은 기성체제에 세차게 도전했다. 조선 엘리트층은 이에 적절히 대응하지 못하며 그 정치적·도덕적 권위가 땅에 떨어졌다. 그렇다고 민중세력이 새로운 비전을 실현하는 데 이른 것도 아니었다. 그 과정에서 엄청난 사회적 비용을 치러야 했고 외세 침입에 틈을 열어주었다. 민중 봉기라는 전통은 20세기 들어서도 3·1운동, 4·19학생운동, 6·10민주화항쟁, 촛불시위 등으로 면면히 이어져 지금에 이르고 있다.

반면 일본 민중은 이 시기 반란다운 반란을 일으킨 적이 없다. 오시오 헤이하치로大塩平八郎의 난(1837)은 오사카를 불태우고 전국에 충격을 주었지만 반나절 만에 끝났다. 메이지 정부에 도전한 하기萩의 난(1876), 세이난 전쟁(1877) 등도 사무라이들의 반란이었지 민중은 가담하지 않았다. 민중은 막부와 사쓰마, 조슈의 싸움을 대체로 방관했다. 대신 엘리트층은 민중의 요구를 선제적으로 수용해 개혁을 감행했다. 재정 부족에 직면한 번 정부는 농민 증세 대신 사무라이의 봉록을 삭감했다. 메이지 정부는 성립 직후 전국에 걸쳐 토지 조사를 실시하고 세제를 개편했지만(지조개정地租改正) 농민의 이익은 크게 침해되지 않았다. 이런 상

메이지 정부군과 반란군이 맞붙은 세이난 전쟁(1877). 일본에서는 이 전쟁을 끝으로 더 이상 정치 리더십의 결정적인 균열은 없었다. 당시 군기로 사용된 욱일기를 든 쪽이 정부군.

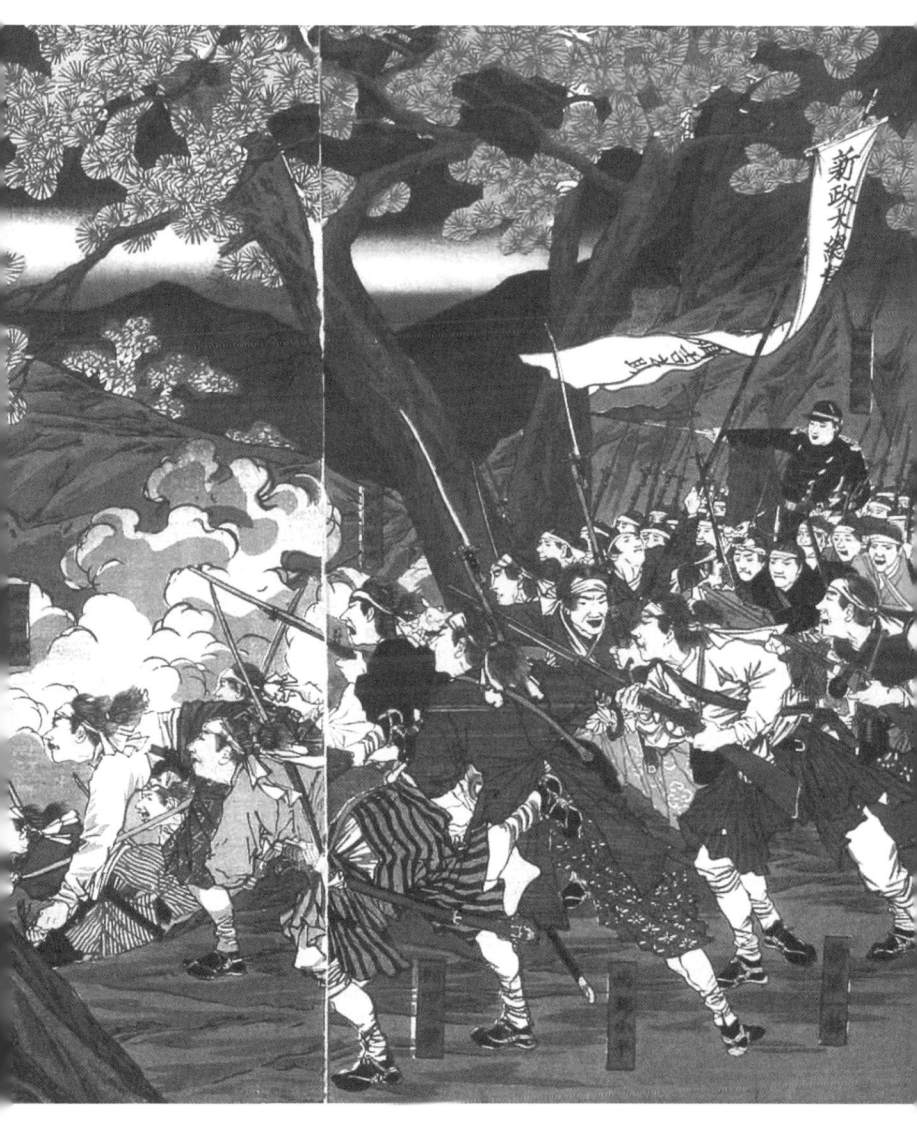

황이니 거대한 민중운동이 일어나 정치판을 뒤집어버리는 일은 좀처럼 보기 힘들었다. 20세기를 거쳐 지금에 이르기까지 일본 시민들은, 특히 한국 시민들과 비교해볼 때 정치 변혁에 관심이 적다. 양국의 정치 패턴은 그런 면에서 매우 대조적이다.

대원군의 개혁과 메이지 유신 비교

1860년대는 동아시아 근대사에서 획기적인 시기였다. 흔히 아편전쟁을 중시하지만 사실 그 영향은 우리가 생각하는 것만큼 크지는 않았다. 서양 열강은 아편전쟁으로 시작된 중국과의 무역이 영 성에 차지 않았다. 호시탐탐 기회를 노리다 애로호 사건을 구실로 중국에 난입해 1860년 베이징을 함락했다. 청제국 수립 이후 처음 있는 변고였다. 황제 함풍제는 열하(현 청더시)로 피난갔다. 수도가 적의 수중에 떨어지고 황제가 도망갔으니 그 충격이 이만저만이 아니었다. 엉덩이가 무겁던 청제국도 마침내 서양화를 시작하지 않을 수 없었다. 유명한 양무운동洋務運動이다.

일본의 도쿠가와 막부는 1854년 미국 동인도함대 사령관 페리와 미일화친조약을 체결했지만 무역 개시는 끝내 받아들이지 않았다. 초대 미국 영사 해리스는 청과 서양 열강 간의 긴장상태를 이용했다. 영국과 프랑스가 청을 치고 그 여세를 몰아 일본으로 쳐들어올 거라며 미국과 미리 통상조약을 맺어두면 든든한 방패가 될 거라고, 막부를 협박하고 설득했다. 막부 내부에 웅크리

1860년 베이징을 점령한 서양 군대는 청나라 황실의 정원인 원명원을 파괴했다.
이 사건은 조선에도 큰 충격을 주었다.

고 있던 통상 찬성파는 이 상황을 이용해 일거에 통상조약 체결에 성공했다. 1858년 여름이었다.

청과 일본이 서양화의 첫걸음을 내딛고 있을 때 조선은 어땠나. 강화도령 철종을 임금으로 앉혀두고 안동 김씨가 집권하던 때였다. 베이징 함락은 조선인들에게도 충격이었다. 저 거대한 대청제국을 무너뜨린 서양의 힘은 대체 무엇이란 말인가. 1862년 유례없는 민란이 삼남 지방을 휩쓸었다. 60년간 이어진 세도정치에 대한 파산선고였다. 문자 그대로 외우내환이었다. 때마침 철종이 승하하자 흥선군 이하응이 어린 고종을 대신해 섭정했다. 양력으로 1864년 벽두였다.

한국 근대사에서 권력의지와 정치 역량으로 볼 때 이하응을 능가할 인물을 찾긴 힘들 것이다. 1820년생이니 40대 중반, 한창 나이에 권좌에 올랐다. 그는 사상 최초로 왕의 생부가 아직 생존해 있는 '살아 있는 대원군'이었다. 아들 고종이 열두 살이었으니 권력은 그의 것이었다. 흥선대원군 이하응이 그 후 10년 동안 감행한 개혁은 실로 파격적이었다. 그의 빼어난 능력, 외우내환의 위기의식 없이는 생각하기 힘든 것들이었다.

먼저 전국 서원 대부분을 철폐했다. 유림의 근거지인 서원을 없애는 일은 거칠게 비유하자면 중세 유럽에서 교회를, 혹은 도쿠가와 시대 일본에서 절을 문 닫게 하는 일과 진배없었다. 정신적 비중으로 치자면 지금의 명동성당을 넘어설 만동묘萬東廟를 한방에 날렸다. 송시열이 명나라의 황제들을 제사 지내려고 세운 사당이다. 한술 더 떠 양반에게도 병역을 면제해주는 대신 받

흥선대원군.

던 군포軍布를 매겼다. 기세등등한 혁명적 조치에 양반 세력은 제대로 저항해보지도 못했다. 조선은 다른 나라에 비해 국가권력이 약했던 것으로 평가된다. 그래서 양반을 제대로 제어하지도, 그들을 뚫고 사회 기층을 장악하지도 못했다. 이런 상황에서 대원군의 정책은 조선 왕조에서 보기 드문 국가주의적 기획이라고 할 수 있을지도 모른다.

대원군은 국방 강화에도 힘을 기울였다. 조선은 세계 최강국 청과 국경을 맞대고 있는 처지였으니, 핵무기 같은 비대칭 전력이 없는 한 빈약한 재정에서 국방비를 증액한들 거의 의미를 가질 수 없었다. 유목 세계와 중원 세계를 통합해 거대한 제국을 구축한 청 앞에서 군사력 강화는 현실적 의미를 갖기는커녕 괜히 청의 의심과 내부 불만을 살 게 뻔했다. 팍스 시니카Pax Sinica(청에 의한 평화) 질서를 철저히 따르는 것, 즉 사대주의 외교 노선은 이런 상황과 판단에서 나온 것이었다. 그러나 안보 환경의 변화로 압록강이 아니라 해상을 방비해야 하는 상황이 되자 대원군은 강화도 무장에 나섰다. 그의 집권기에 강화도 방비는 꽤 진전되었다. 병인양요와 신미양요에서 조선군이 선전한 것은 그 결과였다.

문제는 대외정책이었다. 대원군은 쇄국정책과 척화비로 악명이 높다. 하지만 자세히 들여다보면 다른 움직임도 감지된다. 그는 국내에 있던 프랑스 선교사를 통해 프랑스의 도움을 받으려고 시도했다. 부국강병의 절박함을 이해하고 있던 데다가 부인이 천주교도여서인지 서학에 대해 히스테리적이지만은 않았다. 연해주를 차지해 조선과 국경을 맞대게 된 러시아와는 지방관을 통해 접촉을 시도했다. 미국과는 제너럴셔먼호 사건을 계기로 수차례 교섭을 벌였다. 이 때문에 일찍 작고한 한국사학자 연갑수는 대원군 시기의 외교 경험이, 민씨 정권이 서양 열강과 조약을 맺을 때 밑바탕이 되었다고 지적했다. 그러나 대원군의 모험적인 외교 시도는 성과를 내지 못했고 두 차례의 전쟁은 배외주의를 한층 고양시켰다. 위정척사파가 전면에 나선 것도 이 무렵이다. 그는 여론과 타협하지 않을 수 없었다.

 같은 시기 일본에서는 무슨 일이 일어났던가. 대원군 집권 약 5년 전에 막부는 서양 각국과 통상조약을 체결했다. 그러자 여기서도 강력한 배외주의가 등장했다. 이른바 존왕양이 운동이다. 막부가 이를 탄압하자 막부 수반 이이 나오스케가 백주대낮에 암살당했다. 우리가 병인양요(1866)를 겪기 전에 일본도 마찬가지로 서양과 전투를 치렀다. 1863년에 영국은 사쓰마번을, 1864년에 서양 연합군은 조슈번을 초토화했다. 그러자 척화와 양이를 부르짖던 이들은 즉각 서양과 화해하고 대신 부국강병에 매진했다. 막부는 서양과의 전쟁을 회피하고 군비 증강에 진력했다. 1864년 대원군이 집권한 때는 일본에서는 막부와 반막부파(사쓰마번, 조슈번)가 부국강병과 근대화 경쟁에 뛰어들기 시작한 해였다. 누가 이기든 일본의 갈 길은 정해져 있었다. 부국강병과 서양화로. 그리고 4년 후 메이지 유신이 발발했다.

 대원군은 집권 10년 만인 1873년에 실각했다. 그 스스로 왕이 되지 못한 한계였다. 배후조종은 언제나 위험하고 한계가 있다. 그를 대신한 고종과 민씨 정권은 힘겹게 노력했지만 대원군 같은 강력한 정치 리더십이 없었다. 그 후로 조선이 망할 때까지 그만한 강력한 지도자는 나오지 않았다. 리더십은커녕 60년에 가까운 긴 시간 동안 조선의 정치 리더십은 철저히 분열했다. 수구파와 개화파 간에, 온건개화파와 급진개화파 간에, 급진개화파 서로 간에 마치 핵분열이라도 하는 듯 분열에 분열을 거듭했다. 대원군의 지도력과 김옥균의 정책이 결합하는, 볼 만한 장면은 끝내 나타나지 않았다.

정한론 분쟁과 한일관계

조선에서 흥선대원군의 10년 권력이 끝나가던 1873년 겨울, 일본에서도 메이지 정부의 운명을 가를 거대한 권력투쟁이 벌어지고 있었다. 메이지 유신의 영웅 사이고 다카모리가 정한론征韓論을 주장하고 나선 것이다. 1868년 메이지 유신 발발 후 일본은 조선에 신정부 수립을 알리고 국교를 새로 맺을 것을 요구해왔다. 조선은 일본의 갑작스러운 요구가 1609년에 체결한 기유약조 체제에 반한다고 주장하며 이를 일축했다. 그런 갈등이 이미 5년 넘게 지속되고 있었다. 부산에서의 교섭 과정에서 들리는 양측의 갈등 소식은, 안 그래도 전쟁을 바라던 사무라이들을 자극했다. 사이고는 이에 올라탄 것이다.

그해 7월 사이고는 정부 실력자이자 도사번의 총수였던 이타가키 다이스케板垣退助에게 이렇게 말한다. "군대를 파견하면 조

'정한론'을 주장한 사이고 다카모리의 초상화.

선 측에서 반드시 철수를 요청할 것이고, 우리 측에서 받아들이지 않겠다고 하면 전쟁이 발발하게 될 겁니다. 따라서 사절을 먼저 파견하는 것이 어떻겠습니까. 그렇게 하면 조선이 (사절에 대해) 폭거를 일으킬 것이 분명하므로 전쟁의 명분도 생길 것입니다. (…) 사절을 파견하면 잡아 죽일 것이 예상되므로 부디 저를 보내주시기를 엎드려 바랍니다. (…) 죽음 정도는 각오하고 있습니다." 이 때문에 일본 학자 중에는 사이고가 서울에 직접 가서 조선과의 문제를 평화적으로 해결하려 했다고 주장하는 사람도 있다.

그러나 8월에 사이고가 역시 이타가키에게 보낸 서신을 보자.

> 전쟁을 곧바로 시작해서는 안 되고, 전쟁은 2단계가 되어야 합니다. (…) 사절을 잡아 죽일 것이 틀림없으므로 그때는 천하 사람들이 모두 조선의 죄를 토벌해야 한다고 말할 것입니다. 이것이야말로 내란을 바라는 마음을 밖으로 돌려 나라를 흥하게 하는 깊은 전략입니다. (…) 저를 보내주신다면 반드시 전쟁으로 연결시키겠습니다. 《자유당사自由黨史》 상권)

사이고의 진의는 평화적 해결이 아니라, 조선을 도발해 전쟁의 명분을 확보하는 것이었음을 알 수 있다. 내란이 폭발하기 전에 그 에너지를 조선으로 돌리려 했던 것이다(이원우, 〈사이고 다카모리와 '정한론'〉).

이런 인식은 수뇌부뿐 아니라 하급 관료 사이에서도 만연해 있었다. 외무성 관리로 부산 왜관을 오가며 조선과 교섭하던 사다

하쿠보佐田白茅는 "지금 일본은 병사가 많아서 걱정이지 적어서 걱정이 아닙니다. 각지의 병사들이 무진전쟁戊辰戰爭(막부 토벌 전쟁)에 만족하지 못하고 전투를 좋아하며 내란을 생각합니다. 조선을 공격하는 것이 병사들의 울분을 해결할 수 있는 유일한 방법이 아닐까요. 조선과 싸움으로써 우리 병사들을 훈련하고 황위皇威를 해외에 빛낼 수 있으니 어찌 신속하게 공격하지 않겠습니까"라며 30개 대대를 동원하면 50일 내에 정복이 가능하다고 주장했다(현명철, 〈메이지 유신 초기의 조선침략론〉).

그러나 당시 일본은 반쪽짜리 정부가 다스리고 있었다. 1871년 폐번치현을 단행하자마자 정부 실력자의 반이 조약 개정과 서구 문물 시찰을 위해 구미로 떠나 아직 돌아오지 않은 상태였다. 유명한 이와쿠라 사절단인데, 사이고의 죽마고우 오쿠보 도시미치가 그 주역이었다. 이토 히로부미도 사절단에 끼어 있었다. 혁명 초창기라 아직 정권이 불안할 때인데도 혁명 지도자의 반이 자리를 비우는 모험을 감행했으니, 이들이 국제관계와 해외 정보를 얼마나 중시했는지 놀라게 된다. 일본을 떠날 때 오쿠보는 사이고에게 중요한 정책은 사절단이 귀국할 때까지 시행하지 말라고 부탁했고 사이고도 이를 승낙했다. 이른바 '유수정부留守政府'다.

그러나 유수정부는 징병령, 양력 시행, 토지 세금의 개정(지조 개정), 근대적 학교 제도 도입 등 획기적인 정책을 연속적으로 시행했다. 이 질풍노도의 시기에 여유를 부릴 시간이 없었을 것이다. 여기까지는 사절단 멤버들도 대체로 동의하는 정책이었기에 묵인했다. 그런데 도저히 묵과할 수 없는 소식이 유럽의 사절단에

이와쿠라 사절단 주요 지도부가 1872년 미국 샌프란시스코에서 찍은 것으로 알려진 사진. 왼쪽부터 기도 다카요시, 야마구치 마스카, 이와쿠라 도모미, 이토 히로부미, 오쿠보 도시미치.

날아들었다. '정한론', 즉 조선 침략을 감행한다는 것이었다. 오쿠보가 보기에 이는 매우 위험한 전쟁이었다.

즉각 귀국한 오쿠보는 사이고의 기도를 분쇄하기 위해 나섰다. 유신의 영웅, 사무라이들의 두령 사이고와의 싸움이니 목숨이 걸린 일이었다. 아들에게 유서를 써놓고 한판 승부에 나섰다. 이와쿠라 도모미는 귀국 즉시 정부에 복귀했지만 오쿠보는 이를 거부한 채 정부 밖에서 궁중 공작을 시작했다. 메이지 유신 때 왕정복고 쿠데타를 주도했던 이와쿠라-오쿠보 라인의 재가동이다. 사이고의 서울 파견은 각의를 거쳐 태정대신太政大臣 산조 사네토미가 메이지 천황에게까지 보고한 상태였으니 거의 결정된 거나 다름없었다. 이를 뒤엎기 위해 산조를 맹렬히 압박했다. 압박감을 견디지 못하고 산조가 병으로 쓰러지자 이와쿠라가 냉큼 태정대신 자리에 올랐다. 당시 스물한 살에 불과한 메이지 천황은 오쿠보와 이와쿠라의 뜻을 따르지 않을 수 없었다.

서울 파병이 무산되자 당장이라도 '조선 정벌'에 나설 듯이 신났던 사무라이들의 분노는 극에 달했다. 방치하면 내란을 피하고자 했던 정한론이 도리어 내란의 빌미가 될 판이었다. 사이고는 급거 사쓰마번의 가고시마로 낙향했다. 휘하의 병력이 대거 그를 따라가 천황의 근위대가 텅텅 빌 지경이 되었다. 이 정한론 정변으로 오쿠보는 권력을 독점하게 되었지만, 커다란 숙제가 생겨버렸다. 바로 '재야인사' 사이고 다카모리다. 결판이 난 것은 1877년 세이난 전쟁에서다.

일본은 사이고의 감정보다는 오쿠보의 이성을 택했다. 10개가 넘는 서양 열강의 부강을 현지에서 목격한 오쿠보에게 일본은 아직 어린아이였다. 쇠약해졌다고는 하나 인구 1500만의 조선을 굴복시킬 힘이 아직은 없었다. 청이나 서양 열강이 개입하면 또 어떻게 당해낼 것인가? 실제로 22년 후인 1895년 청일전쟁에서 이긴 일본이 랴오둥遼東반도를 조차하려 하자 러시아, 프랑스, 독일이 개입해 무산시킨 것(삼국간섭)을 보면, 오쿠보의 우려가 기우는 아니었다. 이 때문에 만일 정한론이 실행되었다면 메이지 정부는 그 와중에 붕괴했을 것이라고 보는 역사학자가 많다. 물론 그 과정에서 조선은 참화를 겪었겠지만.

해외 팽창론

정한론은 진압되었지만 해외 팽창의 야심을 버린 것은 아니었다. 정부 바깥에서는 해외 침략론을 외치는 목소리가 계속있었는데, 사실 그 전통은 유구하다. 앞에서도 서술했듯이 일본의 고대 국가는 한반도 국가들에 대해 끊임없이 우월감을 표출했다. 나라奈良 시대(710~794) 일본 정권이 통일신라에 대해 보여준 적대감과 우월의식은 널리 알려져 있다. 도쿠가와 시대에도 에도를 방문한 조선통신사를 조공사절단이라고 국내에 선전하기도 했고, 때때로 임진왜란을 들먹이며 자신들의 무력이 우월하다고 주장했다.

18세기 말~19세기 초에 해외 팽창론이 본격적으로 등장한다.

당시 각국이 각축을 벌이던 유럽이라면 모를까, 일본은 임진왜란 이후 수백 년 동안 전쟁을 벌이지 않았고, 또 그럴 위기도 없었으니 희한한 일이다. 러시아가 홋카이도 부근에 출몰하는 것을 목격한 에도 시대 후기 사상가 혼다 도시아키本多利明는 "캄차카로 일본의 수도를 옮기고 사할린에 성곽을 쌓은 다음 연해주, 만주와 교역하여", 거기서 얻은 이윤으로 일본을 영국과 비견되는 대강국으로 만들자고 주장했다(《서역물어西域物語》). 캄차카를 고른 이유는 런던과 위도가 같기 때문이라고 하니, 황당무계한 이야기이지만 그 포부(?)만은 가상하다.

침략론은 사토 노부히로佐藤信淵에게서 더욱 황당해진다. 사토는 만주는 순풍에 돛을 달면 하룻밤에 도달할 수 있다며 "만주와 몽골을 취하고 이 오랑캐들을 잘 다스려 이들로 하여금 남쪽으로 향하게 한다면 중국이 강성하다 해도 어찌 저항할 수 있겠는가. 예전에 버러지 같은 만주 오랑캐도 중국을 취한 바 있다. 하물며 일본의 군량과 대포, 화약의 위세를 갖고서 그 뒤를 잇지 못하겠는가. 십수 년 사이에 중국 전체를 통일할 것은 논할 필요도 없이 명백하다"(《혼동비책》)라고까지 주장한다. 당시 동아시아에는 군사적 위기 상황이 전혀 없었다. 그런데 이 무슨 난데없는 소리인가. 백주대낮의 몽상이라고 할 수밖에 없다.

1850년대 일본이 개항을 하고 대외 위기의식이 강해지자 해외 팽창론은 더욱 거세졌다. 요시다 쇼인은 "에조지(홋카이도)를 개간하여 다이묘大名를 봉하고 캄차카, 오호츠크를 탈취하며, 류큐도 타일러 복속시켜야 한다. 또 조선에 조공을 촉구하고, 북으로는 만주의 땅을, 남으로는 타이완, 루손의 여러 섬을 우리 수중에 넣어야 한다"라며, 나아가 오스트레일리아도 아직 영국이 일부만 점령하고 있으니 서둘러 진출해야 한다고 주장했다(《유수록幽囚錄》).

사토 노부히로나 요시다 쇼인은 모두 재야인사로 정책 결정에는 영향을 미칠 수 없는 인물이니, 그저 잠꼬대로 치부하면 그만일 것이다. 그런데 문제는 1850년대 일본이 개항을 하게 되자, 정책 결정자들도 이런 소리를 하기 시작했다는 것이다. 막부에 상당한 영향력이 있던 다이묘 마쓰다이라 요시나가의 일급 브레인 하시모토 사나이는 "지금 세계는 맹주가 등장해야 전쟁이 멈추게 될 것이고, 그 맹주는 영국과 러시아 중에 하나가 될 것"이라고 했다. 또 일본이 살아남으려면 연해주, 만주, 조선을 병합하고, 아메리카 대륙이나 인도에도 영토를 획득해야 한다고 주장했다. 그러나 지금 인도는 서양이, 연해주는 러시아가 손을 뻗치고 있으므로 당장 이를 실현하기는 어렵기 때문에 영국, 러시아 중 하나와 동맹을 맺어야 하는데 지리적으로 가까운 러시아가 동맹 상대로 좋다고 했다(〈무라타 우지히사에게 쓴 편지〉).

이처럼 세계가 끊임없이 전쟁을 할 것이며 결국 한 나라에 의해 평정될 것이라는 견해는 곧잘 일본의 세계 제패라는 망상으로 연결되었다. 미국과 통상조약을 맺은 막부 로주 홋타 마사요시는 "개국을 훗날 세계를 통일할 기초로 삼고 널리 만국과 항해·무역을 하며, 그들의 장점을 취해 우리의 부족함을 보완하고, 국력을 기르고 무비를 튼튼히 하면, 전 세계가 일본의 위세에 복종하게 될 것이다. (…) 마침내 일본은 세계만방의 대맹주로 떠받들어지고 각국은 일본의 정교政教와 명령을 받게 될 것이다"라고 호언했다(《대일본고문서: 막말외국관계문서》 18권).

우리 민간에서도 가끔 간도나 쓰시마(대마도)가 우리 땅이라고 말하는 사람들이 있으니, 사토나 요시다의 허풍이야 그냥 그러려니 치부할 수 있다. 그러나 정책 결정의 핵심에 있는 사람들이 이런 주장을 하는 것은 어떻게 이해해야 할까. 1850년대나 1860년대의 일본이 세계 통일은 고사하고 한반도에 진출할 힘조차 없었다는 것은 누구나 아는 일이었다. 그래서 어떤 학자는 당시 일본이 서양 열강의 압박에 개항을 한 굴욕적인 상황에서 사무라이들의 불만을 달래기 위한 정치적 수사修辭였다고 해석했다. 아닌 게 아니라 말만 그렇게 했지 해외 침략을 준비한 흔적은 보이지 않는다. 막부의 굴욕외교를 비판하는 세력도 서양 침략을 막기 위해 대선大船(대형 선박)을 건조하자는 주장 이상으로 나아가지 못했다. 모두 몽상 수준이었던 것이다. 몽상을 하는 이유는 콤플렉스 때문이었다. 서양과 중국에 대한 소국 콤플렉스, 300년 동안 쇄국으로 열도 안에 갇혀 있던 데서 오는 자폐적 자기인식, 그리고 개항 과정의 굴욕감에서 오는 콤플렉스 등등.

그러나 몽상도 자주 하면 여론이 되고 급기야 진짜 현실로 만들려는 움직임도 생기기 마련이다. 그러기 위해서는 몇 가지 조건이 필요하다. 몽상과 현실을 구분하지 못하는 사람이 다수 있어줘야 하고, 그런 사람들을 이용해야 할 정치적 이유와 정치세력이 있어야 한다. 메이지 유신 직후부터 비등하기 시작한 정한론은 바로 그런 환경에서 등장한 것이다. 그러니 그것은 정말로 당장 조선과 전면적인 전쟁을 벌이는 것을 의미하지는 않았다. 진짜 목표는 내부의 권력투쟁, 그리고 정치 상황의 수습이었다.

메이지 유신 3걸 중 한 명인 기도 다카요시는 1869년에 "조선을 정벌하면 일본의 국위를 세계에 떨치고, 국내의 인심을 바깥으로 향하게 할 수 있다"라며 정한론을 주장했다. 이 발언의 후반부를 주목할 필요가 있다. 당시 사무라이들은 막부를 타도하면 자기들 세상이 오고 서양 오랑캐를 쫓아낼 수 있다며 흥분해 있었다. 그러나 정작 메이지 정부는 사무라이 계층을 해체하고 서양과는 우호관계를 선언해버렸으니 이들의 불만이 어디로 향할지는 명약관화했다. 자칫 메이지 정권으로 향할 이들의 에너지를 대외 전쟁으로 돌리는 것이 기도의 노림수였던 것이다. 그러니 국내 상황이 바뀌면 정한론도 얼마든지 바뀔 터였다. 1873년에 사이고 다카모리가 정한론을 주장하고 천황의 허락까지 받아내자, 기도는 오쿠보 도시미치와 협력해 이를 분쇄했고 이듬해인 1874년에는 타이완 파병에도 반대했다. 그에게 정한론은 국내 정치 상황을 통제하기 위한 하나의 방편이었던 것이다. 방편치고는 고약한 방편이다.

억제되던 일본의 해외 팽창욕은 1910년 한국병합을 계기로 고삐가 풀리고 말았다. 해외 팽창론을 주장하는 저작들도 힘을 발휘하기 시작했다.

강화도조약을 어떻게 볼 것인가

 임진왜란 이후의 통신사 파견을 들어 당시 한일관계를 친선외교라고 높게 평가하는 경우가 많다. 하지만 자세히 들여다보면 좀 다른 얘기도 가능하다. 우선 파견 횟수를 보면 대략 20년 만에 한 번이다. 중국에는 1년에 수차례 사절단이 갔으니, 이에 비하면 가뭄에 콩 나듯 간 셈이다. 게다가 1811년의 마지막 통신사는 에도(도쿄)까지 가지 않고 쓰시마에서 대충 때웠다. 통신사가 에도까지 간 것은 1763년이 마지막이었다. 이때부터 메이지 유신(1868)까지 한 세기가 넘는 기간 동안 제대로 된 외교는 없었다고 해도 과언이 아니다. 이웃 나라끼리 참 드문 일이다. 이러니 이 시기의 한일관계는 친선관계라기보다는 '무관계'였다는 것이 실상에 가까울 것이다.
 현상 변경을 시도한 것은 도쿠가와 막부였다. 주지하다시피 이전까지 조선과의 관계는 막부가 아니라 쓰시마번이 담당해왔다. 그런데 개항을 단행한 막부는 1860년대 들어 조선과의 외교를 직접 맡고, 조선과 서양 열강 사이에서 중개 역할을 하려고 시도했다. 막부의 멸망과 함께 이 시도는 무산되었지만 메이지 정부는 이를 이어받았다. 그러나 메이지 유신에서 강화도조약(1876)까지는 무려 8년이 걸렸다. 무슨 곡절이 있었던 걸까. 일본 쪽 사정부터 살펴보자.
 먼저 들 수 있는 것은 중앙정부의 외무성과 쓰시마번의 알력이다. 조선과의 무역으로 경제를 지탱하고 있던 쓰시마번은 큰 보상이 없는 한 어떻게 해서든 조선과의 외교권을 뺏기지 않으려 했다. 번 당국이 소극적일 때에는 부산 왜관에 있는 쓰시마 상인들이 당국에 압력을 가했다. 조선은 쓰시마 편이었다. 조선과 쓰시마의 저항에 일본 외무성은 곤경에 처했다. '정한론' 여론도 큰 변수였다.

이런 분위기에서 신정부 수립을 알리고 국교를 맺자는 일본의 국서를 조선 정부가 연이어 거부하자 여론은 '조선에 모욕당했다'며 악화되었다. 그 정점이 앞에서 이미 언급한 정한론 정변이었다. 정부 실권자였던 오쿠보 도시미치는 포함외교(군함과 대포로 개항을 강요하는 외교)로 조선을 위협해 국교 협상장으로 끌어내는 데에는 동의했지만, 조선과의 전면전쟁으로 번질 수 있는 사이고의 정한론은 결사반대했다. 전쟁의 명분이 없고, 국력이 모자라고, 외국의 간섭이 예상되었기 때문이다. 이 무렵 조선에서도 쇄국정책을 폈던 대원군이 실각하고 개항에 전향적인 민씨 정권이 집권했다. 양국에 외교 온건파 정권이 동시에 성립한 것이다. 대원군의 쇄국론과 사이고의 정한론이 정면충돌하는 일은 피했다. 2년 후 체결된 강화도조약은 크게 봐서 이런 정치구도의 산물이었다.

정한론을 분쇄하고 사이고를 정부에서 쫓아내자 여론은 폭발 직전이었다. 이를 달래고자 1874년 4월 조선 대신 타이완을 침략했다. 일본의 군사적 도발에 조선은 민감하게 반응했다. 일본의 국교 수립 요구를 계속 거절하다간 전쟁을 각오해야 할 판이었다. 청나라도 조선에 일본과의 수교를 권했다. 1874년 9월 마침내 양국 외교관 간의 첫 회담이 열린 이래 몇 차례 마주앉았다. 그러나 국서의 용어 문제 등에 끝내 합의를 보지 못하고 회담은 결렬되었다. 회담 결렬 소식에 일본은 포함외교 카드를 꺼내들었다. 1875년 4월 부산에 군함 운요호를 파견해 무력시위를 개시했다. 전쟁이 날 수 있는 급박한 상황이었다. 조선의 조정 대신은 여전히 서계書契(외교 문서)의 용어를 문제 삼으며 일본과의 협상을 반대했다. 외교 문서에 중국 황제만 쓸 수 있는 '황皇'이 들어가 있고, 연호도 중국 연호가 아니라 '메이지明治'라는 일본 연호를 사용했기 때문이다.

이때 과감하게 나선 건 박규수였다. 그는 어전회의에서 "일본인들의 국서에 참람하고 망령된 칭호가 있는 것은 놀라운 일입니다만, 예의와 겸손을 저 섬 오랑캐에게 요구하기는 어려운 일인 듯합니다. 그 나라에서 황제라고 칭한 것은 주나라 평왕平王 시대부터로 이미 수천 년이 되었습니다. 서계에 자기 나라에서 칭하는 용어를 사용한 것도 신하로서 부득이 그렇게 한 것이니, 이는 오직 주상께서 어떻게 포용하시느냐에 달려 있을 뿐입니다. 저 사람들이 국제國制를 변경하여 수교를 하자고 한 것이 지금까지 저지당해왔기에, 필시 한스럽게 여기는 바가 있을 것이니 문제를 일으킬 만한 구실이 될까 매우 염려스럽습니다"라고 말했다.

국제적으로 통용되지는 않았지만 오랫동안 '황皇' 자를 써온 일본의 내부 사정을 이해하고, 또 메이지 정부 수립 이래 8년 동안이나 국교 수립 요구를 거절당한 저들의 심중도 헤아리자는 것이다. 지금 같으면 당장 친일파로 몰렸을 것이다. 많은 대신이 박

일본 의회 도서관에 보관돼 있는, 운요호 사건의 한 장면.

규수를 비난했다.

박규수는 그들에게 되물었다. "삼천리강토에서 안으로는 정치를 잘하고 밖으로는 오랑캐를 물리칠 방도를 다하여 나라와 군대가 부강했더라면, 작은 섬나라가 어찌 감히 와서 우리를 엿보고 방자하게 협박하는 것이 이 지경에 이르렀겠습니까!"

그러나 이번에도 이런 목소리는 채택되지 않았고, 기회를 엿보던 일본에게 '방자하게 협박'할 구실을 주어버렸다. 그 결과가 운요호 사건이다.

일본의 포함외교 강행으로 시작된 국교 교섭에 일본 측은 훗날 원로가 되는 거물급 인사들을 파견했다. 전권공사로는 구로다 기요타카黑田淸隆, 부전권공사로는 이노우에 가오루가 왔다. 구로다는 사쓰마번 출신으로 1889년 총리대신이 되는 사람이다. 이노우에는 김홍집을 파트너로 갑신정변 후 한성조약을 체결했고, 갑오개혁 때에도 조선 내정에 깊숙이 간여하게 되는 인물이다. 그토록 오랫동안 수교를 거부해왔건만 조약은 겨우 16일 만에 날림으로 조인되었다. 8년 동안 반대해왔던 사람들 중에 변변히 저항한 이도 없었다. 그렇게 결사반대해왔다면 무슨 자기 설명이 있어야 하지 않을까. 어차피 아무 생각 없이 무책임하게 반대만 해왔던 거다.

외교에서 상대 국가를 한 덩어리로 인식하는 것은 피해야 한다. 상대 국가 내부에도 여러 가지 다른 의견이 있고 그에 따라 다양한 정치세력이 서로 갈등하고 있다는 것은 더 설명할 필요가 없다. 우리 내부를 돌이켜보면 쉽게 이해할 수 있다. 당시의 일본이나 지금의 일본이나 마찬가지다. 당시의 일본이라고 모두가 한 덩어리가 되어 처음부터 조선 침략을 시도한 것은 아니다. 침략도 그럴 만한 힘이 있어야 하고 힘이 된다 하더라도 그게 국익에 도움이 된다는 판단이 들어야 하는 것이다. 그러니 19세기 후반부터 20세기 초까지 조선에 대한 정책을 놓고 일본 조야는 격심한 갈등과 혼선을 겪어왔다. 1868년 메이지 유신부터 1910년 한국병합까지 42년에 이르는 시간 동안 일본의 대한정책은 병합을 예정하고 일직선으로 움직인 것이 아니라, 뭐가 어떻게 될지 모르는 구불구불한 것이었다. 그 길의 모양은 일본 내부의 노선 갈등과, 국제 정세의 영향, 그리고 무엇보다 조선의 대응 역량에 따라 휘어졌다 구부러졌다를 반복했다. 청도, 러시아도 조선에 야심이 있었지만 일본이 유독 두드러진 공격성을 보인 것은 새삼 재론할 필요도 없이 천하가 다 아는 사실이다. 이건 이것대로 비판의 날을 뾰족이 세워야 한다. 그러나 그렇다고 일본은 원래 그런 나라이니 애초부터 조선을 침략하려 했다며 목소리만 높이는 것은 이 시대의 쓰라린 경험이 우리에게 주는 교훈을 너무 값싸게 치는 일일 것이다.

일본의 류큐 침략과 청의 위기의식

근대 일본은 초기부터 유난히 해외 팽창욕을 보였다. 이미 도쿠가와 막부는 1855년에 아이누인이 살던 지금의 홋카이도를 직할령으로 삼았고, 메이지 정부는 이어서 일본인을 그곳으로 대거 이주시켰다. 그 너머의 북방에도 관심을 보여 1875년에는 러시아와 사할린-쿠릴열도 교환 조약을 체결하고 쿠릴열도를 손에 넣었다. 이듬해인 1876년에는 도쿄에서 1000킬로미터나 떨어진 태평양의 섬, 오가사와라제도 영유를 선언했다. 우리가 알다시피 1873년에는 정한론이 비등했고 1875년에는 운요호 사건을 일으켜 조선에도 공세적 자세를 취했다.

그런데 일본의 팽창에 제일 먼저 저항한 것은 사실 류큐 왕국(현 오키나와)이었다. 15세기에 오키나와 전체를 통일한 류큐 왕국은 명나라의 충실한 조공국이었다. 그러다가 임진왜란 후인 1609년에 일본의 사쓰마번이 침공해와 조공을 요구했다. 이후 류큐는 이른바 '양속체제兩屬體制'를 외교의 기본 원리로 삼아 중일 양국에 조공하면서도 내정은 자주적으로 행해온 엄연한 왕국이었다. 메이지 정부는 400년 넘게 번영해온 이 왕국을 먹잇감으로 삼으려 한 것이다.

류큐인은 자신들을 중국을 중심으로 한 동아시아 국제 체제의 중요한 일원으로 자리매김하고, 일본의 침략을 저지해줄 것을 중국에 호소하는 전략을 택했다. 중국의 실권자 이홍장李鴻章을 끌어들이기도 하고 일본에 병합된 후에도 조선의 갑신정변이나 청불전쟁에 영향을 받으면서 저항운동을 전개해나갔다(류큐인들의 저항운동은 조선 근대사에도 큰 영향을 미쳤다. 청이 류큐의 멸망을 보고 조선에 대한 지배를 강화한 것이다. 김옥균의 갑신정변은 이에 대한 반발이었다).

19세기 말 동아시아 국가들과 류큐 왕국.

이 자그맣고 평화로운 섬에 대체 무슨 일이 벌어졌던 것일까. 1871년에 한 사건이 발생했다. 류큐 어민들이 타이완에 표착했는데, 그곳 원주민들에게 살해되고 만 것이다. 일본은 '자국민' 살해에 보복한다며 군사를 타이완에 보냈다. 그리고 청을 압박해 류큐에 대한 종주권을 인정받고, 1879년에 마침내 500명의 병력으로 류큐 왕국을 멸망시키고 국왕 쇼타이尙泰를 도쿄로 잡아갔다. 그러고는 오키나와현을 실치했다. 류큐는 종주국인 청에 기대는 수밖에 없었다. 류큐 맞은편에 있는 중국의 푸젠성으로, 이어서 베이징으로 가서 "사나운 일본인들이 감히 흉포한 위세를 부리면서 쳐들어와 수백 년 된 번신藩臣의 종사를 멸망"시켰다며, "살아서는 일본의 속인屬人이 되길 원치 않고, 죽어서는 일본의 속귀屬鬼가 되는 것을 원치 않는다"라고 간절하게 구원을 요청했다.

그러나 청은 냉정하게도 일본과 류큐 왕국을 분할해 나눠 가질 생각을 했다. 강대국에 의해 제멋대로 국토가 분단된 우리에게는 씁쓸한 장면이 아닐 수 없다. 이어서 청불전쟁이 터져 좌종당左宗棠의 군대가 푸젠성까지 진주해오자 류큐인들은 그들에게 류큐로 건너와 일본인들을 쓸어내달라고 하소연했다.

류큐 지도자 쇼투쿠코向德宏는 "전함 두세 척을 파견해 일본인을 문죄할 것을 간절히 바랍니다. (…) 천자의 군대가 국경에 다다르는 것을 보면 우리 인민은 죽음을 무릅쓰고 일본인을 남김없이 쫓아낼 것입니다"라고 했다. 그러면서 "만일 일본의 함선이 구원하러 온다면 일본 국내는 텅 비어 있을 것이니, 상하이, 톈진 등지로부터 곧바로 출격해 무방비상태의 일본을 공격하면 될 것"이라고 일본 본토 공격 전략까지 제시했다.

그런데 중국의 군사 개입을 설득하는 논리가 흥미롭다. 먼저 류큐 멸망은 중화질서 전체의 붕괴로 이어질 것이라고 했다. "일본인은 먼저 타이완에서 난을 시작하고, 이어서 류큐에 학정을 행했으며, 마침내 조선에 그 폭력을 행사(임오군란, 갑신정변을 말한다)했습니다. 또한 프랑스는 베트남을 침략했습니다. (…) 이렇게 횡행하는 것을 그냥 둔다면 (…) 화가 더욱 심해질 것입니다." 일종의 도미노 이론이다. 더 나아가 일본이 서양과 손잡고 중화질서를 공격할 것이라고 경고했다. "일본이 어찌 류큐만 갖고자 할 뿐이겠습니까. 그 마음은 저절로 큰 것을 찾게 될 것입니다. (…) 전쟁을 벌이려고 하는 자가 있다면 반드시 일본이 그 앞잡이가 될 것입니다. 프랑스가 베트남과 전쟁을 하고 있는데 일본이 이를 돕고 있는 것이 그 증거입니다."

실제로 청불전쟁 당시 프랑스는 일본에 지원을 요청한 적이 있고, 이 전쟁 때문에 조선에 주둔 중이던 청군이 빠져나가자 그 틈을 노려 조선의 개화파와 일본군이 갑신정변(1884)을 일으켰으니 류큐인들의 예측이 전혀 터무니없는 것은 아니었다.

그러나 청은 바다 건너 류큐까지 군대를 파병할 여력이 없었다. 게다가 조선에서는 임오군란에 이어 갑신정변까지 터진 상태였다. 류큐인들의 실망은 이만저만이 아니었다. 그러던 차에 갑신정변 문제를 매듭짓기 위해 톈진에서 이홍장과 이토 히로부미가 마주 앉았다. 류큐인들은 이를 마지막 기회로 여겼다. 그래서

돛을 내린 채 류큐로 입항하는 '진공선(進貢船)'. 중국으로 공물을 싣고 떠났다가 귀환할 때는 중국 상품을 싣고 먼 이국으로 출항하는 무역을 했다.

오키나와의 슈리성. 류큐 왕국의 상징으로 2000년 유네스코 세계문화유산으로 등재됐다. 류큐 시대 의식을 재현하는 슈리성 축제가 열리는 곳이기도 하다. 사진은 2019년 10월 화재로 소실되기 전의 모습.

청으로 몰려가 "듣건대 베트남은 포위가 풀리고 프랑스는 강화를 요구했다고 하며, 조선의 일로 일본 사신이 이미 베이징에 와 있다고 합니다. (…) 지금 일본 사신이 베이징에 와서 조선의 일을 논할 때 류큐의 일도 함께 논의해주십시오"라고 호소했다. 그들은 조선과의 형평성 문제를 거론했다. 류큐도 조선과 마찬가지로 충실하게 조공을 해왔는데 어째서 "조선에 일이 있을 때는 두 번씩이나 병력을 파견해 난을 진징(임오군란·갑신정변 때 청군을 파병한 일을 말한다)"시켰으면서 류큐는 돌아보지 않느냐는 것이었다. 처절한 외교전이었지만 이들의 소망은 끝내 이뤄지지 않았다. 베이징에서 구원운동을 하던 류큐인 린세이코林世功는 이홍장과의 면담을 요구하며 스스로 목숨을 끊었다.

류큐의 멸망에 바짝 긴장한 것은 청이었다. 류큐 자체가 중요하다기보다는 같은 조공국인 조선에 미칠 악영향 때문이었다. 게다가 조선은 일본 바로 옆에 있지 않은가. 이로 인해 청의 조선 정책은 크게 선회한다. 원래 조공관계란 간접적인 지배에 불과했으나, 이때부터 내정간섭을 시작한 것이다. 임오군란과 갑신정변 때 병자호란 후 처음으로 군대가 들어왔고, 위안스카이袁世凱는 서울에 주재하며 마치 총독처럼 행세했다. 류큐 병합은 우리 근대사에도 큰 영향을 끼친 것이다.

5장

1880년대
조선의 반청투쟁

조선에 내정간섭을 시작한 청

전근대 시기 한중관계는 조공-책봉 관계였다. 그런데 악명 높은 이 관계는 흔히 생각하는 것보다는 훨씬 형식적인 것이었다. 정기적으로 사절단을 파견하고 중국을 상국으로 대접하는 외교의례만 지키면 나머지는 거의 조선의 자유의사가 존중되었다. 병자호란(1637) 이후 조선에 청군이 주둔하거나 청의 관리가 서울에 주재하는 일이 단 한 번도 없었던 점이 이를 증명한다.

이런 관계는 서양과 일본의 대두로 중대한 도전에 직면하게 되었다. 이미 주권국가 체제를 확립한 이들은 조-청관계의 '정체'를 묻기 시작한 것이다. 그 계기는 병인양요(1866)와 신미양요(1871)였다. 프랑스와 미국은 조선과 전쟁을 하면 청나라를 침범하는 게 되는지, 청나라가 개입할 것인지, 그 이전에 도대체 조-청관계는 어떤 것인지를 물었다. 청 정부의 답변은 '속국이지만 자주적인 나라이고, 자주적이지만 동시에 속국이다', 즉 속국자주屬國自主였다(오카모토 다카시, 《미완의 기획, 조선의 독립》).

대등한 주권국가 체제에 사는 현대인에게는 이해하기 어려운 말이다. 그러나 근대 조선의 험난한 여정은 이 말로부터 시작했다. 현대 한국어의 '속국'과 당시의 속국은 어감과 의미가 많이 다르다. 청 정부의 '속국'에 대한 공식 입장은 "(속국인) 조선은 중국에 조공을 바치고 있긴 하나 일체의 국사는 모두 자주적으로 한다"였다. 더구나 이때만 해도 조선과 서양 간의 분쟁에 휘말리고 싶지 않았기 때문에 '속국자주' 중 '자주'에 강조점을 찍었다. 덕분에 프랑스와 미국은 가벼운 마음으로(?) 조선을 침략했다. 과연 청은 개입하지 않았다.

이 과정에서 조선도 청국의 속국임을 부인하지 않았다. 서양과의 충돌을 피하기 위해서는 청의 개입이 필요했기 때문이다. 청은 "조선이 중국의 보호를 구하는 것은 결코 진심이 아니다. 단지 중국의 힘을 빌려 어깨의 짐을 덜고자 함일 뿐"이라고 볼멘소리를 했다. 청은 분쟁에 말려들지 않고자 조선을 '자주국'이라 하고, 조선은 반대로 청을 끌어들이려고 스스로를 '속국'이라 말하는 묘한 상황이 벌어졌던 것이다. 양측 모두 국익을 위한 대응이었다.

조선은 조공국이라는 타이틀만 유지한 채 자주국이 되고자 했다. 조공을 하는 대신 청에게 국제 사회의 위협으로부터 조선을 보호해줘야 하는 의무를 지우면서도, 내정간섭은 한사코 거부했다. 이때부터 청일전쟁까지 약 15년간은 조선을 속국화하려는 청과, 이를 거부하려는 조선의 싸움이었다. '반일' 이전에 '항청抗淸'이 있었던 것이다.

1880년대 들어 청은 지금까지의 입장과 달리 조선 속국화 정책을 급격하게 추진했다. 그 주도자는 북양대신 이홍장과 그 부하인 마건충馬建忠, 위안스카이였다. 정책 변화의 이유는 청의 위기감이었다. 신미양요 후 대원군이 실각하자 일본은 조선과 강화도조약(1876)을 맺고 이어 류큐 왕국을 병합(1879)해버렸다. 이미 서술한 대로 류큐 멸망은 조공국에 도미노 현상을 일으킬지 모른다는 우려를 낳았다. 청의 안보에서 조선은 류큐에 비할 수 없을 정도로 중요한 국가였다.

지금과 같은 상태로 조선을 확보할 수 있을 것인가를 두고 치열한 논쟁이 벌어졌다. 임오군란 때 대군을 이끌고 조선에 들어온 오장경吳長慶의 부하 장건張謇은 한사군의 전례에 따라 조선 국왕을 아예 폐하고 조선성朝鮮省을 설치하자고 했고, 한림원 시강 장패륜張佩綸은 대신을 파견해 조선의 내정과 외교를 장악하자고 했다. '속국자주'에서 '속국'에 방점을 찍으려 한 것이다. 두 차례의 양요 후 '자주'에 강조점을 찍고 '속국'은 명목상으로만 유지하려던 조선이 이에 저항한 것은 당연한 결과였다.

그러나 조선의 저항에 큰 장애를 초래한 대사건이 일어났다. 사실상 대원군의 쿠데타인 임오군란(1882)이다. 풍비박산이 난 조선 정권은 청에 진압을 요청했고, 병자호란 후 약 250년 만에 청군이 들어왔다. 난을 진압한 청군은 대원군을 청으로 납치해갔고 민씨 정권을 다시 세워주었다. 이제 서울에 있는 군사력을 배경으로 청은 조선 내정에 맘대로 개입했다.

임오군란(1882)을 일본의 시각으로 묘사한 보도판화.
하급 군인들이 일본 공사관 직원들과 싸우는 장면이다. 가운데 그림의 상단에는
일본 공사가 본국에 보낸 전보가 있다. 조선이 청에 진압을 요청하면서
병자호란 이후 약 250년 만에 청군이 조선에 들어왔다.

청의 노골적인 간섭에 조선에서는 '속국자주'의 틀 자체를 깨버리려는 움직임이 대두했다. 먼저 김옥균은 갑신정변으로 '속국자주'를 폐기하고 아예 '독립'하려는 급진적인 시도를 했지만 청군은 이를 간단히 진압해버렸다. 이어서 고종은 러시아의 힘을 빌려 청을 밀어내기 위해 밀약(조러밀약)을 꾀했지만, 위안스카이는 이를 알아채고 그를 폐위시키려 했다.

그러나 대부분의 사람은 여선히 '속국자주'의 틀 안에서 돌파구를 찾으려 했다. 김윤식, 어윤중, 김홍집 등 노련한 외교관들은 김옥균에 동의하지 않았다. 러시아, 일본 등 이리 같은 나라들이 득실거리는 상황에서 청과의 관계를 청산하고 '독립'한다는 것은 너무나 위험했다. 김윤식은 조선의 자주·평등의 권리와 안전 보장을 위해서는 '속국'의 지위를 함부로 내던질 것은 아니라고 보았다. 그들은 '속국자주'의 틀을 유지한 채 '자주'를 최대치로 확보하는 길을 택했던 것이다. 독립국에 사는 우리가 볼 때에는 미진하겠지만, 청일전쟁 후 시모노세키 조약으로 조선이 '속국'에서 벗어나 '완전무결한 자주독립국'이 되자마자, 러시아와 일본이 본격적으로 조선을 침탈하기 시작한 것을 보면 이들의 우려도 망상이라고만은 치부할 수 없을 것이다.

그러나 청은 청일전쟁(1894)이 발발하기까지 조선의 '자주'와 개혁을 방해했다. 매우 불평등한 무역관계를 강요했고(조청상민수륙무역장정), 사실상의 총독으로 군림하던 위안스카이는 조러밀약을 분쇄했다. 한미조약에 따라 1887년 고종은 박정양을 미국 공사로 임명했으나 청은 "주재국에 착임하면 그곳 청국 공사와 협의하고 그 지시에 따르라"며 조선의 '자주'를 인정하지 않았다. 결국 박정양은 청나라의 방해로 제대로 임무 수행을 못하고 일찍 귀국하고 말았다. 전통적인 조선의 '자주권'을 무시하고 속국으로 만들려 했던 청의 야욕이 조선의 개혁을 가로막았고 조선인을 청에 등 돌리게 했으며 청이 그토록 우려하던 일본의 한반도 침략을 불러들였다. 개항부터 청일전쟁까지의 한국 근대사는 '속국자주'에서 '자주'를 확보하려는 청에 대한 항쟁이 중심축이었다. 중국 사신을 맞아들이던 영은문과 모화관을 헐고 세워진 독립문(1897)은 바로 그 상징이다.

조선 속국화 정책의 주역, 위안스카이

전근대 조선과 중국은 조공-책봉 관계였다. 중국은 조선에 군대와 관리(외교관)를 상주시키지 않았다. 조선의 정기적인 조공 사절단과 그보다 훨씬 빈도수가 적은 중국 측 칙사 파견이 사실상 관계의 전부였고, 내정과 외교는 조선 국왕이 자유롭게 했다. 형식상 대등한 관계이지만 서울 한복판에 군대와 대사관을 두고 한국 내정에 깊이 개입했던 해방 후 한미관계와 비교해볼 일이다.

그런데 앞에서 본 대로 이 관계가 1882년에 발발한 임오군란으로 뒤집혔다. 청은 군대를 파견했고, 관리를 상주시켰다. 이때부터 청은 조선 내정에 깊숙이 개입하기 시작했다. 그 주역이 아직 앳된 티가 가시지 않은 20대 청년 위안스카이였다.

청나라 사신을 맞아들이던 영은문. 1896년 영은문과 그 옆에 있던 모화관을 헐고 그 자리에 독립문을 세웠다.

위안스카이는 과거시험에 연거푸 낙방한 후 임오군란 때 오장경의 부대를 따라 23세의 나이로 조선에 왔다. 갑신정변(1884) 때 김옥균 세력을 전격적으로 진압한 것도 그였다. 그 후 잠시 귀국했다가 1885년 임오군란 당시 청으로 잡혀갔던 흥선대원군을 데리고 다시 나타났다. 그해 청과 일본은 톈진 조약을 맺었는데, 이 조약으로 일본은 사실상 조선에서 손을 떼었다. 외무대신 이노우에 가오루는 이홍장에게 청이 주도권을 쥐고 조선 내정을 개혁해달라는 제안을 하기도 했다. 이렇게 되자 청 조정으로부터 주찰조선총리교섭통상사의駐紮朝鮮總理交涉通商事宜에 임명된 위안스카이의 독판이 펼쳐졌다. 실제로 그는 명함에 통감統監을 의미하는 'Resident'를 박아 넣고 다녔다.

위안스카이는 서양이 조선에서 세력을 갖기 전에 "고위 관원을 특별히 파견해 감국監國을 설치하고 대규모 병력을 통솔하면서 내치와 외교를 모두 대신 처리하고자 한다면, 지금 이 기회를 놓쳐서는 안 됩니다. (…) 조선은 류큐나 베트남에 비할 바가 아닙니다. 만약 다른 나라에 도움이 되게 한다면 중국이 어찌 편안하게 잠을 잘 수 있겠습니까? 엎드려 간청하건대, 먼저 증기선 군함 십수 척과 육군 수천 명을 파견해 남의 나라에 앞서 주둔시켜야 합니다"(《위안스카이 전집袁世凱全集》 1권)라며 조선 내정 개입을 앞장서 주장했다.

조선 정부와 외국 공사들의 입장에서 보면 그는 청국의 일개 공사에 불과했지만, 위안스카이는 이를 인정하지 않았다. 공사公使라는 직함을 한사코 거부했고, 타국 공사와 다른 특별대우를 강

---

1. 1880년대 서울에 부임해 내정간섭에 앞장섰던 20대 중반의 위안스카이.
2. 1888년 1월 17일 미국 대통령을 만나기 위해 기다리고 있는 초대 주미공사 박정양과 그 일행. 위안스카이는 박정양의 주미공사 파견을 집요하게 방해했다.

요했다. 청이 '공사'라는 명칭을 수용한 것은 그로부터 한참 뒤인 1899년이었다. 외국 공사는 대궐 문 앞에서 내려 걸어가야 했지만 그는 가마를 타고 들어가기를 고집했다.

위안스카이의 내정간섭에 대해서는 러시아와 밀약을 시도했던 고종을 폐위하려 했던 사건, 1887년 박정양의 주미공사 파견을 집요하게 방해한 일 등이 주로 알려져 있다. 여기서는 최근 나온 서울대 김형종 교수의 연구(《19세기 후반 한중관계사론》)에 의거해 다른 문제를 살펴보자.

먼저 전신선 설치 문제다. 청은 갑신정변 후인 1885년 조선에 차관을 제공해 서로전선西路電線(의주-인천선)을 가설하기 시작했다. 이어 한성-인천 간 전신선과 경부-원산선을 설치하고 운영했다. 조선은 서로전선의 회수를 요구했지만 묵살당했고, 북로전선北路電線(한성-함흥선) 설치를 시도했으나 청의 거부로 1891년에나 실현되었다. 남로전선南路電線(한성-부산선)도 조선 정부가 가설하려고 시도했으나 청이 장악해버렸다. 전신선의 소유가 군사·외교·안보에서 갖는 중요성은 새삼 말할 필요도 없을 것이다. 조선의 정보 중추신경을 청이 완전히 장악했던 것이다. 전신선뿐 아니라 세관 장악, 다른 나라와의 차관 교섭 방해, 화폐 주조 개입 등으로 청과 위안스카이는 조선이 자주적으로 개혁하려는 움직임을 봉쇄했다.

청에게서 독립하려는 조선과 그런 조선을 찍어 누르려는 위안스카이 간의 갈등은 1890년에 승하한 신정왕후神貞王后 조대비趙大妃 조문 문제를 두고 적나라하게 드러났다. 서울 주재 각국 외교관들은 함께 모여 조문 방식에 대해 의논하고자 했다. 위안스카이는 조선과 청의 관계는 특수하다며 이를 거부하고 따로 입궁해 조문하려 했지만, 조선 조정으로부터 보기 좋게 거절당했다. 그는 다른 수를 들고 나왔다. 당시 조대비 승하 소식을 알리러 베이징에 간 조선 사신(고부사告訃使)은 청의 조문 사절을 사양하며 부의賻儀만 받겠다는 뜻을 피력했다. 전통대로 조문 칙사를 파견하면, 조선 국왕은 서대문 밖 모화관에 나가 머리를 땅에 조아리고 절하는 고두의 예로 영접해야 했다. 이미 독립의식을 갖게 된 조선 조정은 이를 피하기 위해 굳이 칙사를 파견하지 않아도 된다는 뜻을 표했던 것이다.

그러나 이를 사대질서 회복의 기회라고 생각한 위안스카이는 칙사 파견을 강행했다. 20세기를 불과 10년 앞둔 시점에 벌어진 일이다. 하는 수 없이 칙사를 맞이하며 고두례叩頭禮를 행한 고종, 그리고 그 모습을 바라보는 조선 백성의 마음은 어떠했을까.

김형종 교수는 "(위안스카이는) '속국' 조선의 조정 위에 군림하면서, 상관 이홍장의 지시와 후원 아래 누구보다도 강경하게 조선을 감시·억압하고, 그 이익을 훼손시키면서 청의 국익을 일방적으로 앞세우는 정책을 실행하였다. 또한 조선이 국제법적으로 사실상 청의 속국임을 끊임없이 확인하고자 하여 조선의 자주·독립의 의지를 꺾고자 하였다"라고 평가했다. 적어도 청일전쟁(1894) 때까지 조선의 독립과 개혁을 방해한 것은 일본이 아니라 청과 위안스카이였다.

6장

일본과
한국 개화파

일본의 전쟁 회피와 자강정책

1880년경부터 1894년 청일전쟁 발발까지 약 15년간은 조선에게는 기회의 시간이었다. 1876년 강화도조약을 체결한 일본은 아직 침략적이지 않았다. 아니, 조선을 침략할 만한 국력이 없었다. 일본은 독립을 유지하고 불평등조약을 개정하는 게 능력의 한계치였다. 일본이 조선을 침략할 의사와 힘을 갖춘 것은 1890년대 들어서였다.

한편 청은 일본을 견제하고자 조선에 강화도조약을 권장했으며, 1882년 미국 등 서양 국가들과의 조약 체결도 적극 주선했다. 부동항을 찾아 남하하던 러시아도 조선에 구애하면서 고종이 조러밀약을 추진하는 등 세력 균형책을 구사할 수 있는 환경이 조성되었다.

이렇게 열린 공간 속에서 조선의 정치세력들도 활발히 움직였다. 특히 주목할 만한 세력은 김옥균, 박영효, 서광범, 홍영식 등을 중심으로 한 급진개화파였다. 모두 명문가 출신의 엘리트 청년이었다. 이들은 불과 10여 년 전에 벌어진 일본의 메이지 유신에 주목했다. 메이지 유신 이후 일본은 부국강병과 문명개화를 향해 돌진하고 있었다. 이들이 뻔질나게 일본을 찾은 것도 그래서였다. 당시 서른을 갓 넘긴 고종도 구닥다리 노대신보다는 같은 세대의 이들의 주장에 솔깃했다.

1882년 임오군란 수습 사절단으로 일본을 방문한 이들은 일본 당국뿐 아니라 도쿄 주재 서양 외교관들과도 빈번하게 접촉했다. 이때까지만 해도 김옥균과 뜻을 같이했던 민씨 세력의 총아 민영익은 영국 공사 해리 파크스를 만나 "청과 조선의 조공관계는 일정한 의례에 한정된 것으로 청은 조선 내정에 간섭하지 않았다. 따라서 최근 청조의 행위는 전례에 반하는 것이다"라며 "조선인은 청조의 간섭을 참을 수 없다"라고 분개했다.

러시아 공사를 만난 박영효는 "청조의 야심으로부터 우리나라를 지키고 자주독립을 보호하기 위해" 조선 정부는 분투할 것이라고 결기를 보였다. 김옥균은 더 광폭행보를 보였다. 일본뿐 아니라 서양 국가에게서 차관을 얻기 위해 분주하게 돌아다녔다.

김옥균 일파는 고종의 호의와 일본의 지원에 고무됐다. 때마침 청불전쟁으로 서울에 주둔하던 청군 일부가 빠져나가자 급하게 정변을 일으켰다(1884년 갑신정변). 졸속 쿠데타의 피비린내 나는 결말은 다 아는 대로다. 약관의 위안스카이는 청군을 이끌고 창덕궁을 포위해 정변 세력과 일본 병력을 몰아내고 고종의 신변을 확보했다. 일본 공사와 개화파 인사들은 일본으로 도망갔다. 이 정변 소식에 일본 열도는 분노했다. 그도 그럴 것이 일본 공사

갑신정변 실패 후 일본 망명 시절의 박영효, 서광범, 서재필, 김옥균(왼쪽부터).

관은 불탔고 다수의 일본인이 죽임을 당했으며 외교관인 일본 공사가 생사의 경계를 헤매다 도망쳐왔던 것이다.

우리의 역사 서술에서는 항상 일본을 악마화한다. 결국 한국을 집어삼킨 일본의 행위를 소급적용하는 사고습관이다. 한국인이라면 누군들 한국병합에 분노하지 않으랴. 그러나 모든 시기와 사건에서 일본은 항상 침략적이었다고 무작정 전제하는 것은 역사를 규탄의 재료로만 삼는 자세다. 이런 역사 교육은 맹목적인 적개심만을 갖게 해 우리의 현명한 대일 태도를 방해한다. 우리가 역사에서 얻어야 하는 것은 규탄만이 아니라 지혜다. 게다가 일방적인 일본의 악마화는 다른 세력들, 예를 들어 청이나 러시아 세력에 대한 비판을 무디게 한다. 더욱 심각한 점은 수많은 기회에도 불구하고 일본의 침략 야욕에 제대로 대처하지 못한 우리 자신, 특히 당시의 위정자들을 민족주의 혹은 반일이라는 이름으로 감싸는 것이다. 아마도 2000년 한국 역사상 가장 무능했을 당시의 위정자들을 치켜세우는 최근의 일부 논의는 그 적나라한 폐해다.

그거야 어쨌든, 때마침 흥기하고 있던 일본 신문 산업은 갑신정변으로 대목을 만났다. 자극적인 삽화와 기사가 온 신문을 도배했다. 이런 보도는 일본 구석구석까지 침투했다. 청군과 이에 동조한 조선인에 대한 분노가 들끓었고 저마다 '응징'을 외쳤다. 일본 내셔널리즘이 하층민에게까지 침투한 기점을 갑신정변으로 보는 학설이 있을 정도다.

그러나 임오군란에 이어 연달아 자국민이 살해당한 이 사태 앞에서도 일본 정부 리더들은 움직이지 않았다. 이유는 1873년 정한론 분쟁 때와 같았다. '아직 청나라를 이길 수 없다.' 그 대신 내정을 개혁하고 군사력을 증강하는 데 온 힘을 기울였다. 이토 히로부미는 1882년에 생애 세 번째 유럽 여행을 떠나 최고의 헌법학자들에게서 헌법 강의를 들었다. 돌아와서는 내각 제도를 창설해 초대 총리대신에 취임했다. 그러고는 헌법을 제정하는 데 총력을 기울였다. 1889년에 공포된 메이지 헌법은 한마디로 이토의 작품이다. 그는 임오군란에 이어 갑신정변으로 다시 들끓기 시작한 정한론을 억누르고 경제 건설에 매진했다. 1880년대 후반 메이지 정부의 강력한 리더십으로 경제가 성장했다. 이를 '공업 발흥의 시대'라고 한다. 일본 정부는 인프라를 깔고 자본 조달을 위해 금융제도 정비에 주력했으며, 철도산업과 면직업을 육성했다.

'부국'의 달성은 '강병'으로 이어졌다. 1870년대에 정부 예산의 14~19퍼센트에 그쳤던 군사비는 1880년대에 25퍼센트를 돌파했다(현재 일본은 6~7퍼센트). 군비 확장에 제동을 거는 세력도 물론 있었다. '부국'이 '부민富民'으로 이어지지 않는다면 국민에게 무슨 의미가 있느냐는 이유 있는 항변이었다. 그러나 제국주의의 전성기에 국민 복지와 평화 이슈는 강력한 흡인력을 갖지 못했다. 1890년 제국의회 개원 때 총리대신이었던 야마가타 아리토모는 의미심장한 연설을 한다.

"지금 열강 사이에서 독립을 유지하려고 한다면 주권선을 수호하는 것만으로는 충분하지 않다. 반드시 이익선을 방어해야 한다. 주권선 수호에 그치지 않고 이익선을 지켜 국가의 독립을 완전하게 하려면 헛된 말만으로는 안 된다. 반드시 국력이 허락하는 대로 실력을 쌓아가지 않으면 안 된다. 육해군에게 거대한 예산을 할당해야 하는 필요성은 여기서 나오는 것이다."

주권선이란 주권이 미치는 영토이고, 이익선이란 그 주권선을 지키기 위해 군사력을 동원할 수 있는 영역이다. 여기서 이익선은 한반도였다. 결국 '부국강병' 노선이 '부민평화' 노선을 이겼다. 이제 일본의 군사력은 자국뿐 아니라 한반도까지 포괄해야 했다. 1877년 세이난 전쟁 때 4만 명에 불과했던 상비병은 1893년 무렵에 15만 명에 달했다. 만약 임오군란이나 갑신정변 같은 사태가 조선에서 또다시 발생한다면 일본은 얼마든지 전쟁에 뛰어들 준비가 되어 있었다. 그때 조선에서 갑오농민전쟁이 터졌다.

이노우에 가오루와 한국 근대사

한일 근대사에 관련된 일본 정치인 하면 우리는 흔히 이토 히로부미를 가장 먼저 떠올린다. 그러나 사실 그보다 더 오랫동안 한국 문제에 간여한 인물이 있다. 바로 이노우에 가오루다. 막부 타도에 앞장섰던 조슈번 출신으로 메이지 유신의 공신 중 한 명이다. 이토 히로부미보다 다섯 살 위였지만 그의 고향 친구이자 정치적 맹우盟友였다. 이토 히로부미가 정적 야마가타 아리토모에 맞서 대내적으로는 개명노선, 대외적으로는 온건 외교를 펼칠 때 이노우에는 항상 그의 편이었다. 외무대신, 농상무대신, 내무대

영국 런던에서 유학한 조슈번의 청년 다섯 명은 서양의 선진문물을 접한 뒤 개국파로 변신했다. 뒷줄 오른쪽은 이토 히로부미, 앞줄 왼쪽이 이노우에 가오루.

신, 대장대신을 역임했으니 총리대신 빼놓고는 다 해본 실력자다.

이노우에는 강화도조약 체결 때 전권대사 구로다 기요타카와 함께 부전권대사로 파견되어 조선과 인연을 맺었다. 조약 체결 후 미국과 유럽에서 2년 동안 공부했다. 그전에도 20대 시절인 1863년에 이토 히로부미와 영국에 유학한 적이 있었으니, 메이지 정부 최고의 서양통이라 할 만하다.

그가 조선 문제에 본격적으로 간여하기 시작한 것은 임오군란 때부터다. 당시 그는 외무대신이었다. 구식 군대의 불만으로 터진 내란에서 일본 공사관이 불타고 일본인들이 살해당했다. 일본 여론은 민씨 세력과 대원군의 권력투쟁에 애꿎은 일본인들이 희생됐다며 분노했다.

당시 일본에 유학 중이던 유길준과 윤치호는 태정대신 산조 사네토미에게 "청국이 이 기회에 대원군을 문죄한다는 명분으로 출병하고 조선인이 그 지휘를 받으면 조선은 독립을 다시는 도모할 수 없으며 조선의 모든 권리가 청인의 수중에 들어가게 됩니다"라며 일본 병력을 빌려줄 것을 요청했다.

일본 정부는 이를 거절하고 청보다 먼저 서울에 입성하기 위해 직접 병력을 파견했다. 자칫하면 동시에 파병된 청군과 충돌할 가능성도 있었다. 이노우에는 이를 우려했다. 그가 주도한 정부 회의는 "아직 개전한 게 아니므로 폭도를 만나더라도 전투를 피하고 방어에만 힘쓴다"는 방침을 정했다. 그래도 불안했던지 이노우에는 군부에 내훈內訓(내부 지침)을 보내 "육해군은 공사公使의 중대한 사명을 완수하기 위해 수행하는 것으로, 평화를 위

1882년 임오군란으로 일본 공사관이 공격당하자 하나부사 요시모토 공사를 비롯한 공관원들이 인천을 탈출해 귀국하는 모습을 담은 일본의 보도판화. 당시 외무대신이던 이노우에 가오루는 이때부터 조선 문제에 본격적으로 간여한다.

한 출동이지 전쟁을 위한 것이 아니다. 따라서 평온하게 행동해야 한다는 것을 명심하고 조선에 체류할 때에도 현지인에게 난폭한 행동을 해서는 안 된다"라고 못박아두었다.

이참에 일본의 힘을 빌려 대원군, 나아가 민씨 세력을 소탕하려 했던 김옥균은 이런 뜨뜻미지근한(?) 조치에 이노우에와 하나부사 공사를 '2인조 악당'이라며 분개했다(김흥수, 〈임오군란 시기 유길준·윤치호 연명상서〉).

임오군란이 수습된 지 얼마 지나지 않아 이번에는 갑신정변이 발발했다. 김옥균의 개화당 쿠데타에 일본군 병력이 가세했으니 일본으로서는 임오군란보다 훨씬 심각한 사태였다. 일본 정부는 현직 외무대신인 이노우에를 파견했다. 외무대신을 직접 보낼 정도로 사태를 엄중하게 여기고 있었다. 인천항에 도착한 이노우에는 서울의 상황을 보고받았다. 일본 측 인원 두 명이 불탄 일본 병영을 조사하고 있는데, 돈의문(서대문)을 지키던 청국 병사가 이를 제지하면서 총 한 발을 쏘는 바람에 상황은 일촉즉발이었다.

이노우에는 조선 정부에 자신의 신변보장을 요구하며 제물포를 출발해 서울에 들어왔다. 1885년 1월 4일, 그의 숙소에 통리아문독판(외무장관에 해당한다) 조병호가 그의 숙소를 예방했다. 조병호는 "원래 일본 정부와 우리 정부 사이에는 아무 문제가 없었습니다. 그러니 앞으로도 양국 관계에 어떤 지장도 없을 것입니다"라고 했다. 갑신정변 과정에서 일본 민간인 수십 명이 죽고 공사관이 불탔으니 일본의 보복이 두렵기도 했겠지만, 조선 정부 입장에서 보면 갑신정변은 국내 쿠데타에 일본이 개입한 것인데도 첫 만남에서 '좋게, 좋게' 매듭지으려는 저자세가 느껴진다. 이노우에는 이를 놓치지 않았다. 그는 "설령 오랜 우호국이라 하더라도 한번 일이 틀어져 양국이 전쟁에 이르는 것은 자고로 드물지 않은 일"이라며 위협하는 것을 잊지 않았다.

마침내 1월 6일 이노우에는 창덕궁 낙선재에서 고종을 알현한다. 이 알현 장면도 긴장감으로 가득하다(《근대한국외교문서》 9권). 이노우에의 발언을 일본 측 통역관이 고종 옆에서 직접 아뢰자 사대당事大黨(청국을 상국으로 여기는 정치세력)의 김병시가 무엄한 일이라며 제지했다. 공식적인 접견 의례가 끝나고 이노우에가 상주할 게 있으니 좌우를 물리쳐달라고 했다. 그러자 이번에도 김병시가 대신들은 물러나선 안 된다고 주장했다. 고종이 대신은 남아 있는 게 좋겠다고 말하자, 이노우에는 누가 대신이냐고 물었다. 고종이 영의정 심순택 등을 가리키자, 이번에는 대신의 이름이 무엇이냐고 했다. 고종이 미처 답하기 전에 김병시가 "대신의 이름을 알고 싶으면 물러난 후에 다른 사람에게 물어보면 될 것을, 어찌 무례하게 이처럼 직접 여쭙는가!" 하고 크게 꾸짖었다. 이노우에가 아랑곳하지 않고 담판은 왕이 직접 하실 것인가 아니면 전권을 임명할 것인가 하고 묻자, 고종은 전권이 할 것이라고 대답했다. 이노우에는 재차 전권은 누구로 삼을 것이냐고 물었다. 그러자 이번에도 김병시가 "이리도 강압적으로 여쭙다니 어찌 이리 무례한가!"라며 막아섰다. 나중에 고종은 김병시에게 그때 기분이 아주 좋았다고 하면서 청나라 사람들도 '조선에는 김병시가 있다'고 말하더라며 그를 추켜세웠다. 이노우에의 오만과 김병시의 기개를 엿볼 수 있는 일화다.

하지만 다음 날부터 진행된 전권대신 김홍집과 이노우에의 회담은 외교라는 게 기개만으로 되는 건 아님을 뼈아프게 보여주었다. 이노우에는 시종 전쟁 발발 가능성을 내비치며 김홍집을 압박했다. 그 결과 맺어진 것이 한성조약이다. 그러나 당시 일본은 전쟁을 벌일 형편이 못 되었고, 앞에서 본 대로 이노우에 자신도 전쟁이 나지 않도록 극도로 주의하고 있었다. 게다가 두 사람이 회담장에서 처음 마주 앉은 바로 그날(1월 7일), 청의 이홍장은 도쿄 주재 청국 공사에게 일본 정부 측에 충돌을 원치 않음을 알리라고 통보했다. 이런 상황을 알았더라면 이노우에의 공세를 좀 더 잘 방어할 수 있었을 것이다. 외교는 기개보다는 정보와 판단력이다.

여담이지만 10년 후 갑오개혁 때 이노우에는 다시 조선에 와서 김홍집을 총리대신의 자리에 밀어 올렸다. 갑오내각의 붕괴와 함께 김홍집은 서울 시내에서 군중에게 맞아 죽었다. 이 두 사람도 기연이라면 기연이겠다.

김옥균의 일본 망명

1884년 겨울, 갑신정변에 실패한 김옥균은 동료들과 함께 일본으로 도주했다. 그의 망명은 일본 언론의 주목을 받았다. 일본 신문들은 그를 '조선판 메이지 유신'을 시도하다 실패한 비운의 혁명가로 묘사했다. 이후 일본은 정치적 곤경에 빠진 조선(한국) 정객들의 피난처가 되었다. 유길준, 이준용(이하응의 손자), 박영효(갑오개혁 시 재차 망명)에게 그랬고, 해방 후에도 김종필, 김대중 등 정계의 거물들이 일본으로 피신했다. 이제는 그럴 일이 없게 된 것만으로도 퍽 다행이다. 김옥균은 1894년에 상하이에서 고종이 보낸 자객 홍종우에게 암살되기까지 10년 동안 일본 밖으로 한 발짝도 나가지 못했다. 그러나 그의 일본 생활도 역시 파란만장했다.

김옥균이 망명해오자 가장 흥분한 것은 일본의 재야세력이었다. 정부의 조선 정책이 미온적이라고 불평하던 이들은 김옥균을 앞장세워 조선의 내정개혁을 시도하려 했고, 심지어는 군사적 행동을 구상하기도 했다. 거기에는 세 가지 그룹이 있었다(금병동琴秉洞, 《김옥균과 일본金玉均と日本》).

먼저 훗날 《대동합방론大東合邦論》을 써서 한국과 일본의 '대등한' 합방을 주장한 다루이 도키치樽井藤吉는 곧바로 김옥균을 만나 고베의 유명한 아리마 온천에서 교분을 나눴다.

다음으로는 아시아주의와 대륙 낭인들의 거두로 유명한 현양사玄洋社의 도야마 미쓰루頭山滿다. 훗날 그는 김옥균에 대해 "인격, 식견, 그 풍채와 언변 등으로 볼 때 희대의 호걸이었다. 내가 아는 범위에서는 중국의 쑨원孫文, 황싱黃興 같은 사람도 걸물이었지만, 그들에게는 각각 후계자도 있고 천하에 널리 알려져 있지만, 아쉽도다, 김옥균에게는 그것들이 없구나!"라고 회고했다.

세 번째 그룹은 자유민권 운동의 자유당 좌파세력이었다. 이들

망명 당시 일본 전통 복장을 입고 있는 김옥균(왼쪽).

은 메이지 정부에 거칠게 도전하며 각지에서 봉기를 일으켰으나 실패하자 이번에는 조선 문제를 일으켜 세력을 규합하고자 했던 것이다(금병동,《김옥균과 일본》).

그러나 정작 당사자인 김옥균은 이들과 거리를 두었다. 이들의 과격한 노선이 과연 도움이 될까 우려스러웠고, 무엇보다도 이들은 메이지 정부의 정적이었기 때문에 더욱 조심스러웠다. 그러나 이런 신중한 처신에도 불구하고, 조선에는 김옥균이 일본인들을 이끌고 조선에 쳐들어올 거라는 소문이 나돌았다. 조선 정부의 의심이 확신으로 바뀌는 사건이 1885년 12월에 일어났다. 일명 '오사카 사건'이다. 위에서 언급한 자유당 좌파 그룹이 조선 침공을 실행에 옮기려다 발각된 것이다. 주동자인 오이 겐타로大井憲太郞는 김옥균과 접촉했지만 동의를 얻지 못했다. 그러자 독자적으로 낭인 수십 명을 보내 조선 정부 요인을 살해하면 각지에서 독립당이 동조해 봉기할 것이라는 황당한 계획을 세우고, 거사 자금을 마련하기 위해 관공서나 부자를 터는 강도 행위도 서슴지 않았다.

'오사카 사건'에 조선 정부는 경악했다. 하루빨리 김옥균을 제거하지 않으면 안 되었다. 일본 정부에 김옥균의 인도를 요구했지만, 일본은 망명자에 대한 국제 관례를 내세워 응하지 않았다. 그렇다면 직접 손을 쓰는 수밖에 없었다. 장은규에 이어 지운영을 암살범으로 파견했다. 그러나 김옥균의 측근들은 지운영의 정체를 간파하고 고종이 내린 암살 지령문까지 탈취해 김옥균에게 건네줬다. 한때 고종의 총애를 받았던 김옥균은 살벌한 상소문을 올렸고, 이는 일본 신문에 보도됐다. 김옥균이 느낀 배신감과 함께 당시 그가 어떤 구상을 하고 있었는지를 잘 보여주는 글이니, 좀더 상세히 살펴보자(한국학문헌연구소 편, 《김옥균 전집》).

김옥균은 먼저 지운영이 갖고 있던 암살 지령문이 정말 고종에게 받은 게 맞느냐고 따져 물으며, 경솔한 행동이라고 힐난한다. 이어서 고종이 중용하는 민씨들 중 국가의 부강과 백성의 삶에 기여한 자가 과연 몇이나 있느냐며, 이런 간신들을 제거하지 않는다면 "폐하로 하여금 망국의 군주 됨을 면케 할 수 없을 것"이라고 직격탄을 날린다. 아마 이 상소문을 본 고종은 김옥균을 죽일 결심을 더 단단히 했을 것이다.

1885년은 영국이 거문도를 점령한 때다. 김옥균은 이에 대한 대비책은커녕 "조정 신하 중 영국이 어디에 있느냐고 물으면 망연하여 답하지 못할 것"이라며 통탄한다. 이어 그의 화살은 청국으로 향한다. 청나라가 조선을 속국이라고 하면서도 "거문도를 회복해 조선의 강역을 보전하지 못하니 앞으로 또다시 외국이 다른 항구를 빼앗는 일이 있으면 폐하는 어쩔 것이며 청국은 무슨 방법으로 이를 막을 것인가"라고 묻고는, 곧바로 "위안스카이 같은 어린아이가 오로지 자기의 공을 탐하여 외람되게 폐하를 속이고자 하니 폐하는 부디 그 술책에 넘어가지 마소서. (…) (청국이) 위안스카이와 같이 구상유취口尙乳臭하여 시세를 판단하지 못하는 자를 파견한 것을 신은 이해하지 못하겠나이다"라고 위안스카이를 규탄했다. 일본 역시 갑신정변 이후로 조선에 대해 소극적인 태도로 돌아서서 믿을 만하지 않다고도 했다.

프랑스인 조르주 페르디낭 비고가 1887년 2월 일본 잡지에 게재한 풍자만화
'낚시 놀이'. 일본, 청나라, 러시아가 호시탐탐 조선을 노리는 모습이다.
김옥균이 꿰뚫어본 당시 국제 정세도 이와 크게 다르지 않았다.

그럼 어떻게 해야 하는가. "오직 밖으로는 널리 구미 각국과 신의로써 친교하고 안으로는 정치를 개혁하며 (…) 상업을 일으켜 재정을 정리하고 병력을 양성하는 것도 어려운 일만은 아니니, 이와 같이 한다면 영국은 거문도를 돌려줄 것이요, 다른 외국도 침략의 생각을 단념"할 것이라고 했다. 김옥균이 보기에 조선은 그럴 만한 잠재력이 있는 나라였다. 인구는 2000만 명에 가깝고 공산품은 아직 없지만 광물 같은 것은 나라의 재원이 되기에 족하다고 봤다.

사회적으로는 양반 철폐를 주장했다. "우리나라가 중세 이전 국운이 융성할 때에는 모든 물산이 청과 일본을 넘어섰는데 지금 모두 폐절되어 그 흔적도 없어진 것은 다른 이유가 아니라 양반의 발호와 전횡" 때문이라며 지금 세계가 상업을 위주로 서로 경쟁하는 때에 양반을 제거하지 않으면 국가는 폐망할 것이라고 기염을 토했다.

오사카 사건 등 재야세력이 과격해지고, 자객까지 일본에 드나들게 되자 일본 정부는 김옥균을 부담스러워하기 시작했다. 만약 그가 암살되기라도 하면 일본 정부의 체면은 크게 손상될 것이고, 외교 문제로 비화될 우려도 있었다. 일본 정부는 애초에 김옥균을 제3국으로 보내려 했으나 여의치 않자, 일본의 오지로 쫓아낼 궁리를 했다. 일본 정부는 우선 외부와의 접촉을 차단하고자 요코하마 그랜드호텔에 머물고 있던 김옥균을 미쓰이 별장에 강제 억류했다. 이에 대해 일본 언론과 심지어는 시민들 사이에서도 동정 여론이 커지자 마침내 1886년 8월 일본 경찰은 김옥균과 그 일행의 저항을 억누르고 납치하다시피 해서 그를 배에 태웠다. 유배지는 도쿄에서 무려 1000킬로미터나 떨어진 태평양의 고도孤島 오가사와라섬이었다. 외국에서 당한 유배였다.

김옥균의 죽음

갑신정변이 실패하자 일본으로 망명한 김옥균을 일본 당국이 절해고도인 오가사와라섬에 유배한 것은 바로 위에서 살펴보았다. 여기서 약 2년 동안 고독과 질병에 맞서 싸우던 김옥균은 이번에는 홋카이도로 이송되었다. 벽지에 그를 가둬 정치적 문제가 발생하는 것을 아예 차단하려는 의도였다. 김옥균이 다시 도쿄로 돌아온 것은 1890년 10월이었으니 4년이 넘는 유배였다.

도쿄로 돌아왔으나 그가 할 수 있는 일은 별로 없었다. 조선은 여전히 위안스카이와 민씨 일족이 장악하고 있었고, 일본은 청과 조선 정부를 의식해 계속 김옥균을 냉대했다. 일본에서 보낸 10년은 그에게는 문자 그대로 허송세월이었다. 나이도 어느덧 40대 중반이 되어버렸다. 그를 도왔던 개화파도, 일본의 재야인사도 차츰 떨어져나갔다. 1894년 3월 그나마 신변 보호를 받을 수 있던 일본을 벗어나 사지나 다름없는 상하이로 건너간 것은 이를 돌파하기 위한 도박이었다.

그런데 김옥균이 왜 위험을 무릅쓰고 중국으로 갔는지, 그리고 암살의 진상은 무엇인지에 대해서는 여전히 적잖은 의문이 남아 있다. 먼저 리징팡李經芳과의 교류가 주목된다. 리징팡은 이홍장의 양자이자 당시 청국의 주일공사였다. 두 사람은 직접 대화와 서신을 통해 자주 접촉했다고 알려져 있다. 리징팡은 본국으로 돌아간 후에도 후임 공사 왕펑짜오王鳳藻를 통해 김옥균을 청에 초청했다. 더 이상 일본 정부에 기댈 수 없게 된 김옥균은 성공 가능성은 낮지만 조선을 쥐락펴락했던 이홍장을 만나 담판을 벌이려 했던 것 같다(다보하시 기요시, 《근대 일선관계의 연구》 하권). 상하이로 떠나기 직전 미야자키 도텐宮崎滔天에게 "나도 아시아 문제는 중국의 흥망에 달려 있다고 본다. 그에 비하면 조선 문제는 작은 문제다. 이건 비밀인데 곧 상하이로 가 이홍장과 담판할 것이다"라고 말한 것에서도 그의 흉중을 짐작할 수 있다(박훈, 《위험한 일본책》).

알려진 대로 김옥균은 상하이에 도착한 지 하루 만인 1894년 3월 28일에 미국 조계에 있는 일본인 호텔 동화양행에서 그를 수행하던 홍종우에게 암살되었다. 총 세 발을 맞고 방 밖으로 뛰어나왔지만 절명했다. 그런데 이 무렵 도쿄에서는 박영효 암살 미수 사건이 일어났다. 국제적 암살단이라도 있었던 것일까. 이 두 사건에는 이일식李逸植이라는 조선인 무역상이 깊이 개입되어 있었다. 그는 상하이와 홍콩 등지를 오가며 부를 축적한 자였다. 갑신정변에서 민씨들을 도륙한 김옥균이 고종과 민씨에게 불구대천의 원수라는 것은 세상 사람이 다 아는 사실이었다. 그를 죽이기만 하면 출세는 따놓은 당상이었다. 야심가 이일식은 경제적으로 궁핍한 김옥균에게 접근하는 한편, 고종의 뜻이라며 홍종우를

김옥균은 자신을 수행하던 홍종우가 쏜 총탄 세 발을 맞고 사망했다.
암살 당시의 모습을 담은 우키요에(목판화).

꾀었다. 김옥균을 죽이기에는 일본보다 상하이가 훨씬 유리했기 때문에 김옥균이 청으로 간다고 하자 일체의 경비와 활동 자금을 댈 것을 미끼로 홍종우를 동행시켰던 것이다. 김옥균은 평소 홍종우를 의심하고 있었지만 어쩔 수 없었다.

그런데 당시 일본에는 김옥균과 어깨를 나란히 하는 또 다른 개화파 인사 박영효가 있었다. 철종의 부마(사위)로 왕실의 일원이면서 갑신정변에 주역으로 참여했으니, 그에 대한 고종과 민씨들의 원한도 깊었다. 김옥균뿐 아니라 박영효의 목까지 손에 넣는다면 이일식은 그야말로 조선 정부의 영웅이 될 터였다. 김옥균의 암살 소식이 전해지면 박영효 암살은 어려워질 것이므로 서둘러야 했다. 그는 조선인과 일본인 수하들을 확보한 뒤 자신의 거처로 박영효를 불러들이려 했다. 그러나 낌새를 챈 박영효가 움직이지 않자 그의 거처로 찾아갔다가 오히려 박영효와 그 동지들에게 붙잡혀 구타를 당하는 신세가 되었다.

도쿄에서 열린 박영효 암살 미수 사건 재판은 일본 언론의 지대한 관심 속에 두 달여 동안 진행되었다. 때마침 김옥균 암살과 그의 시신이 조선으로 이송됐다는 소식이 전해지자 재판정은 조선 정부 규탄과 청과의 개전을 선동하는 장이 돼버렸다. 재판 끝에 이일식은 무죄 석방되었다. 재판에서는 이일식이 소지하고 있던 고종의 옥새와 밀지는 위조라는 것이 밝혀졌다. 김옥균 암살을 지령한 게 아니냐는 비난에 직면해 있던 조선 정부는 혐의를 벗었다. 이로써 손대지 않고 코 푸는 데 성공한 것이다.

한편 조선 정부의 요청을 받은 위안스카이는 즉각 홍종우를 보

도쿄 아오야마 공원묘지의 외국인 묘역에 있는 김옥균의 무덤과 비석.

호하라는 급전을 청 정부에 보냈다. 오가사와라 유배 시절 김옥균을 만나 상하이까지 따라간 섬 소년 와다 엔지로和田延次郎는 김옥균의 시신을 일본으로 옮겨가기 위해 사방팔방으로 뛰어다녔다. 그러나 이미 위안스카이의 요청을 받은 상하이 당국이 김옥균의 시신을 조선 측에 넘긴 뒤였다. 홍종우는 김옥균의 시신을 조선행 배에 태워 의기양양하게 귀국했다. 그 과정에서 벌어진 불법 행위에 대해 상하이 주재 일본 총영사는 침묵했다. 신임 총영사로 부임하자마자 외교적 항의를 하기가 적절하지 않다는 말도 안 되는 이유였다.

일본에서는 김옥균의 죽음을 알리는 호외가 발행되는 등 한마디로 난리가 났다. 청과 조선이 김옥균을 죽였다며 분노를 표출했다. 이런 여론이 몇 달 뒤 청일전쟁 개전에도 영향을 미쳤다. 그러나 김영작 교수는 일본 당국이 김옥균 암살범들의 동향을 상세하게 파악하고 있었던 점, 그리고 정계 거물로 암살 모의에 간여한 오미와 조베에大三輪長兵衛를 일본 정부가 끝까지 싸고 돈 점 등을 들어 일본 정부가 김옥균의 암살을 방치 또는 방조했다고 주장한다(김영작, 〈누가, 왜 김옥균을 죽였는가: 흑막에 가려져온 김옥균 암살의 진상〉). 김옥균에게는 한중일 3국 정부가 다 적이었다.

서울 주재 외교관들은 김옥균의 시신을 훼손하지 말 것을 권고했다. 그러나 다른 재주는 없어도 국왕과 민씨들의 마음을 읽는 데에는 도사였던 조정 신하들은 부관참시하라는 상소를 잇달아 올렸다. 이들은 김옥균이 인조와 영조 때 반역 사건을 일으킨 이괄과 신치운보다 더 큰 대역죄를 저질렀다며 시신에 대한 추벌追

罰을 주장했다. 왕이 이를 '가납嘉納'했다. 고종은 이를 대경사라며 종묘에 고하고 문무백관의 진하進賀를 받으며 특별사면을 실시했다. 갈기갈기 찢긴 김옥균의 시신을 안주 삼아 잔치를 벌이던 이때, 전봉준이 이끄는 농민군은 전주를 함락시키고 있었다.

청일전쟁은 아직 끝나지 않았다

1894년 한반도에서 청일전쟁이 발발했다. 한반도에서 전쟁이 일어난 것은 1636년 병자호란이 일어난 지 거의 260년 만이었다. 이렇게 오랜 기간 전쟁이 없는 것은 세계사에서 좀처럼 찾아보기 힘든 일이다. 그것은 팍스 시니카(청에 의한 평화)라고 할 수 있었다. 조선은 '청에는 사대외교, 일본에는 교린외교'라는 정교한 외교술로 '태평천하'를 구가할 수 있었다. 그러나 그 결과 조선은 당시 유수한 국가 중 가장 비무장 상태에 가까운 국가가 되었다.

국제 정세가 이렇게만 지속되었다면 별문제가 없었을 것이다. 그러나 19세기 중반 대변동이 찾아왔다. 신흥 세력인 메이지 일본이 팍스 시니카에 도전한 것이다. '천하의 요충지' 한반도는 국제 정세의 대변동, 즉 패권다툼이 벌어지면 늘 시련에 직면하곤 했다. 송에 대한 몽골의 도전으로 고려는 쑥대밭이 되었고, 명에 대한 도요토미 히데요시, 누르하치(후금 초대 황제)의 도발은 임진왜란·정묘호란·병자호란을 불러왔다. 260년 만에 패권다툼이 벌어지자 한반도는 또다시 전란의 한복판으로 끌려들어갔다.

그 70년 뒤에는 미국과 소련의 패권다툼 속에서 한국전쟁이 벌어졌다. 그 후 70년 넘게 평화가 찾아왔지만, 작금 벌어지고 있는 미중 간의 패권다툼은 그런 면에서 매우 불길하며 북핵과 타이완 문제는 그 선명한 징조다.

갑신정변 실패로 일본 세력은 한반도에서 물러나고 조선은 청의 위안스카이와 민씨 세력의 독판이 되었다. 이로부터 청일전쟁이 일어난 10년 동안 실질적인 '조선 통감' 위안스카이와 민씨들은 아무런 일도 하지 않았다. 시간에는 물리적 시간과 역사적 시간이 있다. 같은 10년이라도 예를 들어 1820~1830년의 10년과, 이 시기 10년의 '역사적 밀도'는 천양지차다. 세상은 열 배의 속도로 변하고 있었다. 밀도가 높은 시기인 만큼 더욱 농밀하게 살아내야 했지만, 조선의 위정자들과 조선을 개혁한답시고 군림하던 위안스카이가 이 10년 동안 무슨 개혁을 했는지 나는 알지 못한다.

그러는 사이에 일본은 세이난 전쟁이라는 내란을 진압하고 부국강병과 문명개화에 매진했다. 그 주역은 이토 히로부미였다. 막대한 전쟁 비용으로 인플레이션이 발생하자 지주들의 반발을 억누르고 초긴축 재정을 단행했다(마쓰가타 디플레이션). 그 효과로 1880년대 중반 '공업 발흥'이라 불리는 호경기가 찾아왔다. 세수는 늘어났고 예산의 10퍼센트대에 머물던 군사비는 25퍼센트를 돌파했다. 1889년에 헌법을 제정하고 의회를 개설해 반정부 세력까지도 일본이라는 국가 아래 결집시켰다.

이 '밀도 높은 역사적 10년'이 모든 것을 결정지었다. 정한론 분쟁(1873), 임오군란(1882), 갑신정변(1884) 등에서 드러난 양국의 국력 차이는 아직 일본이 한국을 함부로 할 수 있을 정도는 아니었다. 그러나 1894년 청일전쟁 직전 양국의 국력 격차는 심하게 벌어져 있었다. 10년 전의 국력 차이만 유지했더라도 일본은 감히 한반도를 침략하지 못했을 것이다. 개인 간에 벌어진 시비에서는 남을 탓할 수도 있다. 그러나 국가 간에는 제일 먼저 자신에게 엄중하게 책임을 물어야 한다. 일본의 침략 근성에 대한 비판은 그다음에 해도 늦지 않다.

전봉준이 이끄는 동학 농민 봉기가 일어나자 조선 정부는 청에 진압군을 요청했다. 애초에는 청도 일본도 골치 아파했다. 청은 파병을 선뜻 결정하지 못했다. 일본 역시 청군에 동학군 진압을 맡기자는 의견과, 청이 파병하면 일본도 즉시 파병해야 한다는 의견이 맞섰다. 일본 내에서는 가와카미 소로쿠川上操六 육군참모차장을 필두로 군부가 즉시 파병을 주장했고, 애초엔 신중했던 외무대신 무쓰 무네미쓰陸奧宗光가 이에 동조했다. 총리대신 이토 히로부미는 청과의 군사 충돌이 부담스러웠으나 야당이 국내 문제로 정부 불신임 결의를 하는 등 국내 정세에 돌파구가 안 보이자 개전으로 마음이 기울었다.

일본군의 파병은 예상보다 신속했고 대규모였다. 청군이 충청남도 아산으로 들어온 데 비해 일본군은 인천으로 들어와 서울을 장악했다. 한때 전주성까지 점령했던 동학군은 이미 해산한 상태였다. 주둔 명분이 사라지자 청군은 철수를 제안했으나, 이미 대군을 파견해 '다른 욕심'이 생긴 일본은 거부했다. 하지만 철병 거부의 명분이 필요했다. 외무대신 무쓰조차도 "표면상 마땅한 구실이 없어 교전할 이유도 없었으므로, 이러한 답보 상태인 국면을 타개하기 위해서는 무엇인가 외교적 정략을 통해 정국을 일신하지 않으면 안 되는 상황"이었다고 회고록에서 고백했다(무쓰 무네미쓰,《건건록蹇蹇錄》).

무쓰는 청에게 조선을 이대로 놔두면 임오군란, 갑신정변, 동학군 봉기 같은 일이 다시 일어나 계속 '동양의 화근'이 될 터이니 이참에 청일 양국이 공동위원회를 구성해 조선 내정을 개혁하자고 제안했다. 청 혼자만 먹지 말고 나눠 먹자는 심산이었다. 이에 청은 "조선의 개혁은 조선이 알아서 할 일이다. 중국도 지금까지 조선에 내정간섭을 하지 않았다. 일본국은 처음부터 조선이 자주국임을 인정해왔으니 더더구나 내정에 간섭할 권리가 없다"라며 거부했다. 계속 독차지하겠다는 말이었다. 이런 논의에 당사자인 조선 정부가 끼어들 자리는 없었다.

결국 일본군은 청군을 선제공격했다. 조선이 참여하지도, 원하지도 않은 전쟁이 조선 땅에서 벌어진, 유례없는 전쟁이었다. 당시 조선 정부는 "싸우려면 조선 밖에서 싸우라"고 외칠 뿐 양군의 상륙을 막아낼 군사력도, 이런 말도 안 되는 상황을 세계 각국에 호소할 외교력도 없었다. 전쟁은 백성에게 막대한 고통을 안겼지만, 전쟁 후에도 국왕 고종과 민씨 세력은 건재했다. 위안스카이의 자리를 일본이 차지했을 뿐이었다.

청일전쟁으로 장구한 세월 동안 유지되어왔던 중국의 영향력은 사라졌다. 그 틈을 러시아와 일본이 치고 들어왔다. 그러나 중

1894년 청일전쟁 당시 일본군 보병들이 사격을 하는 모습. 청일전쟁은 아시아 패권을 걸고 조선 땅에서 청일이 맞붙은 전쟁이다. 조선 정부는 "싸우려면 조선 밖에서 싸우라"고 무력하게 외칠 뿐, 이들을 막아낼 군사력도 외교력도 없었다.

청일전쟁에서 일본이 중국에게 거둔 승리를 풍자한 영국 잡지 《펀치》의 삽화.

국 세력은 한국전쟁 참전으로 불과 50여 년 만에 한반도에 복귀했다. 남쪽에는 일본 대신 미국이 들어왔다. 최근 격화되는 미국과 중국의 대립은 '천하의 요충지' 한반도를 다시 위협하고 있다. 가공할 만한 역사의 반복이다. 다만 한 가지 달라진 조건이 있다. 계속되는 역사의 장난 속에서도 기어이 선진국이 된 대한민국이라는 존재다. 대한민국의 시민들이야말로 '역사의 장난'을 거부할 '민족사의 주체'다. '청일전쟁'은 아직 끝나지 않았다.

近代日本

3

20세기 일본사와 한국

20세기 일본이란 도대체 무엇이었나? 이는 한국인에게 매우 중요한 질문이다. 근현대 한국은 그들을 대상으로 배우고 저항하며, 당하고 이겨내며 만들어진 사회이기 때문이다. 그러나 20세기 일본사는 낯선 대상이다. 밉고 불쾌해서 공부를 회피해 왔기 때문이다. 그러나 이제 선진국이 된 마당에 한국 시민도 20세기 일본을 냉정하게 직시할 때가 되었다. 일본을 바라보는 한국 시민의 시각이야말로 한국 사회가 어디까지 성숙했는가를 보여주는 바로미터다.

7장

근대 일본의 제국주의와
민주주의

20세기 전야의 일본

일본사의 전반적인 배경과 20세기 전야의 상황을 살펴보자. 일본과 중국 대륙의 관계를, 영국과 유럽 대륙의 관계와 비교하는 주장이 있다. 사뭇 다르다. 영국과 프랑스를 잇는 도버해협은 33.3킬로미터에 불과한 데 비해 중국 서남 해안과 나가사키 사이에는 광활한 동중국해가 가로놓여 있다. 게다가 동중국해는 파도가 거칠어 왕래가 매우 힘들었다. 일본은 7~8세기나 되어서야 수나라, 당나라에 대규모 사신을 파견할 수 있었고(견수사遣隋使, 견당사遣唐使), 그나마도 오래가지 못했다. 이 중국 대륙과의 거리야말로 일본사의 독자성과 특수성을 형성한 제1의 조건이라 할 수 있다. 하지만 이것뿐이었다면 일본은 낙후된 거대한 섬으로 남았을 것이다. 동중국해는 광활했지만, 대한해협은 좁았다. 부산에서 후쿠오카까지는 200킬로미터 정도인데 중간에 쓰시마라는 큰 섬이 있다. 게다가 온화한 바다였다. 한반도가 정력적으로 흡수·소화한 중국 문명은 쉽사리 현해탄을 건넜다. 넓은 동중국해는 중국의 침략을 막아주었고, 좁은 대한해협은 중국과 한반도의 문명을 날라다주었다.

한반도는 두 가지 의미에서 일본사에 중요했다. 그것은 일본 열도가 한국사에서 갖는 의미와 비교할 수 없을 정도로 막중했다. 하나는 방금 말한 문명의 젖줄이었다는 점이다. 또 하나는 대륙으로부터의 침략전쟁을 막아주는 방파제 역할이다. 만리장성이 상징하듯, 한 무제-흉노에서 명-청 전쟁에 이르기까지 동아시아 대륙에서는 오랫동안 중국과 유목세력이 충돌했다. 그 여파는 늘 한반도에 밀려와 전쟁이 발발했다. 그런데 그 전쟁은 모두 현해탄을 건너지 못했고, 일본은 털 끝 하나 다치지 않았다. 단 하나의 예외는 13세기 고려-몽골 연합군이 일본을 침략한 일이다.

이처럼 일본은 중국 대륙과 적당히 떨어져 있으면서 그 문물은 한반도를 통해 '안전하지만 큰 시차를 두고' 흡수했다. 그 결과 일본에는 수준 높지만 고립적이면서도 특수성이 강한 문명이 발달했다. 국토 면적은 19세기 중엽에 편입된 홋카이도를 빼도 한반도나 영국보다 훨씬 넓었고, 토양과 기후도 매우 좋아 농업 생산력이 높았다. 나라의 규모나 생산력이 고립적으로 살아가도 별문제가 없는 수준이었다. 임진왜란 후 성립한 도쿠가와 시대는 특히 그랬다. 이 시대 일본의 국가 전략은 자급자족과 고립이었다.

18세기까지 비단·도자기·차 등 중국이나 조선에서 수입하던 상품들의 국산화에도 성공했다. 한국인에게 유명한 쓰시마의 왜관 무역도 비중이 날로 줄어들었다. 또 도쿠가와 시대 250년 동안 일본은 서울이나 베이징에 외교 사절을 파견한 적이 없다. 사절은커녕 부산 왜관을 제외하고 일본인은 열도 바깥으로 나가는 것이 금지되었다. 유명한 쇄국정책이다. 남서쪽의 류큐 왕국은 규슈 남부의 사쓰마번을 통해 간접 지배했고, 더 이상의 욕심은 내지 않았다. 메이지 유신 직전에 류큐의 직접 지배를 주장하는 논자들이 나타났으나, 막부는 받아들이지 않았다. 북방에는 광활한 에조지(현 홋카이도)가 있었다. 여기서도 남단 하코다테에 마쓰마에번을 두었을 뿐, 더 이상의 북진은 시도하지 않았다.

그리고 보면 메이지 유신 이후 일본의 국가 전략은 180도 바뀌었다고 할 수 있다. 부국강병 노선은 도쿠가와 시대에도 있었으나, 근대 일본은 이를 해외에서 추구했다. 쇄국은 별안간 해외 '웅비雄飛'(당시 용어)로 전환했다. 물론 급격한 노선 전환이 하루아침에 일어난 일은 아니었다. 메이지 유신(1868)부터 청일전쟁(1894)까지 30년 가까운 세월 동안 '웅비론'의 가부를 두고 치열한 싸움이 전개되었다. 타이완 침략(1874), 운요호 사건(1875), 갑신정변(1884)은 그 과정에서 수면 위로 삐죽 나온 포말泡沫이었다. 청일전쟁 발발은 웅비론 측이 마침내 주도권을 잡기 시작했음을 알리는 사건이었다. 이 전쟁의 승리는 일본에게 너무도 달콤했다. 대청제국을 무찔렀다는 사실은 '중국 콤플렉스'가 있던 일본인들을 열광시켰다. 비교적 짧은 전쟁 기간, 적은 전사자로 타이완, 랴오둥반도, 막대한 배상금 등 전리품도 두둑이 챙겼다. 무엇보다 청을 조선에서 몰아내는 숙원사업을 달성했다.

그러나 기쁨도 잠시, 설마 했던 일이 벌어졌다. 러시아가 독일·프랑스와 함께 랴오둥반도의 반환을 요구해온 것이다. 청과

조선을 사이에 두고 힘을 겨루는 일본과 러시아를 풍자한 그림.

맺은 시모노세키 조약의 잉크가 채 마르기도 전이었다. 러시아와 독일 함대는 산둥반도로 모여들었다. 한국에서는 갑오개혁 정부, 일본에 밀려나 있던 고종과 민비가 권토중래를 꾀했다. 당황한 서울 주재 일본 공사관은 민비 시해라는 참극을 벌였고, 고종은 러시아 공사관으로 피신했다. 결국 일본은 러시아에 굴복했다. 랴오둥반도를 청에 돌려주었고, 한반도에서도 발을 뺐다. 일본 열도는 분노로 들끓었다. 러시아에 굴복한 정부를 비굴한 외교라며 몰아세웠다. 러시아와의 개전을 주장하는 강경론이 폭주했다. 정치가와 언론인들은 대외강경론이 인기를 끄는 시대가 되었음을 잽싸게 알아챘다. 그러나 영국과 함께 당시 G2였던 러시아와 전쟁을 벌이는 것은 너무도 위험한 일이었다. 일본 정부는 국민의 흥분을 가라앉히려 '와신상담臥薪嘗膽'(성공을 위해 어떠한 고난도 참고 견딘다)을 호소했다. 이 말은 삽시간에 국민 표어가 되었다. 이때 초등학교나 중학교를 다녔던 저명인사들은 당시를 회상하며 한결같이 '와신상담'이란 말을 기억했다. 선생님이 교단에 서더니 칠판에 크게 '와신상담'이란 말을 쓰고서는 한참을 울먹거리며 말을 잇지 못하더라는…. 일본의 20세기는 이런 분위기에서 시작되었다.

러일전쟁으로 가는 길

1899년 겨울 중국에서 의화단의 난이 발발했다. 5년 전 조선에서 동학 농민 봉기가 청일전쟁을 불러온 것처럼, 이 민중운동은 러일전쟁으로 가는 길을 열었다. 러시아 군대는 난을 진압하고 나서도 만주에 머물렀다. 10만 대군이었다. 일본과 서양 열강은 철수를 요구했지만, 러시아 정부는 의견이 갈려 갈팡질팡했고, 1903년의 철수 기한을 지키지 못했다. 삼국간섭 이래 '와신상담'을 하며 러시아를 노려보던 일본은 '어라, 이거 뭐지?' 했고, 대한제국은 두 나라가 충돌할까 봐 좌불안석이었다.

1900년 헤이룽강黑龍江(러시아 이름은 아무르강)에서 참극이 벌어졌다. 만주에 진출한 러시아군과 청군 사이에 작은 충돌이 벌어지자, 러시아군이 블라디보스토크에 거주하던 청나라 민간인 3000명(5000명, 혹은 그 이상이라는 설도 있다)을 학살하고 헤이룽강에 수장시켜버린 것이다. 이를 구실로 일본인들은 〈아무르강의 유혈이여〉, 〈우랄의 저편〉 같은 노래를 부르며 반러 감정을 선동했다.

> 서기 1900년, 한없이 긴 아무르여. 러시아인의 횡포에 청나라 백성, 죄 없이 죽은 수 오천 명 (…) 아아, 잔학한 야만족에게 원한을 갚을 때가 되어 (…) 금빛의 백성이 드디어, 드디어 야마토 민족이 싸울 때가 되었네, 싸울 때가 되었네. (야마무로 신이치, 《러일전쟁의 세기》)

'금빛'(황인종)의 청나라 사람에게 동정을 보이며, 같은 금빛의 야마토(일본)가 원한을 갚아야 한다는 인종론으로 전쟁을 선동하고 있다.

백인종의 침탈에 맞서 황인종을 지킨다는 일본의 전쟁 논리는 그 후 변화해간다. 러시아와 전쟁을 하기 위해서는 영국과 미국 정계의 지지를 얻어야 했고, 런던과 뉴욕의 공채시장에서 돈을 조달해야 했다. 인종전쟁론은 방해가 될 터였다. 그래서 의전義戰, 즉 '정의로운 전쟁'으로 프레임을 바꾸었다. 그러나 일본 국내에서 인종전쟁론의 설득력은 강력했고, 을사보호조약으로 일본이 한국 독립의 약속을 깰 때까지는 거기에 공명하는 한국인도 많았다.

20세기 들어 일본 국내 정치도 크게 변화했다. 1900년 10월 이토 히로부미가 입헌정우회라는 정당을 만들어 네 번째로 총리대신이 되었지만 7개월도 안 돼 물러났다. 이토의 영향력도 예전 같지 않았다. 그 뒤를 육군대장 가쓰라 다로桂太郞가 이어받았고 외무대신에는 고무라 주타로小村壽太郎가 임명되었다. 이들 모두 메이지 유신의 원로가 아니었다. 원로들은 대외강경책에는 대체로 신중했다. 그러나 세대 교체가 된 새 내각은 그렇지 않았다. 한국을 보호국으로 만들려 했고 방해가 된다면 러시아와도 일전을 불사할 태세였다. 원로 중 강경파였던 야마가타 아리토모조차도 이들을 세상물정 모르는 풋내기라고 일갈했다. 러시아가 만주에서 미적대는 것은 이들의 강경책을 부추겼다.

러시아와 일본이 한판 붙으면 위험해지는 것은 대한제국이었다. 고종은 외교 라인을 가동했다. 1900년 방곡령으로 유명한 조병식을 주일공사로 파견해, 일본 정계에 한국의 중립화를 설득했다. 일본은 냉담했다. 고무라 외무대신도, 재야의 거물 고노에 아쓰마로近衛篤麿도 중립국은 자신을 지킬 정도의 힘은 있어야 되는 거라며 코웃음을 쳤다. 대신 한일동맹을 제안했다. 러일전쟁이 나면 중립국 말고 일본 편이 되라는 얘기였다. 실제로 전쟁이 발발했을 때 고종이 전시 중립을 선포했지만, 일본은 이를 무시하고 일본에 협력하도록 강제했다. 우리가 국사 시간에 배운 한일의정서(1904) 체결이다.

한국의 외교가 처참하게 실패하는 동안, 일본 외교는 미증유의 성공을 거뒀다. 영일동맹(1902)의 체결이다. 영국은 유라시아 전역에서 남하하는 러시아와 그레이트 게임을 벌여왔다. 한국에는 관심이 없었으나 러시아가 한국을 차지하는 것은 좌시할 수 없었다. 영국은 러시아를 견제하기 위해 영일동맹을 생각해냈고 일본 정부도 마다하지 않았다. 러시아와의 전쟁을 반대했던 이토 히로부미는 당시 러시아를 방문해 협상하고 있었다. 결국 협상 타결에 실패해 영일동맹 체결을 인정할 수밖에 없었다.

'해가 지지 않는 제국' 영국이 극동의 신흥국에 불과한 일본과 동맹을 맺자, 일본인들은 좋아 어쩔 줄 몰랐다. 당시 런던 유학 중이던 문호 나쓰메 소세키는 "마치 가난한 사람이 부잣집과 인연을 맺어 기쁜 나머지, 종과 큰 북을 두드리면서 마을을 뛰어다니는 것" 같다며 냉랭한 시선을 보냈다. 영일동맹 체제에서 세계 최강국 영국은 한국의 보호국화에도 고종 폐위에도 찍소리 하지 않았고, 영국을 비롯한 서양 각국도 아무도 이의를 제기하지 않고 서둘러 서울 정동의 공사관을 떠났다. 강대국에 대한 외교가 얼

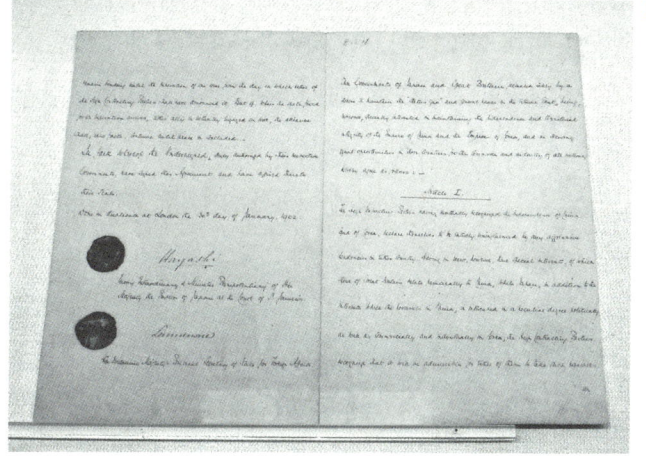

1. 영일동맹 체결 후 일본의 한 백화점에서 판매한 기념엽서. 강대국 영국과 동맹을 맺자 일본은 자축하는 분위기였고, 이런 자신감은 러시아에 대한 선제공격으로 이어진다.
2. 1902년 1월 30일 체결된 영일동맹 문서.

마나 결정적인가를, 영일동맹과 1953년 한미동맹은 생생히 보여준다.

영일동맹은 러시아에게 위협이었다. 일본도 러시아도 전쟁을 원하지 않았지만, 양측의 요구는 좁혀지지 않았다. 일본은 한국에 대한 우월적인 지위를 인정해주면, 만주에 대한 러시아의 권리를 인정하겠다고 했다. 그러자 러시아는 만주는 일본이 왈가왈부할 문제가 아니라고 일축했다. 협상 의제를 한국 문제로 국한하려는 생각이었다. 러시아는 한반도 북위 39도 이북을 중립화할 것, 러시아 함대가 대한해협을 자유로이 항해할 수 있게 할 것 등을 요구했다. 이때 이미 한반도를 분할하려는 시도가 있었던 것이다. 만주와 한국을 교환(만한교환론)하려던 일본의 의도는 무산됐다(가토 요코,《그럼에도 일본은 전쟁을 선택했다》).

협상이 진행되는 사이 민간에서는 주전론이 비등했다. 전쟁을 말려야 할 언론인과 학자들이 부추겼다. 뭐에 홀렸던 것일까. 일본의 젊은이만 20만 명이 희생된 이 전쟁을 꼭 해야 할 이유란 무엇이었던가? 한국을 장악하지 못하면 정말 일본의 방위는 위태로웠을까? 시베리아 철도도, 동청東清철도도 아직 개통되지 않은 마당에 러시아가 정말 한국을 식민지로 만들 수 있었을까? 헤이룽강에서 죽어간 청나라 사람들을 애도하던 그 마음으로 랴오둥반도 반환을 받아들이고, 일본 열도 전수방위專守防衛(오로지 일본 열도만 방위하는 전략)를 전략으로 삼을 수는 없었을까? 이렇게 묻는 사람들은 '아군에 총질하는 자'로 재갈이 물려졌다. 하지만 사상과 언론의 세계에서 '아군에 총질하는 자'는 언제나 필요한 존재이며, 이들의 입을 막으려는 것이야말로 이적행위다. 애국의 이름으로 진짜 이적행위를 하는 자들이 횡행하는 가운데, 마침내 일본 해군은 러시아를 선제공격했다.

러일전쟁 발발

1904년 2월 일본은 뤼순항의 러시아 함대를 공격했다. 마침내 러일전쟁이 발발한 것이다. 대한제국은 재빨리 국외 중립을 선언했으나 일본군은 이를 무시하고 인천에 상륙해버렸다. 전 세계는 긴장했다. 영국과 미국은 일본을 지지했고, 독일과 프랑스는 러시아를 응원했다. 비록 극동에서 벌어진 러시아-일본의 전쟁이었지만, 양 진영의 대리전 성격이 다분했다. 전 세계의 피식민지인들도 과연 유색인종이 백인종에 맞서 이길 수 있는지 숨죽여 지켜보았다.

청일전쟁은 한반도와 만주가 전쟁터였지만, 이번에는 만주가 주 무대였다. 일본은 거국일치로 결사적이었던 데 비해, 러시아는 일본만큼 결연하지 않았다. 차르와 정부 요인들에는 단호함이 결여되어 있었고, 모스크바와 저 멀리 만주 현지 사이에 연락도 원활하지 못했다. 일본 국민이 거의 전적으로 전쟁을 지지한 데 비해, 러시아에서는 병사들도 국민도 왜 3000킬로미터나 떨어진 곳에서 피를 흘려야 하는지 납득하지 못했다. 전쟁 협력은커녕 1905년 1월 1차 러시아 혁명이 일어날 지경이었다. '전쟁 명분'이 국민과 병사들의 사기에 얼마나 큰 영향을 끼치는지는 오늘날 러시아–우크라이나 전쟁이 여실히 보여주고 있다.

일본군은 만주의 요충지인 사허, 펑톈, 뤼순을 차례로 점령하면서 우세를 점했다. 그러나 엄청난 소모전으로 양측의 전력은 이미 바닥이 나 전쟁을 계속할 수 없는 상황이 되었다. 미국은 한쪽이 일방적인 승리를 거두기 전에 중재에 나섰다. 러시아가 이기는 건 원치 않았지만, 그렇다고 일본이 압도적으로 이겨 만주를 독차지하는 것도 싫었다. 결국 일본은 포츠머스 조약으로 한반도 지배권, 랴오둥반도 조차권, 남만주철도 부설권, 사할린 할양 등을 얻어내고 전쟁을 마무리했다.

러일전쟁은 20세기 총력전의 서막이었다. 기관총, 철조망, 참호전이 등장해 대량의 사상자를 냈다. 일본군 전사자는 10년 전 청일전쟁의 열 배였다. 전쟁 비용도 엄청났다. 1866년 프로이센–오스트리아 전쟁에서 프로이센군이 한 달 동안 사용한 포탄 200만 발을, 일본은 난샨南山 전투에서 하루에 쏟아부었다. 군비는 20억 엔(당시 재정 규모 3억 엔)에 다다랐는데, 이 중 78퍼센트는 국내외에서 조달한 빚이었다. 국가 경제력과 국민의 지지를 총동원하는 전쟁 형태가 나타난 것이다. 일본은 런던과 뉴욕에서 막대한 전비를 조달했다. 이를 위해 케임브리지대학 출신인 스에마쓰 겐초末松謙澄와 하버드대학 출신인 가네코 겐타로金子堅太郎를 각각 영국과 미국에 파견했다. 국내에서도 비상특별세법을 만들어 엄청난 증세를 했다. 지가의 2.5퍼센트였던 토지세(지조地租)는 논밭 5.5퍼센트, 시가지 20퍼센트로 급증했고, 소득세는 일

러시아 전함 '팔라다'(왼쪽)와 '포베다'. 러시아는 일본에 한반도 북위 39도 이북 지역의 중립화, 러시아 함대의 자유로운 대한해협 항해 등을 요구했지만 이견을 보였고 결국 1904년 러일전쟁이 발발했다.

러일전쟁 개전 초기인 1904년 4월 프랑스 신문 《르 프티 파리지앵》의 만평.

률적으로 1.7배 증가했다. 비상특별세법이 1904년 4월과 12월 두 번에 걸쳐 시행된 결과 일본 국민은 1903년의 납부액과 같은 금액을 한 번 더 내야 했다(가토 요코, 《그럼에도 일본은 전쟁을 선택했다》). 전쟁은 국민의 혈세로 국민의 피를 만주 벌판에 뿌리는 일이었다. 전쟁이 끝난 후에도 비상특별세는 폐지되지 않고 일본 군부의 배를 한껏 채워주었다.

일본의 승리에 아시아 피압박 민족의 엘리트들은 흥분했다. 중국의 쑨원, 베트남의 독립운동가 판보이쩌우, 버마·튀르키예·이란·인도의 독립운동가, 그리고 한국의 안중근까지 일본의 승리에 큰 기대를 걸었다. 그러나 일본은 유색인종의 리더가 아니라 서양 제국주의의 공모자가 되는 길을 택했다. 을사보호조약 체결로 대한제국을 식물국가로 만든 것이 신호탄이었다. 일본은 강화도조약(1876), 시모노세키 조약(1895), 메이지 천황의 선전조칙 宣戰詔勅(1904) 등에서 일관되게 한국의 독립과 자주를 한국 국민과 국제 사회에 약속했다. 처절한 배신이었다. 《황성신문》 주필 장지연은 일본의 배신에 목 놓아 울었다(〈시일야방성대곡是日也放聲大哭〉). 한국만이 아니었다. 청은 러일전쟁 때 일본에 협조했지만, 랴오둥반도를 되찾지 못했다. 일본은 오히려 남만주에 진출하기 시작했다. 일본에서 활동하던 인도·필리핀·베트남의 독립운동가들은 쫓겨났고, 쑨원도 추방당했다. 중국의 류스페이劉師培는 "일본은 아시아에서 조선만의 적이 아니다. 인도, 베트남, 중국, 필리핀의 공적公敵이다"라고 힐난했고, 인도의 네루도 "러일전쟁의 결과는 한 줌의 침략적인 제국주의 집단에 또 하나의 나라를 추가한 것에 지나지 않았다"라고 분노를 표했다(야마무로 신이치, 《러일전쟁의 세기》).

 러일전쟁 후 일본은 서양 각국과의 외교에서 공사관을 대사관으로 격상했다. 남아 있던 불평등조약도 모두 개정을 완료했다. 열강으로 인정받았다는 뜻이다. 1910년 보호국화와 병합 사이에서 고민하던 일본은 끝내 한국을 병합하고 말았다. 반대하는 일본 국민은 거의 없었다. 그러나 대한제국을 일본 영토로 만들었다는 것은 해양국가 일본이 한반도라는 완충지대를 잃고 대륙 국가가 되었다는 것을 의미했다. 일본은 열강(특히 미국)이 눈독을 들이고 있던 만주와 압록강 하나를 사이에 두고 마주하게 되었다. 한반도를 차지하고 나니 만주가 탐이 났다. 랴오둥반도에 터를 잡고, 남만주철도 관리를 명분으로 군대(관동군)를 파견하고, 거대한 남만주철도주식회사(만철)를 세우고 나자 만주 벌판이 손에 잡힐 듯했다. 1899년에 미국이 제창한 중국·만주 문호개방 정책open door policy이 점점 성가셨다. 힘이 약할 때는 나눠 먹자고 하지만, 힘이 세지면 혼자 먹고 싶은 법이다.

 그러나 이때 태평양의 상황은 바뀌어 있었다. 1898년에 하와이를 병합한 미국은 스페인을 물리치고 필리핀과 괌을 영유했다. 태평양 너머의 먼 나라인 줄 알았던 미국이 어느 사이에 지역의 이해당사자로 등장해 있었던 것이다. 일본과 미국은 1905년 가쓰라-태프트 밀약으로 한반도와 필리핀의 식민 통치를 상호 인정했지만 만주는 어림없었다. 이제 미국은 만주에서의 일본의 움직임을 예의주시하고 있었다. 두 나라가 충돌한 것은 한국합병 후

랴오둥반도에 상륙하는 일본군. 러일전쟁에서 승리한 이후 일본은 한반도를 차지한 데 이어 만주를 탐냈다.

불과 31년 만이다(1941년 진주만 공격). 그저 한 세대 동안의 '환상제국'이었던 것이다. 그 사이 중일전쟁, 태평양전쟁으로 수백만 명의 일본 청년이 죽었고, 한국과 중국 국민은 일본을 원수로 여기게 되었다. 30여 년의 '영광'은 그에 값할 만큼의 가치가 있었는가. 그건 정말 일본의 '국익'에 이로운 것이었을까.

메이지 천황의 죽음과
노기 마레스케 장군의 할복

한국병합 2년 후인 1912년 7월 30일에 60세의 메이지 천황이 재위 45년 만에 사망했다. 메이지 유신, 청일전쟁, 러일전쟁을 모두 겪은 천황의 죽음. 문호 나쓰메 소세키가 "그때 나는 메이지의 정신이 천황에서 시작해 천황으로 끝난 것 같은 기분이 들었습니다"(《마음》)라고 쓴 대로, 당시 일본인들은 한 시대가 끝났다는 것을 직감했다. 충격적인 일이 벌어졌다. 육군대장이자 러일전쟁의 영웅인 노기 마레스케乃木希典 장군이 할복자살한 것이다. 천황의 뒤를 따라간다며. 순사殉死(왕이 사망할 경우 신하가 함께 죽는 것을 의미함)였다.

천황의 장례식 날 저녁 무렵 운구 행렬이 궁궐을 빠져나오던 시각, 노기 마레스케 부부는 자택에 있었다. 노기(63세)는 육군대장 군복을, 부인은 전통 의상을 입고 있었다. 운구가 시작되었음을 확인한 노기 장군은 칼을 빼들어 열십자 모양으로 배를 갈랐다. 부인 시즈코靜子도 가슴을 찔러 자결했다. 이 또한 남편을 따라 죽은 순사였다. 검시 결과에 따르면 (아마도 남편의 도움으로) 부인이 먼저 자결을 감행하고, 이어 노기의 할복이 이뤄진 듯하다. 거실의 사진 속에 있던 메이지 천황과 두 아들(모두 러일전쟁에서 전사했다)이 이 장면을 내려다보고 있었다.

일본에서 원래 순사는 전사한 주군을 따라 죽는 것이었다. 그러나 도쿠가와 시대에 들어서야 주군이 병들어 죽어도 순사하는 일이 많아졌다. 예를 들면 1636년 센다이 번주 다테 마사무네伊達政宗가 죽자 열다섯 명이 순사했고, 노기 장군의 부인처럼 이 순사자들을 따라 죽은 자도 다섯 명 있었다. 누가 봐도 이상한 풍습이었는지 막부는 금지령을 내려 순사하는 자를 오히려 엄벌에 처했다. 그 후 순사는 거의 사라졌다.

그런데 20세기 초 대명천지에, 세계 5대 강국을 자랑하던 일본에서 할복순사가 다시금 벌어진 것이다. 노기는 러일전쟁의 승부를 가른 뤼순 전투를 지휘해 러시아 요새를 함락시켰다. 그러나 그 작전은 5개월이나 걸렸고, 6만 명이 넘는 엄청난 사상자를 남겼다. 그의 두 아들도 전사했다. 개선하여 메이지 천황을 만났을 때, 노기는 대량의 전사자가 발생한 것을 사죄하며 죽기를 청했다. 메이지 천황은 지금은 죽을 때가 아니라며, 정 죽겠다면 자신이 죽은 다음이라면 허락하겠노라고 했다고 한다. 그러나 그의 유서에는 다른 할복 이유가 적혀 있다. "제가 이번에 폐하의 뒤를 따라 자살하는 점, 송구스럽기 그지없습니다"로 시작하는 유서에서, 노기는 세이난 전쟁(사이고 다카모리의 지휘 아래 사쓰마번의 군인들이

1. 노기 마레스케 장군 부부가 자살한 당일 아침 자택 거실에서 함께 찍은 사진.
2. 노기 마레스케 장군. 할복 이후 그를 신격화하는 광풍이 불었고, 이는 30년 뒤 일본 젊은이들을 죽음으로 내몬 가미카제에 영향을 끼쳤다.

일으킨 반란)을 진압하던 중 사쓰마군에게 군기軍旗를 빼앗긴 일을 사죄하며, 그 후로 죽을 자리를 찾아왔다고 했다. 그리고 이번 천황의 죽음을 기회로 마음을 결정했다는 것이다.

유서에는 또 두 아들이 전사한 후 주위에서 양자를 들여 가문을 이으라고 간청했지만, 자기는 그럴 생각이 없다며 노기가乃木家를 반드시 폐절廢絶시키라고 했다. 의아한 것은 부인 시즈코가 살아 있다는 것을 전제로 해서 쓴 구절들이다. 재산 처리 문제는 시즈코와 상의하라든가, 시즈코가 살아 있는 동안은 가문을 유지해달라든가, 노인이 될 시즈코가 살 집을 걱정한다든가 하는 대목이다. 아마도 유서를 쓸 당시에는 부인이 함께 죽으리라고는 생각하지 못했던 듯하다.

전쟁영웅의 할복자살극은 일본인들에게 큰 충격을 주었다. '충신', '애국', '감동' 같은 단어가 언론을 장식했다. 전 국민이 마치 무슨 사무라이라도 된 듯 그의 죽음에 열광했다. 과연 그렇게 찬양해도 좋은 죽음인가. 작가 시가 나오야志賀直哉는 일기에 "바보 같은 자다. 아무 생각 없이 뭔가를 저지른 하녀를 보았을 때와 같은 기분이 들었다"라며 냉소했지만, 이런 목소리에는 아무도 귀 기울이지 않았다.

이후 노기는 점점 신격화되어, 여기저기 노기 신사가 세워졌고, 그가 살던 곳은 '노기자카乃木坂'(노기 고개)라는 이름으로 지금도 도쿄 지명에 남아 있다. 그를 기리는 우표가 발행되었고, 교과서에도 빈번히 실렸다. 그의 이름은 식민지 어린이들에게도 맹렬히 교육되었던 모양이다. 작고한 내 아버지가 어느 날 이런 노래 아느냐며 "노기 다이쇼乃木大將~ 노기 다이쇼~" 운운하는 노래를 읊조리신 적이 있다. 1935년생이니 일제 말기에 초등학교를 다니셨을 텐데, 얼마나 주입을 받았으면 70년 후에도 가사를 잊지 않았을까 싶었던 적이 있다.

노기의 할복자살에 열광하던 일본은 30년 후 천황의 이름으로 젊은이들을 가미카제로 내몰았다. 생전에 러일전쟁 유족 모임에서 그는 "여러분의 자제들을 죽인 노기입니다"라고 한스러운 어조로 자기를 소개했다지만, 그의 순사는 더 많은 청년을 죽음으로 몰아넣은 정신적 토양이 되었다. 아쿠타가와 류노스케는 소설에서 "(노기의) 지성至誠을 우리는 쉽게 받아들일 수가 없어요. 우리 뒷세대에게는 당연히 통할 수 없다고 생각해요"라고 했지만, 그의 '지성'은 괴물이 되어 대일본제국과 함께 폭주했다.

1970년 11월 25일, 노기의 정신과 결별했다는 전후 일본에서 또 한 번 충격적인 할복이 벌어졌다. 노벨 문학상 후보로 거론되던 소설가 미시마 유키오(당시 45세)가 육상자위대 건물에서 할복자살한 것이다. 그는 자위대 총감을 감금하고 총감실 발코니에서 자위대의 궐기와 천황의 친정親政, 평화헌법 폐지를 부르짖었다. 그러고는 할복했다. 추종자 한 명도 옆에서 '순사'했다. 이 소식을 들은 한국의 젊은 시인 김지하는 일갈했다.

> 별것 아니여/ 조선 놈 피 먹고 피는 국화꽃이여/ 빼앗아 간 쇠그릇 녹여 버린 일본도란 말이여/ 뭐가 대단해 너 몰랐더냐/ 비장처절하고 아암 처절하고말고 처절비장하고/ 처절한 신풍神風

도 별것 아니여/ 조선 놈 아주까리 미친 듯이 퍼먹고 미쳐 버린/ 바람이지, 미쳐버린/ 네 죽음은 식민지에/ 주리고 병들어 묶인 채 외치며 불타는 식민지의/ 죽음들 위에 내리는 비여/ 역사의 죽음 부르는/ 옛 군가여 별것 아니여/ 벌거벗은 여군이 벌거벗은 갈보들 틈에 우뚝 서/ 제멋대로 불러대는 미친 미친 군가여.(〈아주까리 신풍〉)

시가 나오야가 이 시를 알았더라면, 아마도 애송했을 것이다.

식민지 조선의 특이성

"지도 위의 조선국에 새까맣게 먹을 칠하며 가을바람을 듣는다."

1910년 8월 한국병합으로 조선이 사라진 직후, 일본 시인 이시카와 다쿠보쿠石川啄木는 쓸쓸한 어조로 단가短歌를 읊었다(〈9월 밤의 불평〉). 고색창연한 왕국 조선의 운명殞命이 24세의 젊은 시인에게는 가을바람처럼 처연했나 보다. 그러나 이런 일본인은 예외적이었다. 위로는 정치가부터 아래로는 밑바닥 서민에 이르기까지 대부분의 일본인은 조선의 식민지화에 열광했다. 그러나 그 기쁨은 한 세대를 가지 못했고, 일본제국은 역사 속으로 사라졌다. '식민지 조선'은 일본제국에게 과연 무엇이었던가.

'식민지 조선'은 여러모로 특이했다. 먼저 조선은 일본의 이웃 나라였다. 서양 국가들도 세계 각지에 식민지를 갖고 있었지만, 바로 옆 나라를 그렇게 하지는 못했다. 영국과 아일랜드의 관계가 예외라고 할 만하나, 그건 수백 년에 걸친 침략의 결과물이었다. 게다가 영국은 한국합병 11년 후인 1921년에 아일랜드 독립운동가들과 조약을 맺어 이웃 나라의 식민지화를 단념했다. 일본이 아일랜드의 반영 투쟁과 독립을 미리 봤다면, 한국병합이라는 무리수는 피했으려나? 게다가 조선은 1000년 이상 독자적인 왕국을 유지해온 나라였다. 당시 일본인들은 조선은 한사군漢四郡 이래 중국에 종속되어온 나라라고 강변했지만, 자기들끼리는 조선을 가리켜 '천 년 왕국', '자존심이 세고 위아래를 모르는 민족' 운운한 걸 보면 조선이 독자적인 국가였음을 내심 인정하고 있었음을 알 수 있다.

게다가 한국합병 당시 대한제국은 여느 식민지들과는 달리 어엿한 국기(태극기)도 갖고 있었고, 많은 사람이 이를 받아들이고 있었다. 구한말 정치 집회 장면을 보면 갓 쓰고 흰옷 입은 사람들이 대형 태극기 아래 모여 있는데, 이들은 이미 '백성'(인민)이라기보다는 '국민'이었다. 대한제국은 1876년 일본, 1882년 미국과 조약을 맺은 이래 영국·독일·러시아·프랑스·청나라 등 11개국과 외교관계를 맺고 있었으며, 1896년 러시아의 차르 니콜라이 2세의 즉위식에 사절단을 파견하기도 했다. 일본, 미국, 중국을 비롯한 주요 국가에 외교관도 주재하고 있었다. 이런 환경에서 1880년대 이후 약 30년 동안 한국인은 본격적으로 '민족의식'을 갖게 되었다. '민족'을 이야기하는 수많은 언론과 학교가 생겨

1. 1920년 아일랜드의 독립운동가들이 영국 국기를 찢으며 격렬한 시위를 벌이는 장면. 영국은 이듬해 아일랜드와 조약을 맺음으로써 식민지화를 단념했다.
2. 화가 최대섭(1927~1991)의 민족 기록화에 담긴, 1898년 서울 종로에서 열린 만민공동회 모습. 조선 민중이 대형 태극기 아래 모여 있다. 일본에 병합되기 전부터 독자적인 국가와 국기 개념을 갖고 있었다는 것을 보여준다.

났고, '국사'나 '국어'에 관한 책들도 읽히기 시작했다. 신채호의 《독사신론讀史新論》(1908) 저술이나 안중근의 이토 히로부미 사살(1909)은 그런 분위기의 정점이다.

과문한 탓인지 모르겠지만 식민지가 되기 전, 이미 이런 상태에 도달한 경우는 별로 들어보지 못했다. 영국의 식민지가 되었을 때 인도인들이 인도라는 하나의 정체성을 갖고 있었다고 말하기는 어려울 것이며, 인도네시아는 네덜란드가 지배하는 영역에 따라 국경이 형성되었다. 제국주의 국가들의 선긋기에 따라 국경과 '나라'가 만들어진 아프리카 여러 나라들의 경우는 더 말할 것도 없다. 요컨대 조선은 식민지가 되기 전 20~30년 동안 민족주의 세례를 듬뿍 받아, 식민지가 되기에는 '너무 커버린' 상태였다. 일본은 인구와 국토 면적에서 자국의 거의 반이나 되는 오래된 이웃 국가를, 게다가 이미 민족의식이 왕성한 나라를 병합했던 것이다. 그 후과後果를 염려한 사람은 별로 없었다. 단견 중의 단견이었다.

세계사의 흐름에 비추어도 한국병합은 역주행이었다. 1914년에 발발한 1차 세계대전으로 서구 열강은 이제 더 이상 종래의 식민지 정책을 유지할 수 없다고 판단하고, 여러 가지 '비식민화 decolonization' 조치들을 취해나간다. 우드로 윌슨 미국 대통령의 민족자결주의와 신생 소련의 식민지 포기 선언은 그 흐름의 연장선상에 있으며, 2차 세계대전 후의 식민지 포기도 길게 보면 그 흐름을 계승한 것이다. 위에서 말한 아일랜드는 1922년 영연방 자치령인 아일랜드자유국으로 자치권을 획득했고, 1919년에 영국은 인도인의 정치 참여를 확대한 인도통치법을 시행했다. 1922년에 이집트는 영국의 보호국에서 이탈해 독립을 획득했다. 아시아에서도 마찬가지였다. 세계 열강은 워싱턴 회의에서 중국의 주권과 독립을 약속하는 9개국 조약을 체결했다. 미국 의회는 1916년 필리핀의 자치를 인정했고, 1934년에는 10년 후 독립을 약속하는 법안을 통과시켰다. 한국병합은 간발의 차로(?) 이 세계적 흐름에 역행한 것이다. 1905년의 통감부 체제(외교권만 박탈하고 한국 국왕의 통치는 인정)를 유지했더라면, 아마 일본도 이 국제적 흐름에 올라타기 쉬웠을지 모른다. 그러나 이미 병합을 하고 동화를 선언한 마당에, 조선총독부가 할 수 있는 것은 기껏해야 '문화통치'밖에 없었다. 그 알량한 '문화통치'도 세계적인 '비식민화' 조류를 간파한 한국인들이 3·1운동을 일으켰기에 가능했던 것이다. 이에 크게 놀란 일본인들은 혹여 또다시 3·1운동 같은 게 일어나지나 않을까 노심초사, 전전긍긍했다.

한국병합의 구실은 '동양의 평화'였다. 일본이 지배하지 않으면, 한국의 정국 불안은 계속될 것이고, 그렇게 되면 외세가 개입해 동양의 평화가, 그리고 일본의 안보가 위태로워진다는 논리였다. 그러나 동양 평화의 붕괴와 일본 안보의 동요는 한국병합에서 비롯되었다. 한국을 차지한 일본은 중국의 정세 변화에 더욱 구속될 수밖에 없었다. 한국과 일본 사이에는 현해탄이 가로막고 있었지만, 이제 일본 땅이 된 식민지 조선과 만주 사이에는 압록강밖에 없었다. 중국 문제에 개입할 수밖에 없는 처지를 스스로 만든 것이다. 조선을 차지하고 나니 누가 만주 땅을 먼저 차지할까 봐 불안해졌다. 그 불안증이 희대의 정치 코미디 만주사변과 만주국 건국을 낳았다. 만주를 차지하고 나니, 소련의 만주 침략이 불안해 견딜 수가 없었다. 그 소련과 싸우자니 중국의 풍부한 자원이 탐이 나 산하이관山海關마저 넘어서고 말았다. 정신을 차려보니 사방팔방이 온통 '일본의 안보를 위협'하는 지뢰밭이었다. 일본제국에게 한국병합은 무한팽창의 자동 페달을 밟아버린 사건이었던 것이다.

결사의 시대와 자유민권 운동

지금까지 제국주의 얘기를 해왔는데 이제 일본의 민주주의로 화제를 돌려보자. 사실 일본의 민주주의자들은 대외정책 면에서는 매우 공격적이었다. 이를 어떤 학자는 '임페리얼 데모크라시 Imperial democracy'라고 부르기도 했다. 20세기 일본 민주주의를 이해하기 위해 잠시 시간을 거슬러 19세기 후반 일본의 '민주화 운동', 자유민권 운동에 대해 살펴보자. 뜨거웠던 한국의 민주화 운동에 비하면, 일본의 민주주의는 뭔가 미적지근한 느낌이라고 말하는 사람이 많다. 소리 내어 민주주의를 외치지도 않고, 광장에 잘 모이지도 않는다고 말이다. 하긴 일본의 데모 풍경을 보면 지나치게 질서정연하고, 구호 소리는 나른하기까지 한 것도 사실이다.

그러나 일본의 민주화 운동도 뜨거웠던 때가 있었다. 바로 메이지 유신(1868) 직후에 벌어진 자유민권 운동 시기에 그랬다. 메이지 유신으로 탄생한 정권은 도쿠가와 가문만 배제했을 뿐 수구파, 온건개혁파, 급진개혁파 등 잡다한 세력을 포함하고 있었다. 급진개혁파는 폐번치현 쿠데타(1871)를 통해 헤게모니를 장악했다. 그러나 내분은 계속됐다. 이번에는 정한론을 둘러싸고 급진개혁파 사이에 권력투쟁이 벌어졌다(정한론 정변, 1873). 패배한 사이고 다카모리는 정한파를 이끌고 고향 가고시마로 물러났고, 정부는 오쿠보 도시미치가 장악했다. '오쿠보 독재'의 등장이다. 그런데 정한론을 주장했던, 도사번 출신의 일부 세력은 돌연 '국회 설립'을 주장하는 의견서를 내며 정부를 공격했다. '오쿠보 독재'는 출범하자마자 양쪽으로부터 협공을 당하게 되었던 것이다.

이 국회 설립 건의서(1874)를 계기로 일본 전역에서 정치단체가 폭발적으로 결성되기 시작했다. 1874년에서 1890년 사이에 2055개의 정치결사가 생겨났다고 하니 가히 '결사結社의 시대'였다. 막말기幕末期(도쿠가와 막부 말기)부터 메이지 유신에 이르는 기간 동안 왕성했던 정치 에너지가 신생 정권의 추이를 숨죽여 지켜보고 있다가, 이때에 이르러 분출한 것이다. 이들은 자유와 민권을 부르짖으며, 이를 보장해줄 헌법의 제정과 국회 개설을 강하게 요구했다. 이를 '자유민권 운동'이라고 한다.

그 절정은 1880년을 전후로 한 시기였다. 1879년에서 1881년 사이에만 200개의 정치결사가 결성되었고, 1880년에서 1881년 사이에는 100건 이상의 국회 개설 건의서에 25만 명이 서명했다. 전국의 정치단체들은 국회기성동맹國會期成同盟을 조직해 정부에 의회 개설을 압박했다. 신분제 폐지로 할 일이 없어진 옛 사무라이들이 대거 참여했다. 한편에서는 유신 후 물가 상승으로 큰 이익을 본 호농豪農들이 정치운동에 가세했다. 정치결사는 도시뿐 아니라 지방에도 광범하게 확산되었다.

자유민권 운동의 주요 수단은 신문과 연설회였다. 유신 후 폭증한 신문사에는 정권에서 소외된 막부와 도사번의 인재들이 몰려들어 강력한 반정부 언론 활동을 전개했다. 우편 배달 신문만 계산해도 1873년 51만 4610부에서 다음 해에 262만 9648부로 무려 다섯 배가 폭증했다고 하니 놀랄 만하다. 연설회는 자유민권 운동의 '명물'이었다. 연설회에는 발언 수위를 통제하기 위해 경찰이 입회해 있었다. 흥분한 연사가 발언 강도를 높이면 경찰이 제지하려 했다. 그러면 수백 명의 청중은 고함을 치며 경찰관을 욕하고 연사를 응원했다. 이 순간 연설회장의 분위기는 최고조에 달했다. 연사는 다분히 이를 노리고 경찰관을 일부러 도발하곤 했다.

일본의 초기 민주화 운동은 주로 헌법 초안 논의를 둘러싸고 전개되었다. 그래서 어떤 연구자는 이를 두고 '헌법 창출의 시대'라고 불렀다. 1889년에 대일본제국 헌법이 제정되기까지 94종의 헌법 초안이 만들어졌는데, 그중에는 개인이 만든 것도 있었고, '이쓰카이치 헌법五日市憲法'처럼 촌락민이 헌법연구회 같은 모임을 만들어 수준 높은 초안을 제출한 경우도 있었다. 이 헌법 초안은 지방자치권의 불가침성과 행정부에 대한 입법부의 우위를 주장했다. 유명한 사상가 우에키 에모리植木枝盛가 기초한 '일본국

1880년대 전후 일본 자유민권 운동의 주요 수단이었던 연설회 장면.
연설자의 발언 수위를 통제하려는 경찰과 반정부 성향의 청중이 종종 마찰을 빚었다.

국헌안日本國憲案'은 정부의 압제에 인민은 무기를 들고 저항해 정부를 타도할 수 있다는 저항권 및 혁명권을 명시했다. 우에키는 또 일본을 약 70개 주로 구성된 연방국가로 만들어 각 주의 자유독립과 독자적인 군대 설치를 인정했다.

나중에는 신성불가침의 존재가 되어버린 천황에 대해서도 애초에는 에누리가 없었다. '헌법초고평림憲法草稿評林'이라는 헌법 초안은 무도한 천황이 나타나면 폐제廢帝할 것과 부덕한 황태자는 천황 세습을 하지 못하도록 규정했다. 나아가 황손 중에 제위를 이어받을 사람이 없을 경우에는 국회가 일반 인민 가운데 후보자를 뽑은 다음, 국민투표로 최종 결정한다는 구상마저 들어 있었다. 대신 이렇게 뽑힌 사람은 천황이라 부르지 않고 '통령統領'으로 부르자고 했다. 큰 통령이면 '대통령'이 될 것이다.

자유민권 운동의 열기에 놀란 메이지 정부는 1881년 헌법 제정을 공개적으로 약속하고 초안 작업에 착수했다. 널리 알려진 대로 그 핵심에 있던 인물은 이토 히로부미다. 결국 1889년 민간에서 요구한 것보다는 훨씬 보수적인 내용의 '대일본제국 헌법'이 반포되었는데, 천황이 국민에 하사하는 형식의 흠정헌법이었다. 이에 불만을 품은 언론인 미야타케 가이코쓰宮武外骨는 해골이 헌법을 하사하는 풍자화를 자신이 발행하는 잡지에 실었다. 그는 비록 불경죄로 3년 반 정도 감옥에 갇히게 되었지만, 그 후라면 상상하기 힘든 자유민권 운동가들의 '기개'가 느껴지는 그림이다. 이때까지는 천황도 신랄한 비판의 대상이 될 수 있었음을 알 수 있다.

1889년에 반포된 '대일본제국헌법'을 풍자한 아다치 긴코安達吟光의 그림. 헌법을 하사하는 천황을 해골로 그려 헌법에 대한 불만을 표했다. 이 그림을 자신의 잡지에 실은 언론인 미야타케는 불경죄로 3년 반 동안 수감 생활을 했다.

어쨌든 일본은 서유럽 이외의 지역에서는 최초로 헌법을 제정하고 이듬해 의회를 개설하는 데 성공했다. 그 헌법은 패전 후 현행 일본국헌법이 새로 만들어질 때까지 단 한 글자도 수정 없이 유지되었고, 의회는 전쟁과 패전의 와중에서도 지금까지 단 한 번도 폐쇄되는 일이 없었다. 약 20년간의 '초기 민주화 운동' 시기에 다수결, 1인 1표제, 직접/대의민주주의 등 지금은 당연시되는 여러 제도의 타당성을 두고 뜨거운 논의가 진행되었다.

반면 한국의 민주주의는 해방 후 '하늘에서 뚝 떨어진 것'이었고, 군부독재 체제에서는 '타는 목마름으로' 갈구하는 성역이었다. 그래서 민주주의를 숭배만 했지, 사색할 기회는 많지 않았다. 민주주의의 위기가 공공연히 언급되는 요즘, 동아시아 최초의 민주주의 실험을 했던 일본의 '자유민권 운동'은 한 번쯤 되돌아볼 가치가 있다.

다이쇼 데모크라시의 아버지, 나카에 조민

"차라리 3김 때가 나았어." 요즘 정치판을 보며 이런 말을 하는 분을 자주 만난다. 사람은 다 지나간 때를 아름답게 기억하려는 경향이 있지만, 그저 그래서만은 아닌 것 같다. 그만큼 요즘 우리 정치풍경은 목불인견이다. 문제의 심각성은 우리나라만 그런 게 아니라는 데 있다. 미국을 비롯해 영국, 프랑스 등 인류에게 민주주의를 선사했던 나라들도 이전에는 상상하기 어려웠던 정치 현상을 보이기 시작한 지 오래다. 이런 상황을 보며 시진핑, 푸틴, 심지어는 김정은조차 "민주주의, 좋아하시네!" 하며 냉소하고 있을까 걱정된다.

한국이 민주주의 국가인 건 맞지만, 우리가 민주주의라는 정치체제에 대해 깊은 성찰을 쌓아왔다고 말하긴 어렵다. 해방 후 미국의 민주주의 제도를 형식적으로 받아들였을 뿐이라는 것이 솔직한 말일 것이다. 그 후 80년 동안 민주주의는 마치 성리학의 '대의大義'처럼 그저 떠받들어졌을 뿐, 지적 탐구와 비판의 과녁에서는 벗어나 있었다. '타는 목마름'으로 민주주의를 외치긴 했지만, 시원한 물 한잔 마시고 맨 정신으로 '민주주의란 무엇인가'를 철학적·정치학적·역사학적으로 들여다본 적은 그리 많지 않은 것 같다.

'다른 건 몰라도 민주주의는 일본보다 한국이 한 수 위'라고 생각하는 사람이 많지만, 19세기 말 일본인들이 (대의)민주주의와 대면하면서 겪었던 지적 고투는 지금 민주주의를 고민하는 데 좋은 참고자료가 된다. 우리와 달리 그들에게 민주주의는 맨땅에서 하나하나 이해하고, 번역하고, 수용 여부와 수용 범위를 결정해야 하는 것이었다. 당연히 이를 둘러싸고 수많은 탐색과 논전이 벌어졌다. 우리가 지금 쓰고 있는 자유, 헌법, 의회, 대의민주주의, 정당, 권리 등등의 용어는 이런 과정에서 만들어진 것이다.

그중 가장 큰 역할을 한 사람이 나카에 조민中江兆民이다. 일본 자유민권 운동의 근거지인 도사번에서 1847년에 태어났다. 사상가, 언론인으로 민주주의를 탐구, 소개하고 1890년 제1회 총선거에서 국회의원으로 당선되었다. 장-자크 루소의 《사회계약론》을 번역하는 등의 업적으로 '동양의 루소'라고 불리기도 했다. 다른 메이지 시대 지식인과 마찬가지로 나카에 역시 서양의 정치사상을 수용하면서 한학漢學의 개념과 용어를 사용할 수밖에 없었다. 이때 활용된 것이 전통적인 공公과 사私의 개념으로, 나카에는 루소의 '일반의지'를 '공지公志'로 번역했다(이하 김태진, 〈근대 초기 일본의 대의민주주의의 수용〉).

심의를 통해 일반의지가 도출된다는 루소의 견해를 설명하면서, 나카에는 '의議'(토의)가 사를 공으로 바꾸는 작업의 핵심이라고 했다. 그는 다수결이 공지公志를 도출한다고 말하지는 않았다. 그러니 단순히 인민의 뜻을 정치에 그대로 반영하는 것이 공지가 될 수는 없다. 정당은 정치적 견해를 같이하는 것을 넘어 진리를 탐구하는 곳이며, 진리를 중시하는 학파와 같은 정당이 국회를 조직하고, 그들이 '토의'를 거듭할 때 공지에 다다를 수 있다. 진정한 당은 "다른 당 중에 옳은 바가 있음을 알아차린 때는 갑자기 뜻을 고쳐 이를 따라도 조금도 마음에 개의하는 바가 없다."(나카에 조민, 〈정당론〉, 김태진 번역)

요즘 한국의 정당은 어떤가. 공지 따위를 탐색하는 의원은 거의 없는 듯하다. 상대 당의 의견이 옳을 수도 있음을 염두에 두기는커녕, 내가 내심 말하려 했던 것도 상대가 먼저 꺼내면 표변하여 공격해댄다. '진리(공지)를 중시하는 학파 같은 정당'까진 아니더라도 '토의'를 통해 최선의 방안을 찾으려는 최소한의 노력

1. 1890년 7월 1일에 치러진 일본 최초의 국회의원(중의원) 총선거 투표장의 모습.
2. 1890년 제1회 총선거에서 뽑힌 일본 제국의회 의원들과 그 명단을 담은 그림.
   한국보다 반세기 이상 빨리 서구 대의민주주의를 받아들인 일본은 자유, 헌법, 정당과 같은 민주주의의 기본 개념을 이해하고 수용 범위를 정하는 지적 고투를 거쳐야 했다.

은 보여야 하지 않을까.

　나카에가 생각한 대의정치란 여러 소인의 가슴속에 있는 '사리사욕'의 덩어리를 국회라는 큰 냄비에서 끓이고 끓여, 구름이 되고 안개가 되어, 푸른 건물層樓인 내각에까지 밀어 올리는冲上 것이다(〈군자소인〉). 그럴 때 국회는 국가의 일대뇌수一大腦髓, 즉 '하나의 커다란 뇌'가 된다. 여론을 추종만 하는 게 아니라 그 여론에 기초하되, 숙고와 숙의熟議를 거듭해 공지를 도출해내는, 신체의 뇌와 같은 존재다. 그러나 그 후 일본 정치는 국민의 여론 수렴, 의원들 간의 숙의, 이해타산을 조정한 공공성에 기초한 정책 결정, 그 어디에서도 흡족한 성과를 보여주지 못했다. 집권당은 80년이 흘러도 제대로 교체되지 않았고, 국회 구성원 중 상당수는 세습의원이며, 지역 이익유도 정치가 이들의 주요 임무가 되었다. 숙의보다는 표 계산, 여론을 설득하기보다는 여론에 영합하는 일이 횡행해 의회에 대한 신뢰는 현저히 낮다(박훈, 〈근대 일본의 공론정치와 민주주의〉).

　현재의 한국 국회도 이에 못지않다. '사리사욕'의 덩어리들이 토의라는 담금질을 거쳐 구름과 안개가 되기는커녕, 덩어리 그 자체로 난무하고 있다. 정부는 또 하나의 덩어리가 되어 같이 막춤을 춘다. 100여 년 전 중국의 혁명가 장빙린章炳麟은 선거를 해봤자 지역 토호들이 당선될 것이 뻔하며, 이름은 국회이나 실은 간부奸府가 생겨나 백성들을 괴롭힐 것이라고 지적했다. 그러면서 "대의정체는 반드시 선한 전제정치만 못하다"라고 일갈했다(〈대의연부론代議然否論〉). 지금 중국 공산당의 입장과 흡사하다.

사상가이자 언론인인 나카에 조민. 19세기 말 서구 민주주의를 연구해 일본에 소개하고 그 자신이 직접 제1회 총선거에 나가 국회의원으로 당선되기도 했다.

민주주의의 혼미에 넌더리를 낸 사람들이 이런 의견에 끌릴 날이 오지 말라는 법도 없을 것이다.

나는 위에 소개한 논문의 결론에서 아래와 같이 쓴 적이 있다. 혼란스러운 민주주의 문제에 대면할 때 "우리는 동아시아의 역사적 경험을 편견과 과장 없이 발굴해내어, 그것을 내재적으로 해석한 다음 거기서 지혜와 시사를 얻어야 할 것이다. 그때 근대 서양의 성취를 상대화할 필요는 있겠지만, 그것을 무리하게 폄하하는 '아시아주의'적 자세는 금물이다. 이 같은 기본적 태도를 전제한 위에서 현재의 정당·선거·의회제도·여론 조달의 프로세스(여론조사의 남용, 인터넷의 위력), 유식자 회의의 역할(한국 헌법재판소의 막대한 권한과 역할은 이런 면에서 의미심장하다), 대중 집회의 효과와 문제점, 심지어는 지역구 선거·다수결의 정당성 등에 이르기까지 모든 것을 비판적으로 검토해야 할 것이다."

다이쇼 데모크라시

요즘 일본을 경시하는 풍조(재팬 패싱)가 확산되고 있다. 장기간에 걸친 일본의 부진과 한국의 급격한 성장이 맞물린 탓일 것이다. 특히 경제는 몰라도 민주주의는 단연 우리가 낫다는 생각에 꽤 많은 사람이 공감하는 듯하다. 한국 민주주의에 경탄을 금치 못하는 일본 시민도 꽤 있다. 아닌 게 아니라 전후 대부분을 자민당이 집권한 일본 정치는 내가 봐도 뭔가 침침하고 답답하다.

하지만 위에서 본 바와 같이 일본 민주주의는 오랜 전통과 치열한 투쟁의 역사를 가지고 있다.

자유민권 운동 속에서도 당시 정부 지도자들은 자신들은 천황의 뜻만을 받들 뿐, 의회에는 초연하여 독자적으로 정책 결정을 한다는 자세를 고집했다(초연주의超然主義). 그러니 스스로 정당 만드는 일에 관심을 두지 않았다.

의회를 장악한 반내파는 증세와 예산 편성을 둘러싸고 메이지 정부와 격렬하게 대립했다. 의회를 해산하고 선거부정까지 해가면서 선거를 다시 치러도 정부는 의회를 장악하지 못했다. 이 때문에 정부는 헌법을 정지하고 의회를 해산하려고 할 정도였다. 날이 갈수록 의회와 정당의 힘이 커지자 메이지 원로 중 개명파에 속하는 이토 히로부미는 결국 당시 최대 정당이던 정우회 총재에 취임했다. 이토의 기성 정당 '영입'을 두고 정우회는 "드디어 이토를 사로잡았다"며 쾌재를 불렀다.

20세기 들어 메이지 정부의 독재를 비판하는 목소리는 더욱 거세졌다. 전 인구의 1퍼센트에 불과했던 유권자 수는 1919년엔 5.5퍼센트에 이르렀다. 이제 의회나 정당을 무시하고는 내각을 구성하기도 힘든 세상이 되었다. 하지만 이토와 함께 메이지 정부의 한 축이었던 원로 야마가타 아리토모는 여전히 정당에 대해 고압적이었다. 결국 사달이 났다. 1911년 야마가타와 연결된 군부가 온건노선의 사이온지西園寺 내각을 무너뜨리고, 육군대장 출신 가쓰라 다로(우리에게는 가쓰라-태프트 조약으로 잘 알려진 인물)를 총리대신으로 만들자 민중이 봉기한 것이다. 1912년 2월

10일 가쓰라가 의회를 정회시키려 하자, 군중이 몰려와 국회의 사당을 포위했다. 시위대는 친정부 신문사들을 습격하고 86곳의 파출소, 26대의 전차電車에 투석과 방화를 했다. 이튿날 가쓰라 내각은 결국 총사퇴했다. 이를 다이쇼 정변이라 부른다. 우리의 4·19혁명 49년 전이다.

이로써 번벌藩閥 정권(메이지 유신을 주도한 사쓰마번과 조슈번 출신에 의한 정권)은 재기 불능의 타격을 입었다. 군부는 아직 본격적으로 정치에 개입하지 못했으니, 정당의 독무대가 펼쳐졌다. 이때부터 정치 테러와 군사 쿠데타가 일어나기 시작하는 1932년까지를 일본사에서는 당시 천황의 연호를 따서 '다이쇼大正 데모크라시' 시대라고 부른다. 정치는 더욱 민주화되어 1925년에는 25세 이상의 모든 남성에게 투표권을 주는 보통선거법이 제정됐다. 총선거에서 승리한 정당의 당수가 총리대신으로 임명되는 관례도 자리 잡아, 정우회와 입헌민정당의 거대 양당이 번갈아 정권을 담당했다. 도시에는 서양 문물이 넘쳐났고, 정당 조직은 농촌에까지 침투했다. 세련된 서양식 옷차림으로 거리를 활보하며 카페에서 '비-루'(맥주)를 마시는 '모보'(모던보이), '모가'(모던걸)는 이 시대의 상징이었다. 일본의 '서양화'가 완전히 달성되는 듯 보였다.

그러나 이런 분위기에 대한 반발도 커져갔다. 그 핵심에는 군부와 농민층이 있었다. 선거 결과가 모든 것을 좌우하다 보니 정당들은 선거에 필사적이었다. 막대한 정치자금을 조달하기 위해 대기업과 유착했고, 부패 사건이 꼬리를 물었다. 정치 운영은 효

1. 1912년 '다이쇼 정변' 이후 약 20년간 자유주의와 민주주의 사조가 사회 전반을 휩쓴 '다이쇼 데모크라시' 시대가 이어졌다. 이 기간에 보통선거, 언론 자유, 남녀평등을 강화하자는 운동이 일어났고 청년층에선 서양문화가 빠르게 퍼졌다. 다이쇼 데모크라시 시대에 서양식 복장을 한 '모던걸'들이 거리를 활보하고 있다.
2. 1928년 보통선거제에 따라 실시된 첫 총선 투표장에 줄지어 선 유권자들.

율적이지 못했다. 번벌 정치가들의 호쾌한(?) 정책 결정에 익숙한 일본인들에게, 지루한 협상과 주고받기식 거래를 하는 정치과정은 지리멸렬해 보였다. 때마침 등장한 나치의 히틀러와 소련의 스탈린식 정치가 매력적으로 보이기 시작했다.

이 틈을 파고든 것이 군부였고, 1931년 9월에 발생한 만주사변은 그 계기였다. 이때부터 주요 정치가에 대한 암살과 군부 쿠데타가 빈발했다. 급기야 1932년 5월에는 해군 장교들이 정당정치의 거물이었던 이누카이 쓰요시犬養毅 총리대신을 암살했다. 총리대신 임명권을 갖고 있던 천황은 정당 정권을 포기하고, 해군 대장이자 조선 총독을 두 번 역임한 사이토 마코토齋藤實를 내각 총리대신으로 임명했다. 정당내각제는 종언을 고했다.

그러나 이때부터 군부가 일방적으로 정치를 좌지우지한 것은 아니었다. 비록 정당은 직접 총리대신을 배출하지는 못했지만, 여전히 의회를 거점으로 영향력을 유지했다. 1940년 10월 나치당을 모델로 삼은 대정익찬회大政翼贊會가 만들어져, 정당은 해산되었다. 그러나 이런 군국주의 체제에서도 의회는 폐지되지 않았고, 의원은 여전히 정당 출신이 다수였다. 많은 의원들은 군부독재에 협조했지만, 개중에는 음으로 양으로 저항을 계속하는 사람들도 있었다. 이들은 국제 정세를 예의주시하면서 군부독재의 몰락을 기다렸다. 미군의 점령 후 일본이 신속히 의회민주주의를 부활시킬 수 있었던 것은 이들의 힘이었다.

나는 이쯤에서 한국의 민주주의를 생각한다. 1987년 이후 정당·의회 중심의 정치가 38년째다. 국회의원의 힘은 날로 세지는 데, 그들을 존경하거나 좋아하는 시민은 찾아보기 힘들다. 신뢰도 역시 늘 바닥이다. 주변에 누가 정당원이라고 하면 도통 멋있어 보이질 않는다. 이러니 국회가 결정한 중요 사안을 민의기관이라고 할 수 없는 헌법재판소가 뒤집어도 국민 누구도 이런 제도에 의문을 표하지 않는다. 이 나라의 최종 결정권자는 헌재가 된 지 오래다. 한국 시민들에게 정당정치는 정말 울며 겨자 먹기인 것으로 보인다. 정낭과 국회에 내한 극도의 불신이 나는 불안하다. 혹시 어떤 선동가가 이를 대신할 그럴싸한 비전을 들고 나와 한국 민주주의를 한 세기 전 다이쇼 데모크라시처럼 망가뜨리지는 않을까, 걱정한다면 기우일까.

8장

일본 군부의 대두와 군국주의

테러가 만든 역사

2022년 아베 전 총리가 피살당하자 그의 지인은 "억울해서 눈물이 날 지경이지만 다다미가 아닌 정치 연설 현장에서 최후를 맞은 게 '뼛속까지 정치인'인 아베다운 죽음이었는지 모른다"라고 말했다고 한다(《중앙일보》, 2022년 7월 11일자). 이토 히로부미가 1909년 하얼빈역에서 안중근에게 사살되었을 때, 그의 라이벌이었던 오쿠마 시게노부大隈重信는 얼마나 멋진 죽음이냐며 자신은 다다미 위에서 죽을까 걱정이라고 말했단다. 일본에서는 총 쏘는 사람도, 총 맞는 사람도 '가오'가 중요하다.

1930년 다이쇼 데모크라시의 절정기에 총리대신 하마구치 오사치濱口雄幸가 도쿄역에서 총격을 받았다(10개월 후에 사망했다). 범인은 우익 청년이었다. 하마구치 내각이 런던의 해군군축회담에서 미국 및 영국의 우위를 인정하는 조약을 체결한 직후였다. 군부와 우파는 이를 통수권 침범이라고 공격했다. 대일본제국 헌법에 따르면 국군통수권은 천황에게 있는데, 정부가 천황의 의사와 상관없이 멋대로 병력에 관한 문제를 결정했다는 것이다. 당시 히로히토 천황도 이 조약을 지지했고, 외국과의 조약은 군부가 아닌 정부의 소관이므로 말이 안 되는 주장이었다. 하지만 이후 다이쇼 데모크라시 체제에서 정착된 정당내각을 폭력으로 타도하려는 움직임이 꿈틀거리기 시작했다.

이쯤에서 일본의 테러 역사를 살펴보자. 1853년 미국 동인도함대 사령관 페리가 개항을 요구하자 일본 사회에는 위기감이 고조되었다. 특히 그동안 정치 참여의 기회를 얻지 못하던 하급 사무라이들이 위기를 과장·선동하며 정치개혁을 부르짖었다. 그것이 막히자 테러가 빈발하기 시작했다. 일본사에서 막말유신기幕末維新期(1850년대~1870년대)라고 부르는 이 시기에 막부 다이로(총리) 이이 나오스케, 저명한 양학자 사쿠마 쇼잔, 사쓰마-조슈 맹약을 성사시킨 사카모토 료마 등 수많은 사람이 암살되었다. 정쟁의 중심이었던 교토는 테러리스트들의 천국이었다. 메이지 정부 수립 후에도 개화정책을 주장하던 요코이 쇼난橫井小楠, 징병제를 도입한 오무라 마스지로가 비명횡사했고, 급기야 1878년에는 당시 최고 권력자이던 오쿠보 도시미치가 마차로 출근하던 중 암살되는 사건이 벌어졌다.

1880년대 들어 정치가 어느 정도 안정되면서 테러의 기세도 수그러들었지만, 아주 없어지지는 않았다. 첫머리에 언급한 오쿠마 시게노부(당시 외무대신)는 서양과 조약 개정 교섭을 벌이던 중 습격을 받아 한쪽 다리를 잃었다. '멋지게 죽을 기회'였지만 살아남아 총리대신을 두 번 역임하고, 와세다대학을 설립하고

84세까지 살다가 '다다미 위에서' 죽었다.

　외국 요인도 테러의 대상이 되었다. 1891년 일본을 친선 방문 중이던 러시아 황태자 니콜라이 2세는 칼을 맞았고(오쓰大津 사건), 청일전쟁 후 시모노세키 조약을 맺으러 일본에 왔던 청나라의 이홍장도 테러를 당했다. 둘 다 목숨은 부지했으나 중상을 입었고, 일본 정부는 그 뒷수습에 쩔쩔맸다.

　면면히 이어지던 '테러의 전통'은 1930년대 들어 '꽃을 피웠다.' 경제 대공황과 만주사변으로 정치·외교·경제가 동시에 불안정해지자, 다이쇼 데모크라시 체제에 대한 신뢰가 급격히 떨어졌고, 군부와 우익세력이 활개를 치기 시작했다. 1931년 10월 육군 장교들의 쿠데타 모의가 발각되더니(10월 사건), 우익단체 혈맹단은 1932년 2월에 일본은행 총재를 역임했고 당시 대장대신(재무장관)이던 이노우에 준노스케井上準之助를, 3월에는 미쓰이 재벌 총수 단 다쿠마團琢磨를 총으로 쏴 죽였다.

　이윽고 5월에 해군 장교들이 이누카이 쓰요시 총리대신의 관저에 난입했다. 당시 미국의 유명배우 찰리 채플린이 일본을 방문하고 있었다. 이날 채플린을 면담하기로 했으나 일정이 변경되는 바람에 총리대신은 관저에서 휴식을 취하고 있었다. 77세의 연로한 총리대신은 난입한 젊은 장교들에게 총은 언제라도 쏠 수 있으니 일단 자기 말을 들어보라고 했다. 그러나 군인 중 한 명이 "문답무용問答無用! 쏴라!" 하고 소리치자 총탄이 쏟아졌다. 의식이 남아 있던 총리대신은 "젊은이들을 불러오게, 할 말이 있네", "아홉 발이나 쐈는데 세 발밖에 맞지 않았으니 병사들 훈련이 엉망

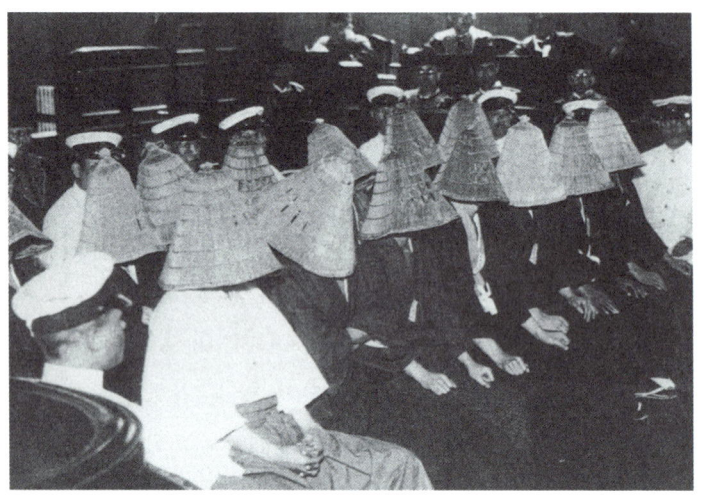

1. 재판을 받는 혈맹단원들. 19세기 중반 이후 빈번해진 일본의 정치 테러는 1930년대 정치·경제의 혼란상을 틈타 극심해졌다. 극우 장교들이 주축이 된 혈맹단은 정재계 주요 인사들의 암살을 시도했다. 일부 해군 장교들은 1932년 5월엔 총리 관저에 난입해 이누카이 쓰요시 총리대신을 살해했다.
2. 이누카이 쓰요시 총리대신.

이군"이라고 말했다고 한다. 이누카이 암살을 계기로 정당내각 시대는 막을 내렸고, 이후 1945년 패전 때까지 다수당의 총재 대신 군인·귀족 등이 총리대신에 임명되었다.

일본 정치 테러의 특징은 테러범을 흉악범이라기보다는 '지사志士'로 대접하는 분위기가 강하다는 것이다. 테러범 스스로도 자신의 행위를 '참간斬奸'(간신을 벤다), '천주天誅'(하늘의 벌)라고 주장했다. 기성세력은 테러에 단호히 대응하기보다는 꼬리를 내리고 전전긍긍했다. 주동자에 대한 처벌도 비교적 가벼웠다. 이렇게 되다 보니 젊은이들의 영웅 심리는 더욱 고조되고, 테러는 정당하며 심지어 '아름다운 것'이라는 인식이 퍼졌다. 미시마 유키오의 소설《우국憂國》은 바로 그 테러, 쿠데타, 할복의 '미학'을 다뤘다.

테러에 대한 타협과 미화는 결국 '대형 사고'로 이어졌다. 1936년 2월 26일 도쿄에 주둔하던 청년 장교 1000여 명이 총리대신 관저, 경시청, 주요 신문사 등을 습격했다. 테러를 겸한 쿠데타였다. 총리대신과 조선 총독을 역임한 사이토 마코토, 대장대신 다카하시 고레키요高橋是淸 등이 살해되었다. 쿠데타는 진압되었지만, 기성 정치세력에 염증을 느낀 많은 국민은 청년 장교들에게 동정과 지지를 보냈고, 이런 분위기 속에서 일본의 군국주의화는 한층 진행되었다.

몇 년 전 아베 전 총리의 피살에 일본뿐 아니라 전 세계가 큰 충격을 받았다. 범인이 해상자위대원 출신이라 순간 전형적인 우익 테러라고 생각했으나, 불행 중 다행(?)으로 정치적 동기는 아니었던 것으로 드러났다. 이 사람을 '지사'로 미화하고 싶은 사람도 있었겠지만, 오히려 아베에 대한 동정과 지지가 일본을 뒤덮었다. 그러나 이 사건의 배경을 깊숙이 파고들어가다 보면, 일본 사회 저변에 깔려 있는 정치적 좌절감, 사회적 불만을 만날지도 모른다.

중국 늪에 빠져가는 일본

'대일본제국'은 중국 정책의 실패로 공중분해된 측면이 있다. 러일전쟁 후에 체결한 포츠머스 조약으로 일본은 한국 지배를 확정지었을 뿐 아니라, 만주에 교두보를 확보했다. 랴오둥반도 할양과 남만주철도 지배권이다. 애초에 러일전쟁은 한국 지배를 노린 전쟁이었는데, 뜻하지 않게 남만주 전역에 대한 지배의 가능성이 열린 것이다. 제국주의가 난무하는 시대에, 국력을 냉철하게 인식하고 팽창을 자제할 수 있을까. 아마 그랬다면 그 후 반세기 동안 벌어진 비극은 없었을 것이다.

일본과 중국은 참으로 기묘한 관계다. 이웃 나라이면서도 역사상 외교관계를 거의 맺지 않았다. 견수사, 견당사를 파견해 간헐적으로 교류했던 고대는 차치하고, 그 후 무려 1000년 동안 국교를 맺은 기간은 150년 정도밖에 안 된다. 15세기 초에서 16세기 중엽까지 일본의 무로마치 막부가 명에 조공사절단을 보내고 황제로부터 '일본 국왕'으로 책봉된 것이 그것이다. 그 후 임진왜란 때 강화협상을 위해 몇 차례 대면했을 뿐, 도쿠가와 시대에도 사절단의 교환은 전무했다. 조선이 수시로 베이징에 사절을 보내고, 일본에도 열두 차례 통신사를 보낸 것과는 대조적이다. 양국이 국교를 튼 건 1871년 청일수호조규 체결을 통해서다. 그러나 그 관계도 얼마 안 가 청일전쟁으로 틀어지고 말았다. 양국의 관계가 회복된 것은 1970년대 중일 국교정상화 이후라고 해도 과언이 아니다. 두 나라 정부의 교제는 그 역사가 매우 일천하다.

그래서인지 일본인의 중국 인식에는 묘한 구석이 있다. 도쿠가와 시대 내내 중국 문물은 대량 유입되었는데, 일본인들은 그것을 숭배하면서도 다른 한편으로는 '중국'(중심왕조)이 아닌 '지나支那'라고 불러야 한다면서 자기들끼리 논전을 벌였다. 군사학자인 하야시 시헤이林子平는 강희제를 거론하며 청의 무위를 찬양한 뒤, 그런 청이 서양의 무기와 전법을 익히게 되면 일본이 위험해진다고 경고했다. 아직 중국의 실력을 인정하고 있었던 것이다. 그러나 아편전쟁에서 영국에 참패했다는 소식에 중국을 멸시하기 시작했다. 멸시하고 싶은 마음이 굴뚝같았는데 좋은 구실이 생긴 것이다.

일본은 한 번도 외세의 침입을 받은 적이 없는데 중국은 걸핏하면 북쪽 오랑캐(유목민족)에 굴복하는 나라였고, 일본은 만세일계의 천황만을 모시는 지조 있는 나라인데, 중국은 유방劉邦, 주원장朱元璋처럼 틈만 나면 임금에 반역해 역성혁명을 하는 나라였다. 그런데도 주제 파악을 못하고 중화中華 운운하며 자기 망상에 빠진 나라라고 흉보았다. 일본이 근대화에 성공하고 나서는 더러운 민족, 게으른 사람들, 애국심 없는 국민 등의 비난이 추가되었다.

그래도 메이지 정부의 중국에 대한 정책은 신중했다. 임오군란과 갑신정변으로 서울에 청나라 군대가 출동해도 일본군은 감히 움직이지 못했다. 아직 겁이 난 것이다. 그러나 동학 농민 봉기로 다시 청의 군대가 파견되자 마침내 대규모 군대를 파병해 청군을 이겨버렸다. 오랫동안 중국 콤플렉스에 시달리던 일본인들에게 이만한 쾌거가 없었다.

근대 사상의 거두 후쿠자와 유키치福澤諭吉는 "실로 이번 전쟁은 일대쾌사一大快事다. 오래 살고 보니 이런 활극을 볼 수 있구나. 나는 나라를 세우는 기초는 단지 서양의 문명에 있을 뿐이라고 오랫동안 떠들어왔지만 (…) 도저히 생애 중에 실현할 수는 없을 거라고 여겼는데, 어찌 생각이나 했겠는가. 지금 눈앞에서 이런 엄청난 일을 보다니. 지금은 이웃의 지나와 조선도 우리 문명 중에 포섭되려 하고 있다. 필생의 유쾌, 실로 바라지도 못한 일이다"라며 감격해했다.

그래도 아직 중국의 실력을 기대했던 사람들에게 1911년의 신해혁명은 '나루호도!'(역시)였다. 일본이 이루지 못한 공화국 건설을 일거에 해내는 것을 보고 일부 지식인은 흥분했고, 개중에는 중국으로 건너가 혁명대열에 뛰어드는 사람도 있었다. 그러나 혁명 이후 군벌이 난립하고 부패가 극에 달하자 중국에 대한 태도는 점점 침략적으로 변해갔다. 더 이상 중국인은 없고 '시나진支那人'과 '짱코로チャンコロ'(중국인을 멸시하는 호칭)로만 남았다.

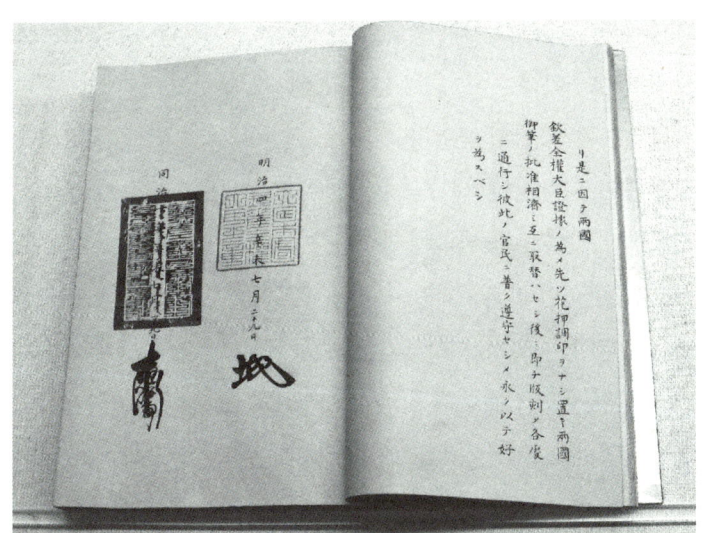

중국과 일본은 1871년에야 청일수호조규를 체결하며 국교를 수립했다.
양국 국새와 대사의 서명이 담긴 조약문.

중국인에 대한 멸시와 중국의 실력에 대한 경시는 중국 정책의 오판을 불러왔다. 일본 군부가 보기에 '흩어진 모래알散沙' 같은 중국 정도는 간단히 제압할 수 있을 듯했다. 말도 안 되는 자작극으로 만주를 탈취하더니, 국제 사회의 우려에도 불구하고 중일전쟁을 일으켰다. 1937년 6월 베이징 근교 루거우차오蘆溝橋 부근에서 훈련 중이던 일본군과 중국군이 우발적으로 충돌했다. 중국은 물론 일본 정부도 확전을 금지하고 서둘러 정전협정을 체결했다. 그러나 얼마 후 상하이와 화베이에서 대규모 전투가 벌어지면서 전면전쟁이 되었다. 전쟁 결과를 우려하는 히로히토에게 일본군 사령관은 '단기 내 승리'를 약속했다. 아닌 게 아니라 일본군은 그해 12월에 중화민국 수도 난징을 함락시키며 기염을 토했다. 승리감에 취했는지 난징 대학살도 벌였다. 수도를 점령하고 겁을 주면 중국이 손들 줄 알았다.

그런데 어리숙한 줄 알았던 중국인들이 일본의 도발에 단결하기 시작했다. 일본은 흩어진 모래알 같은 중국인들에게 '내셔널리즘'을 선물했다. 장제스는 여기에 재빨리 올라탔다. 독일의 무기와 군사 지도로 단련된 중국군은 완강히 저항했다. 장제스는 정부를 양쯔강 중류의 우한으로 옮겼다. 이곳마저 점령당하자 내지 깊숙이 충칭으로 옮겨 항전을 계속했다. 윈스턴 처칠의 런던만 공습당한 게 아니다. 충칭도 일본 전투기의 공습을 처절하게 견뎌냈다.

아무리 쥐어짜내도 일본은 중국을 완전히 장악할 수 없었다. 땅은 너무 넓고 사람은 너무 많았다. 식민지 조선에서 밥그릇까

1937년 12월 13일 일본군이 당시 중국 수도 난징으로 입성하는 모습. 일본은 승리를 확신했던 중일전쟁에서 패배하며 망국의 길을 걷게 된다.

지 공출하고 조선인을 병사로 동원해도 밑 빠진 독에 물 붓기였다. 진흙탕에 빠져 이러지도 저러지도 못하는 신세가 되었다. 어느 나라나 혼미할 때가 있고 약해 보일 때가 있다. 금방 제압할 수 있을 것 같은 유혹을 느끼게 된다. 그러나 베트남, 이라크, 아프가니스탄을 보라. 초강대국 미국과 소련도 허우적대다 간신히 빠져나왔다. 푸틴도 이 예에서 벗어나지 못할 것이다. 게다가 당시 일본의 상대는 중국이었다. 1941년 일본군은 미국과 동남아시아에까지 전선을 확대했지만 중국의 반격이 두려워 중국 주둔군을 빼내지 못했다. 대일본제국은 중국이라는 거대한 늪에 빠져 익사한 것이다.

만주사변

일본의 중국 침략은 만주에서 시작되었다. 1910년 일본이 한국을 병합했을 때, 서양 열강은 아무도 반대하지 않았다. 한국인은 3·1운동을 일으키며 일본 제국주의에 저항했지만, 고독했다. 그러나 1931년에 일본이 만주사변을 일으키자 서양 열강은 아무도 이를 인정해주지 않았다. 중국은 탐욕스러운 서양 열강조차도 감히 혼자 먹을 엄두를 내지 못했던 황금어장이었다. 그런데 그 일부인 만주를 일본이 독차지하겠다고 나선 것이다. 일본이 무리수를 두기를 바라고 있던 한국의 전략가들은 '드디어 때가 오나?' 하고 사태를 주시했다. 1933년 대한민국 임시정부는 특명전권 수

석대표 이승만을 만주사변을 다루고 있던 제네바의 국제연맹에 파견했다.

당시 만주는 중화민국의 통치가 미치지 못하고, 군벌 장쭤린張作林·장쉐량張學良 부자가 지배하고 있었다. 일본 정부는 현상유지를 원했으나, 다롄에 주둔하던 관동군은 만족하지 않았다. 그들은 만주를 러일전쟁에서 획득한 전리품 정도로 여겼다. 장씨 군벌과 관동군의 갈등이 심해지자, 관동군은 1928년 장쭤린이 타고 있던 기차가 지나가는 철로를 폭파해 그를 죽여버렸다. 아들 장쉐량이 일본에 적대적으로 돌아선 것은 말할 필요가 없다. 히로히토 천황이 이 사건을 문제 삼아 다나카 기이치田中義一 총리대신을 사실상 경질한 데서 알 수 있듯이, 도쿄 정부는 관동군의 폭주를 못마땅하게 생각했다.

그러나 관동군 참모들의 욕망은 이미 정부의 손아귀를 벗어나 넘실대고 있었다. 1931년 9월 18일 선양 부근 류탸오후柳條湖에서 철로가 폭파되었다. 일본이 러일전쟁에서 획득한 남만주철도 선로였다. 관동군의 자작극이었지만, 이를 중국의 소행으로 몰아붙여 만주 전역에 병력을 진주시켰다. 관동군은 1만 4000명, 장쉐량의 병력은 19만 명이었으나, 외교적으로 문제를 해결하는 것이 유리하다고 판단한 장쉐량은 휘하 병력에 저항하지 말라고 명령했고, 관동군은 삽시간에 만주를 장악했다.

세계 각국 정부는 경악했다. 즉각 국제연맹이 소집되고 일본군의 자제를 촉구하며 진상조사단을 꾸렸다. 국제 사회의 압력을 피하고자 관동군은 '민족자결' 원칙을 내세웠다. 사변 발발 직

1. 중국 남만주철도에서 군사 행동을 펼치고 있는 일본 관동군. 관동군은 1931년 9월 18일 선양 부근 류타오후에서 철로를 폭파한 뒤 이를 중국 소행으로 몰아붙이며 만주 전역에 병력을 진주시켰다.
2. 관동군이 류타오후에서 '철로 폭파 자작극'을 벌인 장소. 이 사건을 빌미로 일본은 만주사변을 일으켰다.

후 펑톈 자치유지회라는 단체가 독립을 선언했다. 관동군은 만주인들이 스스로 중국으로부터 벗어나고 싶어 한다고 주장했으나, 이 독립선언 자체가 그들의 작품이었다. 관동군은 남만주와 내몽골의 동부 지역을 '만몽滿蒙'이라 부르며 일본의 세력권으로 만들 생각이었다. 민족자결 운운은 그야말로 궤변이었다. 자유주의 지식인 요시노 사쿠조吉野作造는 이런 행태를 보고는 "일본의 군인은 마치 의화단 같구나"라고 한탄했다(가토 요코,《만주사변에서 중일전쟁으로》).

도쿄 정부도 경악했다. 정부 역시 만주와 몽골은 전쟁을 통해 획득한 만큼 서양 국가들과는 다른 특수한 권리, 이른바 만몽특수권익滿蒙特殊權益이 일본에 있다고 암암리에 생각하고 있었지만, 국제 사회와 충돌할 것을 우려해 신중한 태도로 일관해왔었다. 천황 주변, 금융자본가, 해군의 조약파(평화파), 중국 거래 무역업자 등 정부를 지지하는 세력도 만만치 않았다. 그런데 정부와 협의도 없이 관동군이 대형 사고를 친 것이다. 게다가 조선에 주둔 중인 일본군은 군 통수권자인 천황의 명령도 없이, 정부에 통고도 하지 않고 압록강을 건너 만주에 진주했다. 더 놀라운 것은 관동군의 폭주에 대해 정부는 아무런 손도 못 쓰고 추인해버렸다는 사실이다. 6년 후 중일전쟁의 발발 역시 현지 일본군의 도발에 도쿄 정부가 끌려가는 형태였다. 무책임의 극치다.

중국의 실력자 장제스가 취약한 권력기반과 공산당과의 내전 때문에 적극적으로 저항하지 못하는 사이, 관동군은 공업 도시 진저우를 폭격하고, 하얼빈을 장악한 후 1932년 3월에 청나라의 마지막 황제 푸이溥儀를 옹립해 만주국을 세웠다. 국제연맹은 만주사변의 진상을 조사한 리튼 보고서를 채택해 일본군의 철수를 요청했으나, 일본군은 오히려 청더를 침략하며 국제연맹의 경고를 보란 듯이 무시했다. 그러고는 1933년 3월에 국제연맹을 탈퇴했다.

만주사변을 계기로 일본 사회는 크게 변화했다. 군인들의 용맹한(?) 도전에 여론은 지지를 보냈다. 러일전쟁 때도 그랬지만 일본 국민은 대외팽창 노선에 비판적이지 않았다. 1차 세계대전 후 영국 및 미국과의 협조주의를 천명한 워싱턴 체제에 대한 군부의 반감이 점점 국민 속으로 확산되어갔다. 반면 다이쇼 데모크라시 체제의 민주정부는 군부의 도발에 단호한 태도를 보여주지 못하고 질질 끌려다녔다. 군부에 대해 비판적인 국민도 유약한 정부에 등을 돌릴 수밖에 없었다. 이런 분위기를 타고 앞에서 살펴본 테러와 쿠데타가 빈발하기 시작했다. 이렇게 되자 정치인과 지식인들은 더욱 입바른 소리를 내길 꺼려했다. 가장 큰 변화는 전쟁뿐 아니라 정치에 대해서도 군부의 입김이 엄청나게 커졌다는 사실이다. 다이쇼 데모크라시의 주역이라 할 정당, 특히 정우회는 거침없이 군부에 영합했다. 이제 군부의 의중에 역행하는 정책을 추진하기는 어려운 상황에 빠지고 말았다.

국제연맹에서 탈퇴함으로써 일본은 고립을 자초했다. 조금 손해를 보는 한이 있더라도 영국 및 미국과의 협조를 중시하라는 메이지 원로들, 특히 이토 히로부미의 충고를 그 후배들은 더 이상 귀담아듣지 않았다. 만주를 삼키니 몽골이 필요해졌고, 몽골

1932년 만주사변을 다루는 국제연맹 회의 장면. 국제연맹이 일본의 만주 철수를 촉구하자 일본은 이에 반발해 1933년 3월 국제연맹에서 탈퇴했다. 이를 계기로 대륙 침략을 지지하는 관제 행사가 일본 전역에서 이어졌다.

을 손에 넣자 중국 본토가 탐났다. 일본 국력의 한계와 국제 정세에 대한 냉정한 평가는 이들의 머릿속에 없었다. 그것을 꿰뚫어 보고 있던 일본의 전략가들은 입을 다물었다.

관동군의 참모들이 전략가연하고 으스대며 만주 벌판을 휘젓고 다니는 사이, 한국의 이승만과 중국의 쑨커孫科는 이 얼치기들의 전쟁놀이를 쓴웃음 지으며 주시하고 있었다. 중국의 입법원장 쑨커는 스탈린이 추진하는 경제개발 5개년 계획이 완성되고, 미국이 해군을 보강하면 일본은 열세에 빠지기 때문에 3~5년 이내에 미국·소련과 전쟁을 하지 않을 수 없을 것이고, 그때 중국에 기회가 올 것이라고 내다봤다. 미국과 유럽에서 종횡무진 활동하던 전략가 이승만도 같은 생각이었다. 시기는 쑨커의 예상보다 늦어졌지만, 일본은 결국 미국·소련 등의 연합국과 개전하는 최악의 선택을 했다. 그리고 한국과 중국은 오랫동안 기다리던 기회를 잡았다.

중일전쟁으로

전쟁의 시대가 다시 오는가? 요즘 자꾸 드는 생각이다. 1990년대 사회주의 국가들이 무너지자, 세상은 자유민주주의의 승리를 선언했다. 이제 인류의 이성으로 전쟁 발발을 억제할 수 있을 것이라는 낙관이 생겨났다. 그러나 그로부터 불과 35년이 지난 지금, 오히려 냉전시대가 더 안전하지 않았나 하는 견해마저 생겨나고 있다. 'cold war'가 아니라 'cold peace'의 시대였다는 얘기다. 이 불안의 한복판에 하필 한국과 타이완이 있다.

많은 한국 시민들은 '설마' 할 것이다. 이 대명천지에 설마 우리에게 전쟁이 닥칠까? 그러나 우리가 당연히 여기는 이 대명천지는 지난 30~40년 만의 특수한 시대로 역사에 기록될지도 모른다. 지금 강남 거리를 활보하고 있는 젊은이들이 방공호에 들어갈 날을 상상하기란 쉽지 않다. 백화점에서 쇼핑을 즐기고 있는 소비자들이 자신의 생애에 배급제를 경험할지도 모른다고 하면 상대해주지 않을 것이다. 100년 전 다이쇼 데모크라시(1905~1931)를 만끽하던 일본인들이 상상할 수 없었던 것처럼. 그러나 자유와 소비를 만끽하던 일본인들은 만주사변(1931)이 시작된 지 불과 10여 년 만에 방공호와 배급제에 의지하는 신세가 됐다.

1930년대 중반의 세계는 장차 누가 패권국이 될지 가늠하기 어려웠다. 미국은 아직 태평양을 제패할 만한 해군력을 갖추지 못했고, 소련은 스탈린의 2차 5개년 계획이 진행 중이었다. 일본 군부는 시간이 지날수록 두 강대국의 국력을 따라갈 수 없을 것으로 보고 하루빨리 결판을 내야 한다고 생각했다. 지금의 미-중 대립도 일각에서는 시간은 중국 편이 아니라는 중국 지도부의 판단이 영향을 미치고 있다고 보기도 한다.

만주사변 후 중국 내지로 점점 압박해오는 일본에 대해 당대의 지식인 후스胡適는 놀라운 구상을 피력한다. 즉 중국이 일본을 이겨내려면 미국과 소련의 참전을 이끌어내야 한다. 그러기 위해서 중국은 일본과의 전쟁을 두려워하지 말고 2~3년 동안 계속 패배하면서 버텨야 한다. 큰 희생이 불가피하겠지만 중국이 버티면 미국과 소련은 결국 일본에 대한 전쟁을 개시할 것이다. 후스는 "일본은 지금 할복의 길로 가고 있다. 이를 중국이 도와주자"라는 무시무시한 말로 자신의 견해를 정리했다(가토 요코, 《그럼에도 일본은 전쟁을 선택했다》).

할복은 혼자 해내기 힘들다. 대부분 중도에서 기력이 다해 죽음을 '완수'하지 못하고 끔찍한 고통에 헐떡거린다. 그래서 보통 가이샤쿠介錯라는 일종의 '할복 도우미'가 옆에 서 있다가, 당사자가 배를 찌르는 순간 목을 쳐준다. 후스는 일본이 멍청하게도 할복의 길로 접어들려고 하니, 중국이 가이샤쿠가 되어주자고 한 것이다. 대단한 기백과 각오다.

일본 군부가 몇 달이면 끝난다고 호언했던 중일전쟁은 진흙탕 싸움이 되어갔다. 때리고 또 때려도 중국인들은 굴복하지 않았다. 때리는 손이 아파오기 시작했다. 지금의 우크라이나처럼 스스로 지킬 각오를 하지 않는다면, 그런 국가를 도와줄 사람은 아무도 없다. 중국의 결사항전 의지를 확인한 국제 사회도 지원을 시작했다. 소련은 1000대에 가까운 전투기와 소련인 조종사를 보냈고, 미국은 거액의 차관을 제공했다. 1939년 7월에는 미일통상항해조약 폐기를 통고해 일본을 압박했다. 1941년 3월에는 무기대여법을 제정해 아예 중국에 무상으로 무기를 제공하기 시작했다. 영국은 베트남 북부와 홍콩을 통해 중국에 물자를 공급했다. 이른바 장제스를 지원한다는 뜻의 '원장援蔣 루트다.

이런 난국을 타개하고 중일전쟁을 빨리 끝낸다는 목적으로 일본군은 프랑스가 지배하고 있던 인도차이나반도를 침략했다. 그곳에 있는 풍부한 지하자원을 확보하기 위해서였다. 당시 프랑스 본국은 이미 히틀러에 점령당한 상태였기에 인도차이나는 무주공산이었다. 싱가포르와 필리핀을 지배하고 있던 영국과 미국은 이제 일본을 용납하기가 더욱 힘들어졌다. 양측의 대립은 한층 심각해졌고, 일본은 1941년 12월 7일 진주만을 기습 공격해 마침내 미국과 전면전에 들어갔다.

일본은 왜 이리 무모한 전쟁을 멈추지 못했을까. 여기에 대해서는 많은 연구가 있지만 '돈'에 주목한 연구도 있다. 전쟁이 터지면 특별회계로 임시군사비를 편성하는데 이 예산은 군사기밀이라 의회도 대장성大藏省도 제대로 들여다보지 못한다. 임시군사비를 포함한 직접 군사비는 1931년에 4억 6000만 엔 정도였지만, 1940년에는 약 80억 엔으로 급증했다. 이 막대한 돈이 의회는커녕 정부의 통제도 없이 군부의 손아귀에 들어간 것이다. 그런데 이 돈이 엉뚱한 데 쓰였다. 중일전쟁 발발 후 임시군사비가 편성되었는데, 군부는 이 돈을 중국과의 전쟁 수행에만 쓴 게 아니라, 아무도 승인하지 않은 미국 및 소련과의 전쟁을 준비하는 데 빼돌렸다. 그 결과 태평양전쟁 발발 당시 태평양에서 일본의 해군 전력은 미국을 능가한 상태였다. 이러니 전쟁 욕심이 나지 않을 리 없었다.

분파주의도 원인의 하나였다. 미국을 부담스러워했던 일본 해군은 원래 미국과 전쟁을 시작하는 데 소극적이었다. 독일·이탈리아와의 삼국동맹은 자연히 영국 및 미국과의 대립을 촉진할 것이기에, 애초에 해군은 전쟁에 반대했다. 그러나 막상 독일이 동맹 체결을 제의하자 찬성으로 돌아섰다. 이와 관련해 한 해군 제독은 대미관계의 악화가 예상되면 해군 군비 예산이 늘어날 것을 기대했다고 토로했다. 실제로 1939년 육군의 3분의 1에도 미치지 못하던 해군의 임시군사비는 1941년에 육군의 절반 수준으로 팽창했다. 나라의 운명보다도 자기 조직의 이익을 우선시하는 태도가 어처구니없는 개전 결정으로 이어진 것이다(요시다 유타카, 《아시아·태평양전쟁》).

어떤 사회 체제가 한 세대 정도 유지되면 사람들은 그게 영원할 줄 안다. 하지만 종전 후 한 세대 만에 미국과 베트남이 사이좋게 중국을 압박하는 모습을 과연 몇 명이나 예견할 수 있었을까. 그러니 우리는 우리에게 익숙한 세상이 결코 지속적인 것이 아니라 시작된 지 얼마 안 됐고, 바로 앞에 낭떠러지나 갈림길이 있을지 모른다는, 역사에 대한 '예민한 감수성'을 키울 필요가 있다. 전쟁 발발에 대한 감각도 마찬가지다.

태평양전쟁으로

1941년 12월 7일 아침 일본 연합 함대가 진주만을 기습했다. 선전포고도 없이 휴일을 틈탄 공격이었다. 작전은 대성공이었지만 그 비열함에 분노한 미국인들은 일치단결해 전쟁에 뛰어들었다.

1. 태평양전쟁의 시발점이 된 하와이 진주만 공격 당일인 1941년 12월 7일 아침, 항공모함 쇼카쿠(추정)에서 이륙을 준비하고 있는 일본의 전투기와 급강하 폭격기들.
2. 일본의 진주만 공습으로 3만 1800톤급 미 구축함 웨스트버지니아를 비롯한 여러 척의 배가 파괴됐다. 막대한 피해를 입은 미국은 일본과 태평양전쟁을 시작했다.

태평양전쟁 당시 일본 해군의 순양 전함인 하루나. 전장이 222미터에 달해 군사비가 해군에 집중 투입된 상황을 보여준다.

일찍이 미국과 일본의 충돌을 애타게 바랐던 이승만은 1942년 6월부터 몇 차례에 걸쳐 〈미국의 소리Voice of America〉 단파방송으로 조선인들을 격동시켰다. 이 연설은 인터넷에서 쉽게 접할 수 있으니 독자들도 꼭 들어보길 바란다. 일본에 처절하게 맞서온 중국도 환호성을 질렀다. 후스의 말대로 일본이 마침내 '할복'을 시작한 것이다.

1940년 미국은 태평양 함대를 본토 샌니에이고에서 하와이 진주만으로 옮겼다. 이로써 일본이 자원의 보고인 동남아시아를 침략할 때, 병참선을 끊을 수 있게 되었다. 이제 일본은 동남아시아를 침략하려면 진주만을 동시에 공격해야 하는 입장에 처했다. 진주만 기지를 무력화한 일본은 프랑스령 인도차이나에 이어 미국령인 필리핀과 영국령인 말레이반도와 싱가포르를 점령했다. 상상하지도 못한 전과에 일본 전체가 흥분했다. 서양에 대한 오랜 피해의식에 찌든 일본인에게 이 초기의 성공은 마약과도 같았다. 멀쩡하던 문인들도 전쟁 찬양에 나섰고, 식민지 조선의 일부 유명 문인들도 이에 동조했다.

그러나 이승만의 생각은 달랐다. 그는 후스와 마찬가지로 일본이 자멸의 길로 들어섰다고 판단했다. "나는 이승만입니다"로 시작하는 단파방송은 구한말 만민공동회 시절부터 명연설로 유명했던 그답게 조선인들의 가슴을 울렸다. '생명의 소식', '불벼락' 등 기독교 냄새가 나는 용어와, 마치 부흥회 목사의 설교를 연상시키는 리드미컬한 웅변은 지금 들어도 매우 선동적이다. 오랫동안 대일 무력투쟁 시기에 시기상조론과 무용론을 견지했던 이승만은 이 연설에서 전 조선인의 무력투쟁을 촉구했다.

"우리 내지와 일본과 만주와 중국과 시베리아 각처에 있는 동포들은 각각 행할 직책이 있으니, 왜적의 군기창은 낱낱이 타파하시오. 왜적의 철로는 일일이 타상打傷하시오. 적병의 지날 길은 처처에 끊어버리시오. 언제든지 어디서든지 할 수 있는 경우에는 왜적을 없이해야만 될 것입니다."

폭포와 같이 쏟아지는 그의 연설은 "분투하라! 싸워라! 우리가 피를 흘려야 자손만대의 자유 기초를 회복할 것입니다"라며 끝을 맺었다. 이 단파방송 연설은 적지 않은 파장을 일으켰고, 조선인들 사이에서 이승만의 권위와 지명도가 확립되는 계기가 되었다(정병준,《우남 이승만 연구》).

일본은 연일 승전보를 울리며 축하파티에 취했지만, 미국은 일본이 생각한 것보다 훨씬 강했다. 기술과 자원, 그리고 국민의 자발적 전쟁 지지에서 일본을 압도했다. 시간이 지날수록 양국의 생산력과 사기의 격차는 더 벌어졌다. 진주만 공격 반년 만에 일본은 미드웨이 해전에서 항공모함 네 척을 잃고 대패했다. 사실상 전세는 기울었고 패전은 시간문제였다. 이 와중에도 일본의 육군과 해군은 작전이나 비행기 생산 계획, 자원 분배 등의 문제를 놓고 다투었다(마리우스 B. 잰슨,《현대 일본을 찾아서 2》). 심지어 작전 정보조차도 공유하지 않았다. '일본인은 잘 단결한다'는 속설은 여기서는 예외였다.

일본의 사려 깊은 지식인들은 이미 전쟁이 끝났다고 생각했고, 일부 정치인은 군부정권을 타도하고 신정권을 수립한 후 미국과 교섭해 하루빨리 전쟁을 끝내야 한다고 생각했다. 그러나 도조 히데키東條英機의 군부정권은 전쟁을 고집했다. 그러는 사이 사이판, 필리핀, 이오지마가 차례로 함락되고 일본의 여러 도시에 대한 무지막지한 폭격이 시작됐다. 특히 도쿄를 중심으로 한 간토關東 지역은 폐허가 될 정도였다. 필리핀 전투에서만 일본군 사상자 수는 30만을 넘었다. 패배의 책임을 지고 도조 히데키는 정권에서 쫓겨났지만, 군부는 일본 영토에서 미국과 싸우는 본토 결전을 고집했다.

히로히토 천황은 여전히 애매한 태도를 취했다. 미군의 다음 상륙 목표는 오키나와, 그리고 규슈였다. 더 이상 전쟁을 계속해서는 안 된다고 생각한 전 총리대신 고노에 후미마로近衛文麿는 1945년 2월 히로히토를 만난 자리에서 상주문을 올렸다. 뜻밖에도 고노에는 '공산혁명'에 대한 위기감을 토로했다. 교전국인 미국에 대해서는 한 마디의 비난도 없이 오직 소련이 동유럽과 아시아에서 벌이는 '적화' 공작을 우려했다. 원래 중산층 이하 출신이 많은 군 장교 중에는 공산주의에 호감을 갖는 사람이 많고, "만주사변·중일전쟁을 일으키고 전쟁을 확대해 마침내 대동아전쟁에까지 오게 된 것은 이 군부 내 일당들이 (국내 혁명을 위해) 의도적으로 꾸민 계획이었음이 이제 명확해졌다"고 했다. 이들에게 전쟁은 끝나서는 안 되는 것이었다. 그러니 지금 1억 총옥쇄總玉碎를 부르짖는 자들은 "소위 우익이라고 불리지만 배후에서 이들을 선동하고 국내를 혼란에 빠뜨려 마침내 혁명 목적을 달성하려는 자는 공산분자"라고 단언했다.

태평양전쟁 당시 일본 군부를 대표한 총리대신 도조 히데키가 1943년 필리핀 마닐라 인근 니콜스 필드 공군기지에 도착해 일본군을 사열하는 모습. 이듬해 필리핀 전투에서 일본군 30만 명 이상이 사상하는 대패를 당한다.

1945년 6월 미군 B-29 폭격기가 오사카 시내에 폭탄을 투하하는 장면. 일본 본토에 대한 미군의 집중 폭격으로 도쿄를 중심으로 한 간토지역은 막대한 피해를 입었다.

1945년 2월 히로히토 천황에게 종전 협상 권고 상주문을 올린 고노에 후미마로 전 총리대신.

군부정권으로부터 탄압받던 공산주의자들이 들으면 아연실색할 논리였다. 고노에가 보기에 미국은 타협 가능하고 말이 통하는 상대였지만, 소련과 공산당은 천황제를 비롯한 일본의 기존 체제를 갈아엎을 진짜 '적'이었다. 일본 군부는 그들에게 물들어 있으니 천황이 결단을 내려 그들을 일소하고 전쟁을 끝내달라는 것이었다.

고노에는 미군 진주 후 사실했지만, 함께 상주문을 만들었던 요시다 시게루吉田茂는 미군정 체제에서 총리를 역임하며 전후 일본의 반공노선을 이끌었다. 고노에의 상주문에 보이는 세계정세와 소련의 위협에 대한 인식이 해방 후 이승만의 그것과 비슷한 점도 흥미롭다.

고노에 상주 사건이 발각되자 요시다 시게루는 헌병에 체포되었고 전쟁은 계속되었다. 일본 군부는 미군이 상륙해 천황을 처형할 것에 대비해 메이지 천황의 후손 중 한 명을 산악지대에 피신시키려는 웃지 못할 계획까지 세웠다. 그리고 여성들에게도 죽창 훈련을 시켰다. 1945년 4월 미군은 오키나와에 상륙했고 참혹한 전투 끝에 양국 군인을 제외하고도 민간인 10여만 명이 죽었다. 그래도 결정을 못 내리던 히로히토는 히로시마와 나가사키에 원자폭탄이 떨어지고 나서야 NHK 방송을 불러들였다. 항복 선언을 녹음하기 위해서였다. 이를 눈치챈 일부 군인들이 녹음테이프를 빼앗으려 궁궐에 난입했지만 찾지 못했다. 1945년 8월 14일이었다.

9장

대일본제국의 패망과
전후 한일관계

일본의 패망

1945년 8월 15일 정오, 처음으로 일본 천황의 육성이 라디오 방송에서 흘러나왔다. 연합국이 제시한 무조건 항복(포츠담 선언)을 받아들인다는 내용이었다. 히로히토 천황은 적군이 "새롭게 잔학한 폭탄을 사용하여 자꾸 무고한 백성을 살상하고 있으니, 참화가 어디에 미칠지 실로 알 수 없는 지경에 이르렀다"라고 비장한 목소리로 말했다. 며칠 전 히로시마와 나가사키에 떨어진 원자폭탄으로 수십만 명이 즉사했으니 '잔학한 폭탄'인 것은 맞지만 히로히토, 그가 할 말은 아니었다.

히로히토는 "앞으로 제국이 맞게 될 고난은 분명 심각할 것"이라며 "격정에 사로잡혀 함부로 일을 일으키거나 동포끼리 배척하고 시국을 어지럽혀 대도를 그르치고 세계에 대하여 신의를 잃을 것"을 경고했다(유인선 외, 《사료로 보는 아시아사》 중 일본 근현대편). 내가 '결단'을 내려 전쟁을 끝냈으니 앞으로도 내 말을 잘 따르라는 말투다. 그러나 그런 허세와는 달리 히로히토와 천황제의 운명은 풍전등화와 같았다. 히틀러도 무솔리니도 이미 이승에 없었으니, 히로히토도 그리되지 말라는 보장이 없었다. 1500년 동안 계속돼온 천황제가 폐지되든가, 천황제는 유지하되 히로히토를 처벌 혹은 처형하든가, 아니면 최소한 퇴위가 예상되는 상황이었다. 그 목숨 줄을 쥐고 있는 사람은 점령군 사령관 더글러스 맥아더였다.

일본은 남들은 다 받는 외침을 거의 받지 않은 희한한 역사를 가진 나라다. 맥아더 군대가 들어오기 전까지 일본 땅에 발을 들여놓은 외국군은 13세기 몽골군이 유일했다(해적 침입이나 작은 변경 분쟁 제외). 고려·송나라 병사와 함께였다. 주지하다시피 이들은 규슈 북부에서 가마쿠라鎌倉 막부 군대와 치열한 전투를 벌이다 태풍을 만나 패퇴했다. 일본인이 좋아하는 가미카제(신풍神風)다. 침략은 받았지만 단기간이었고 그나마 변경 지역에 국한되었다. 이때 전쟁을 이끌었던 막부의 실권자 호조 도키무네北條時宗는 19세기 중반 이후 페리가 개항을 요구해 위기감이 고조되는 가운데, 구국의 영웅으로 자주 소환되었다.

역사상 두 번째이자 700년 만에 경험하는 외국군이 맥아더 군대였으니 일본인들의 충격이 어떠했을지 짐작할 만하다. 외국군에 점령당한 것은 처음이었다. 비록 전쟁은 끝난 상태였지만 이번에는 변경이 아니라 수도, 즉 천황이 있는 곳에 외국군이 진주했고, 천황과 일본의 운명이 그들의 손에 있었다. 일본은 무조건 납작 엎드리는 길을 선택했다. 어제까지만 해도 죽창 들고 "미국 놈들 때려 죽이자"라던 일본 국민은 맥아더를 칭송하는 수십만

통의 편지를 전국 각지에서 보냈다. 한 시골 노인은 "옛날에는 천황 사진을 놓고 아침마다 경배했지만 지금은 장군님 사진을 놓고 그렇게 하고 있다"라는 취지의 편지를 보내, 맥아더를 흐뭇하게 했다. 끊이지 않던 '지사志士'들의 테러도 온데간데없이 사라졌고, 그 '용맹'하다던 '황군皇軍'은 점령군에게 총 한 발 쏘지 않았다. 일본 정부와 의회는 유지되었지만, 사실상의 '일본 총독' 맥아더가 그 후 6년 동안 일본을 좌지우지했다. 한국 통감 이토 히로부미보다 훨씬 긴 시간이다.

미국은 독일을 직접 통치한 데 비해 일본에는 간접 통치를 택했다. 일본 정부와 의회를 해체하지 않고, 그들을 통한 점령 정책을 펼친 것이다. 이것은 예상보다 일본이 훨씬 빨리 항복해서 미국이 점령 준비를 미처 다하지 못했기 때문이다. 1945년 9월 27일 히로히토 천황은 주일 미국 대사관으로 맥아더를 예방했다. 히로히토의 부동자세와 맥아더의 건방진(?) 포즈가 대조적이었다. 이에 당황한 내무대신 야마자키 이와오山崎巌는 언론사에 사진 게재 금지를 명령했지만, 그 따위 명령이 통하던 시대는 지나갔다. 사진에 나타난 천황의 초라한 모습은 많은 일본인에게 충격을 주었다. 이 사진이 보여주는 것처럼 둘 사이의 권력관계는 명백했다.

그러나 맥아더와 미군정은 결코 건방지지 않았고, 오히려 대단히 신중했다. '죽창 들고 본토 결전!'을 외치던 일본군은 미군이 들어오자 순한 양이 되었고, 해외 각지에 흩어져 있던 300만 명의 군대도 저항 없이 단기간 내에 스스로 무장해제했다. 모두가 천황의 무장해제 명령에 찍소리 안 하고 순응한 것이다. 이 '놀라

1945년 9월 27일 더글러스 맥아더 연합군총사령부 총사령관(왼쪽)을 만나 포즈를 취한 히로히토 천황. 편안한 자세의 맥아더와 긴장한 듯한 천황의 모습이 대비를 이룬다.

운 힘'을 목도한 맥아더는 천황의 활용 가능성을 알아챘다. 당시 갤럽 여론조사에서 미국 국민 70퍼센트 이상이 어떤 식으로든 천황의 처형이나 처벌을 원했고 중국과 필리핀 등 아시아 국민들도 마찬가지였지만, 맥아더는 천황을 통해 일본을 다스리는 편한 길을 택했다. 결국 천황-정부-의회 체제는 그대로 유지되었고, 그 구성원들만 군부독재에 반대하던 이들로 채워졌다. 그래서 나는 미국의 일본 점령이 일본 지배층에서 군부만 도려낸 정권 교체 regime change적인 성격이 다분히 있다고 생각한다. 일본이, 그리고 기존의 지배층이 전후 그토록 신속하게 회복할 수 있었던 것도 이 때문일 것이다.

미군정의 정책은 그야말로 그동안 일본의 진보세력이 열망하던 것이었다. 아무리 투쟁하고 외쳐대도 기성세력의 벽 앞에서 어림도 없었던 정책들이 '자유주의적 외세'에 의해 하루아침에 실현되고 있었다. 맥아더는 일본에 들어오자마자 군수 생산 전면 중지, 육·해군 해체, 전범 체포를 단행했다. 이어서 '민주화에 관한 5대 개혁지령'을 발표했다. 이로써 노동3권을 보장하고, 여성의 참정권을 인정했다. 재벌은 해체되었으며, 천황에 대한 비판도 허용되었다. 이때 재벌이 해체되지 않았다면 소니, 혼다 같은 혁신 기업이 등장할 무대는 없었을지도 모른다.

가장 중요한 조치는 농지개혁이었다. 그 결과 1941년에 무려 46퍼센트에 달하던 소작지는 1950년에 9.9퍼센트로 격감했다. 그 덕분에 살 만해진 농민들은 10여 년 후 세탁기, 냉장고, 텔레비전 등의 강력한 소비자가 되어 고도 경제성장을 촉진했다(나카무라 마사노리, 《일본 전후사 1945~2005》). 일본의 사례는 토착 지배 세력이 아니라 민중(국민)의 관점에서 보면 '자주'와 '외세'의 문제가 생각만큼 간단하지 않다는 것을 웅변한다. 아슬아슬하지만, 흥미로운 얘기다.

전후 개혁과 요시다 독트린

1951년 샌프란시스코에서 일본은 미국과 안전보장조약을 맺었다. 현재 맹위를 떨치고 있는 미일동맹, 바로 그 조약이다. 불과 6년 전까지 사생결단으로 태평양 전역에서 싸웠던 두 나라, 승전국이 패전국을 점령해 통치하는 관계였던 두 나라가 갑자기 군사동맹이 된 것이다. 소련이 팽창하고 중국이 공산화되고, 무엇보다 미국이 일본을 점령한 동안에 발발한 한국전쟁으로 일본의 전략적 가치가 급격히 상승했기 때문이다.

2022년 일본 정부는 방위비 예산을 GDP의 2퍼센트로 늘리고, 상대방의 공격을 단념시키는 '반격 능력 확보'를 선언해, 우파의 오랜 숙원이었던 자위대 '국군화'에 코앞까지 다가섰다. 그 구실 중 하나가 북한의 안보 위협이었다. 그때나 지금이나 북한은 일본 우파에게는 천우신조 같은 존재다. 미군정의 일본 측 파트너는 요시다 시게루였다. 미군 점령기에 일본 내각의 총리를 다섯 번이나 역임했는데, 이는 지금까지도 깨지지 않은 기록이다. 이 기간 동안 그는 '요시다 독트린'으로 불리는 국가 노선을 확립해 전후 일본을 회생시켰다. 외교는 철저히 친서방 노선을 취하고, 국방은 미국에게 맡겨 군사력을 보유하지 않으며, 오로지 경제 발전에만 매진한다는 방침이었다. 세계정세의 변화로 오히려 미국이 일본의 재무장을 주장했으나, 요시다는 이에 저항해 '비무장-경제 개발' 노선을 관철했다.

요시다는 메이지 정부에 격렬하게 저항했던 자유민권 운동의 메카, 도사번 출신의 가문에서 태어났다. 중국 펑톈 총영사, 이탈리아 대사와 영국 대사 등을 역임해 국제 정세에 아주 밝았고, 군부의 삼국동맹론(독일·이탈리아와 동맹을 맺어 미국·영국에 대항하는 노선)에 비판적이었다. 군부의 존재감이 커질수록 그의 입지가 좁아진 것은 당연한 일이었다. 도조 히데키의 군부정권 시절에 그는 '재야인사'였다. 패전 직전 고노에 후미마로의 상주문 사건에 가담한 혐의로 헌병에 체포됐지만, 40여 일 후 석방되었다. 아무리 군사독재 정권이라 하더라도 전직 대사에 마키노 노부아키牧野伸顯(메이지 유신을 일으킨 오쿠보 도시미치의 아들로 내대신內大臣을 지냈다)의 사위인 그를 탄압하기는 어려웠던 모양이다. 헌병에 체포된 사실은 일종의 '별을 단' 셈이 되어, 미군정 체제에서 정치적 훈장이 되었다.

1946년 5월 요시다는 내각총리대신, 즉 총리가 되었다. 아직 새로운 헌법이 만들어지기 전이라, 대일본제국 헌법에 따라 천황이 조각의 '대명大命'을 그에게 내렸다. 말하자면 그는 구헌법 체제의 마지막 총리였다. 외교관 경력만 있고 국회의원을 한 적도 없는 그에게 총리 자리는 '굴러들어온 복'이었다. 원래는 그의 오

미 점령군 사령관인 맥아더 장군(왼쪽)과 다정하게 팔짱을 낀 일본 총리대신 요시다 시게루. 요시다는 일각에서 '미국의 푸들'이라 불린 아베 신조 총리보다도 더 미국에 협조적이었으며 '훌륭한 패자'가 될 것을 주저하지 않았다.

랜 친구이자 당시 자유당 총재였던 하토야마 이치로鳩山一郎가 예약해놓은 자리였다. 1946년 패전 후 최초의 총선거에서 자유당이 제1당이 되었다. 4월 30일, 전례에 따라 당시 내각 총리대신 시데하라 기주로幣原喜重郎는 천황을 만나 하토야마를 후임 총리로 추천했다. 그런데 며칠 뒤인 5월 4일에 점령군 총사령부는 군국주의에 협력했다며 그를 공직에서 쫓아내버렸다.

우왕좌왕하던 자유당 지도자들은 결국 정치적으로 무색무취이며 권력 욕심이 없어 보이는 요시다에게 총리직 수락을 압박했다. 한동안 버티던(아니면 버티는 척하던?) 요시다는 세 가지 조건을 하토야마에게 내걸고 마지못한 듯 받아들였다. 첫째, 정치 자금 조성은 못한다. 둘째, 각료 인선은 간섭하지 말 것. 셋째가 가관인데 그만두고 싶어지면 언제라도 그만두겠다였다. 그만두기는커녕 하토야마가 그만두라고 압박해도 그는 이후 8년 동안 다섯 차례나 총리직을 탐냈고, 정계를 은퇴할 때까지 미련을 버리지 못했다. 기시감이 있지 않은가. '이민우 파동' 말이다. 1980년대 정치 규제로 공식적인 정치활동을 벌일 수 없었던 김영삼은 오랜 정치적 동지 이민우에게 신한민주당의 총재직을 맡겼다. 나 대신 당분간 맡아달라는 뜻이었을 것이다. 그러나 중후한 성품으로 김영삼에게 충성스러웠던 그도 결국 내각제 개헌 수용을 시사하는 듯한 이른바 '이민우 구상'으로 김영삼과 갈라섰다. 권력의 맛은 정말 강렬한 모양이다.

참고로 요시다에게 뒤통수 맞은 하토야마는 절치부심 끝에 1954년, 벌써 되었어야 할 총리에 취임해 2년 동안 재임했다.

2015년 서대문형무소 역사관에서 무릎 꿇고 "사과는 피해자가 용서할 때까지 끊임없이 하는 것"이라는 발언으로 한국 언론의 주목을 받은 하토야마 유키오鳩山由紀夫 전 총리가 그의 손자다.

요시다 시게루는 점령군 사령관 맥아더에게 철두철미 협조적이었다. 맥아더가 일본의 군국주의 세력을 뿌리 뽑고 좌파세력을 견제할 때 기꺼이 그의 수족이 되어주었다. 아베 신조 총리가 미국에 순종적이라는 이유로 '미국의 푸들'이라는 비판을 들었지만, 요시다야말로 최초의 푸들이라고 할 수 있을 정도였다. 하지만 그는 "전쟁엔 졌지만 외교엔 이긴다"라며 '훌륭한 패자'가 될 것을 주저하지 않았다. 맥아더와는 '절친'이 되었다. 한번은 요시다가 아사자 발생을 우려하며 맥아더에게 450만 톤의 식량 지원을 요청했다. 결국 70만 톤만 들어왔지만, 아사자는 없었다. 이에 맥아더가 70만 톤으로도 거뜬하지 않았느냐, 일본 정부 통계는 엉성하다고 놀렸다. 그러자 요시다는 "당연하죠. 만일 일본의 통계가 정확했다면 그런 뚱딴지같은 전쟁은 하지 않았겠죠. 통계대로였다면 일본이 이겼어요"라고 되받아쳐 맥아더의 폭소를 자아냈다고 한다.

요시다와 흔히 비교되는 인물이 이승만이다. 둘 다 아시아의 공산화를 우려한 반공 정치가였고, 미국을 최우선으로 하는 외교 노선을 취했다. 그러나 이승만이 점령군 사령관 하지는 물론 미국 정부까지 심심치 않게 들이받은 데 비하면, 요시다는 시종 온화한 태도로 미국을 대했다. 아무래도 이승만에게 '푸들'의 이미지는 없다. 2년의 시차를 두고 미일동맹(1951), 한미동맹(1953)이 체결되었는데, 미일동맹이 요시다와 맥아더, 나아가 미국 정부 사이에 형성된 신뢰감이 바탕이 되었다면, 한미동맹은 이승만의 북진통일 협박 등 훨씬 험한 과정을 거쳐 이뤄졌다. 한국전쟁이라는 아수라장에서 살아남으려고 발버둥쳤던 이승만에 비하면, 요시다는 좋아하는 시가를 즐길 여유가 훨씬 많았다.

동아시아의 반공주의

이승만은 자신이 하와이에서 발행하던 《태평양 잡지》에 '공산당의 당부당當不當'이라는 글을 게재했다(1923년 3월호). 당시는 공산주의 혁명으로 세워진 소련이 전 세계 피압박 민족의 희망으로 떠오르던 시기였다. 조선의 많은 독립운동가와 지식인들도 공산주의 사상을 받아들이며, 소련의 지원을 기대하고 있었다. 이런 상황에서 이승만은 표연히 공산주의 비판을 감행한 것이다. 그는 먼저 양반, 상놈 하는 신분제가 없어진 자리를 자본가-노동자 간의 빈부 격차가 대신해버린 세태를 비판하며, 공산주의의 평등 주장을 일단 평가했다. 그러나 재산을 나눠 가지게 되면 소수의 부지런한 사람이 다수의 게으른 사람을 먹여 살리게 될 것이고, 자본가를 아예 없애버리면 혁신과 진보는 멈출 것이라고 했다. 또 보통 사람의 학식을 높여 지식인과 대등하게 만들어야지 지식인을 아예 없애자는 것은 안 될 말이라며 공산주의의 부당성을 갈파했다.

일본의 갑작스러운 항복 소식을 접했을 때에는 "미국이 일을 지혜롭게 처리하지 못하면 한반도에서 민족주의자와 공산당 간에 피를 흘리게 될지도 모른다"라며 공산주의자와 소련을 경계했다(한표욱, 《이승만과 한미 외교》). 그의 반공주의는 철두철미하여 해방 정국을 주도할 때는 "공산주의자들은 콜레라와 같다"(〈공산당에 대한 나의 입장〉)라고 했고, 미국인에 대해서도 "공산주의와 민주주의 간의 투쟁에 있어서는 중립이란 것이 존재하지 않는다"라고 훈계(?)했다. 이 때문에 소련에 대해 온건했던 하지 미군정 사령관이나 미국 국무부와 자주 갈등을 빚었다.

그런데 투철한 반공주의를 고수한 사람이 이승만 혼자만은 아니었다. 일본의 정치 지도자들도 마찬가지였다. 태평양전쟁을 일으킨 도조 히데키는 극동국제군사재판(일명 도쿄 재판)에서 사형선고를 받고 남긴 유서에서 미국을 향해 "일본이 적화되지 않도록 부탁한다. 미국 지도자는 커다란 실수를 범했다. 일본이라는 적화의 방벽을 파괴했다. 지금 만주는 적화의 근거지다. 조선을 양분한 것은 동아東亞의 화근이다"라고 썼다. 미국은 그 후 소련에 대한 협조주의를 바꿔 일본을 '적화의 방벽'으로 재건하는 쪽으로 선회했으니(이른바 '역코스'), 도조의 충고가 먹힌 것일까.

당시 일본 보수 정치가의 반공주의를 가장 잘 보여주는 것은 아마도 '고노에 상주문'일 것이다. 고노에 후미마로 총리대신은 태평양전쟁에 소극적인 태도를 보이다가 진주만 공격 한 달 반 전에 퇴진했다. 그는 그 후 패전을 예견하고 가능하면 빨리 미국과 강화를 맺으려는 활동에 들어갔다. 1945년 2월 전세가 크게 불리해지자 히로히토 천황을 만나 상주문을 제출했는데, 그 내용이 매우 흥미롭다. 그는 먼저 "국체호지國體護持(천황제 유지)의 관점에서 가장 우려되는 것은 최악의 사태(패전을 의미한다)보다도 이에 수반해 일어날 공산혁명"이라고 단언한다. 이어 현재 전 세계가 공산혁명을 향해 급속히 나아가고 있다며, 유고슬라비아의 티토 정권을 비롯해서 폴란드, 불가리아, 루마니아, 핀란드 등 동유럽의 공산화 움직임을 우려했는데, 이는 이승만의 인식과 흡사하다. 심지어 프랑스, 독일, 벨기에, 네덜란드 같은 나라에서 확산되는 공산세력과 소련의 지원도 주시했다. 이어 국내로 눈을 돌려 강화를 반대하고 승산 없는 전쟁을 계속하려는 일부 군부 세력은 패전의 혼란을 노려 공산혁명을 일으키려는 속셈이라고 주장했다. 훗날 천황 측근은 그의 이런 특이한 주장에 히로히토도 놀란 모습이었다고 술회했다.

고노에는 미 점령군이 그를 체포하려 하자 음독자살했다. 도조는 권총 자살을 시도했으나 미수에 그쳐 재판 끝에 사형에 처해졌다. 반면 이승만은 대한민국의 초대 대통령이 됐을 뿐 아니라 미적거리는 미국을 몰아세워 한미동맹을 체결했다. 그들의 운명은 판이하게 갈렸지만 당시 미국이나 유럽보다 더 강력했던 동아시아 보수 정치가들의 반공주의는 어떤 배경에서 나왔던 것인지 궁금해진다.

이승만의 일본 인식

'가장 유명하나 완전히 잊힌 인물.' 나는 이승만이 한국인에게 이런 존재라고 생각한다. 이승만이라는 이름을 모르는 한국인은 거의 없을 것이다. 그러나 그가 초대 대통령을 지내다 부정선거로 하야했다는 사실 말고 그에 대해 더 알고 있는 사람도 많지는 않을 것이다. 나도 그랬다. 불명예스럽게 퇴장했고, 그의 정적들이 곧바로 집권했으며, 뒤이은 박정희 정권도 그를 '띄울' 이유가 딱히 없었기 때문일 것이다.

사회인들을 대상으로 한일 근대사에서 이승만이 한 역할에 대해 강연할 기회가 있었는데, 그가 20대 때인 1899년에 투옥되어 5년 7개월 동안 감옥 생활을 한 일에 대해 알고 있는 청중이 거의 없었다. 만민공동회에서 고종 정부를 신랄하게 비판하고 고종 폐위 음모에 가담한 혐의였다. 어떤 분은 '그렇게 옛날 사람이었나?'라며 놀라기도 했다. 1875년생이다. 김구(1876년생), 안창호(1878년생), 안중근(1879년생)이 비슷한 시기에 태어났다. 그러고 보면 1870년대는 훗날 한국의 민족주의와 민주주의를 높은 수준으로 끌어올린 인물들이 무더기로 태어난 시기다. 그들의 선배들이 이끈 갑오개혁은 파격적인 근대화 정책으로 방향은 옳게 잡았으나, 청일전쟁의 와중이기도 해서 일본의 영향력 아래 있었다. 그에 비해 이 '1870년대생'의 젊은 활동가들이 활약한 독립협회와 만민공동회는 근대화와 자주라는 시대적 방향을 제대로 체현한 세대로 주목해야 한다. 대한민국의 정신사에서 최양질最良

質의 자산은 거의 이들에게서 발원했다.

최근 이승만이 쓴 《일본의 가면을 벗긴다》(원제 Japan Inside Out)를 읽었다. 이 책은 진주만 공격(1941년 12월)으로 태평양전쟁이 시작되기 불과 넉 달 전에 출판되었다. 태평양전쟁을 예견한 이 책은 순식간에 베스트셀러가 되었고, 그는 워싱턴에서 일약 유명인사가 되었다. 소설 《대지》의 작가 펄 벅 Pearl Buck 여사는 서평에서 "이것은 무서운 책이다. (…) 나는 이 박사가 미국 사람들이 거의 알지 못하고 있는 사실, 즉 미국이 1905년에 조미朝美수호조약(1882)을 수치스럽게 파기했고, 그로 인해 일본이 한국을 집어삼키도록 허용했다고 말해준 것을 기쁘게 생각한다"라고 썼다.

나는 이 책을 이제야 읽은 것을 반성했다. 대학의 일본 근대사 수업에서 교재로 써도 될 만큼 수준 높은 저작이기 때문이다. 미국의 당국자와 시민들에게 일본의 침략 야욕을 강렬하게 경고하면서 때로는 어조에 감정이 실리기도 하지만, 그 주장의 근거는 언제나 탄탄하다. 대략 1939년부터 2년 동안 집필했다고 하는데, 빈한한 망명객이 어디서 이런 자료를 모을 수 있었는지 의아했는데, 최근의 연구들로 의문이 풀렸다(김정민, 〈이승만의 신문 스크랩을 통해 본 Japan Inside Out의 국제정치사〉; 김명섭, 〈워싱턴 회의 시기 이승만의 외교활동과 신문 스크랩, 1921~1922〉). 그는 신문 스크랩광이었던 것이다. 밥값까지 꼼꼼히 적는 메모광이기도 했지만, 다년간에 걸친 신문 스크랩에 대한 집착도 타의 추종을 불허할 정도였다. 그의 피가 조금만 덜 뜨거웠다면 혁명가가 아니라

학자로서도 크게 성공했을 것이다.

  이승만은 개항 이후 한동안은 일본이 '한국 개화파의 친구'였다고 인정한다(《일본의 가면을 벗긴다》, 30쪽). 사실 이런 인식은 김구의 《백범일지》에도, 안중근의 《동양평화론》에도 나온다. 그러므로 개항 이후 한국 근대사의 좌절을 모두 일본 탓으로 돌리는 '일본 환원주의'는 수정되어야 한다. 당대 최고의 '반일투사'들이 하나같이 이런 얘기를 하고 있기 때문이다. 이승만은 일본이 을사보호조약으로 한국 개화파를 배신한 것을 시종일관 규탄하는 한편, 미국이 그런 일본과 가쓰라-태프트 밀약을 맺음으로서 한국에 무슨 일이 생길 때에는 중재권을 행사하겠다use its good offices고 했던 조미수호조약의 약속을 헌신짝처럼 버린 것을 집요하게 질타한다. 앞에서 말한 펄 벅 여사도 그 점에 반응했던 것이다.

  이 책에서 또 하나 주목할 점은 드넓은 국제정치적 시야다. 특히 이 점에 관해서는 일본 근대사 전문가인 내가 그동안 읽은 어느 책보다 훌륭하다. 도대체 세계가 어떻게 돌아가고 있는지, 일본의 대륙 팽창이 국제적 측면에서 어떤 의미를 갖는 행위인지, 그리고 그것이 태평양을 사이에 두고 마주하고 있는 미국에 장차 어떤 영향을 미칠 것인지, 그런 거대하고 장기적인 시야에서 한국 독립은 어떤 인류사적 의미를 갖는지를 웅장한 어조로 설파한다. 포효에 가깝다. 아마도 그 어떤 한국인의 주장보다 국제 사회를 설득하는 데 효과가 있었을 것이다. 21세기에 또다시 불끈거리는 지정학의 한복판에 서 있는 한국인들에게 필요한 안목과 취

이승만(왼쪽)과 김구가 1946년 미군정 자문을 위한 회의를 마치고 악수하고 있다.

향과 자세가 이 책에 있다.

  군데군데 보이는 날카로운 지적도 주목할 만하다. 그는 일본의 중국 침략이 실패할 수밖에 없는 이유로 두 가지를 들었다. 하나는 일본 군국주의자들이 "잠재해 있다가 이제 깨어나고 있는 중국인들의 애국정신을 정확하게 평가하지 못했다는 것"이다. 모두가 일본군 앞에서 저항 한번 못하고 흩어지는 중국인을 조롱하는 분위기에서, 이승만은 중국 내셔널리즘의 발흥을 꿰뚫어보고 있다.

  또 하나는 일본이 한국병합 때처럼 "인내심을 가지고 완만하고 은밀한 과정"을 거치지 않고, 중국에 있는 서구 열강의 이권을 거칠게 침탈하고 있어 둘 사이에 대립이 초래될 것이라는 점이다. 그러면서 그는 한국병합 당시 일본 지도층의 노회한 전략에 비해, 한없이 어설픈 군국주의자들의 전략을 비웃고 있다(《일본의 가면을 벗긴다》, 58~59쪽).

  이승만은 이 책에서 격렬한 반일 민족주의자로서의 면모를 유감없이 발휘하지만, 그저 일본이라서 증오하는 것은 아니다. 일본이 자유와 민주, 인권과 평화에 위배되는 행위를 하고 있기 때문에 비판하는 것이다. 그가 '반일'을 통해 추구하고자 하는 것은 자유와 민주였다. '반일'을 통해 전체주의나 공산주의로 가는 것은 그가 한사코 저지하고자 했던 길이다. '반일'이 중요한 게 아니라 '무엇을 하려고 하는 반일인가'가 중요하다. 최대의 '반일' 국가는 북한이지만, 이승만도 우리도 '반일'을 통해 그리로 가고 싶지는 않기 때문이다.

한일회담의 시작

1951년에 열린 1차 한일회담 예비회의에서 한국 측 양유찬 대표가 "Let us bury the hatchet"(화해합시다)라고 말하자 일본 측 대표 치바 고千葉晧가 "What is bury the hatchet?"(뭘 화해하자는 말입니까?)라고 되물었다. 양유찬 대표는 기가 막혔을 테지만, 식민 지배에 대한 한일 양국의 인식 차이를 극명하게 보여주는 장면이었다. 1953년 10월 15일 3차 한일회담 재산청구권위원회 회의에서는 일본 측 수석대표 구보타 간이치로久保田貫一郎의 발언이 문제가 되었다. 유명한 '구보타 망언'이다.

구보타는 "일본은 36년간 많은 이익을 한국인에게 주었다. 일본이 (한국에) 진출하지 않았더라면 한국은 중국이나 러시아에 점령돼 더욱 비참한 상태에 놓였을 것"이라고 말했다. 이에 대해 한국 측 수석대표 홍진기는 "마치 일본이 점령하지 않았더라면 한국인은 잠만 자고 있었을 것이라는 전제하에 말하고 있으나, 한국인은 스스로 근대 국가를 만들었을 것"이라고 반박했다. 이 발언으로 인해 한일회담은 그 후 4년 반 동안이나 열리지 못했다(이원덕, 《한일 과거사 처리의 원점》). 이런 발언이 과연 역사적 사실에 부합하는지는 차치하더라도, 아마 이 두 가지 인식이 일제 식민지 시대를 바라보는 한일 양 국민의 대체적인 입장일 것이다. 물론 패전 후 오랫동안 일본의 진보 진영과 리버럴 지식인들을 비롯해 적잖은 일본 시민들이 식민 지배에 대한 철저한 반성을 견지해왔으나, 나는 많은 일본인의 속내에는 '그래도 일본 덕

1. 1953년 4월 2차 한일회담 재산청구권위원회 회의에서 일본 측 대표 구보타 간이치로(왼쪽)와 한국 측 대표 김용식 주일공사가 악수하고 있다.
2. 1953년 6월 구보타가 작성한 극비 외교문서 '일한회담 무기 휴회안'. "이승만이 세계의 고아가 되려는 정책을 취하며 세계의 지탄을 받고 머지않아 어쩔 수 없이 은퇴하게 될 것"이라는 내용이 담겨 있다.

에 조선이 발전한 면도 많지 않았나?'라는 생각이 한켠에 있음을 수시로 느껴왔다. 표현하지 못했던 그런 속내가 최근의 우경화 분위기 속에서 분출되고 있다고 생각한다.

일본인들은 패전 직후 이미 식민 지배에 대한 입장을 체계적으로 정리하고 있었다. 1946년 9월 일본 대장성은 외무성과 협의해 '재외재산 조사회'를 설치하고 《(극비)일본인의 해외활동에 관한 역사적 조사》를 발간하기 시작했다. 전 35권에 달하는 방대한 문서인데, 그중 10권이 조선편이다. 여기에 경성제국대학 교수였던 스즈키 다케오鈴木武雄가 쓴 〈조선 통치의 성격과 실적 – 반성과 반비판〉이라는 문서가 실려 있는데, 아마도 조선 식민지에 대한 당시 일본 정부와 엘리트들의 입장이 반영된 의견일 것이다. 그는 일본의 식민 지배는 여러 가지 미숙한 점이 있어 결과적으로 조선인의 지지를 얻지는 못했지만, 그 주관적 의도만큼은 조선의 발전이었다는 이른바 '선의의 악정'론을 주장했다.

조선 식민지화는 다른 식민 역사에서 찾아보기 어려운 특수한 사례이다. 세계사적으로 제국이 해체되던 가장 늦은 시점인 1910년에, 이미 민족의식이 충만한 국민을 무리하게 식민지화했다는 점, 식민 지배 기간이 35년으로 식민사상 가장 짧았다는 점, 오랫동안 역사와 문화를 공유해온 이웃 나라를 식민지로 삼았다는 점 등등. 거기에 하나 덧붙이자면 장래의 식민지 독립에 관한 논의가 식민 본국과 식민지 사이에 일체 없었다는 점이다. 다른 지역의 경우 독립에 대한 일종의 로드맵이 있었거나, 적어도 그에 관한 논의가 전개되었다.

예를 들어 영국과 인도는 공동의 적에 대한 투쟁(인도는 1차 세계대전 때 150만 명, 2차 세계대전 때 250만 명의 군인을 제공했고, 수많은 사상자를 냈다) 과정에서 미래에 대한 협상을 진행했으며, 그 과정에서 독립이나 자치를 포함해 식민지의 존재 양태에 대한 다양한 안이 검토되었다(박지향, 《영국적인, 너무나 영국적인》). 프랑스와 베트남의 경우는 식민 지배 기간과 전쟁(1945년 이후 베트남의 독립전쟁) 과정에서 길고 지루한 협상을 이어갔다. 미국과 필리핀도 장래의 독립에 대해 진지한 대화를 나누었다. 그 결과 1930년대 중반 필리핀 독립에 관한 법안이 미국 의회를 통과했고, 2차 세계대전 종결 후 필리핀은 즉각 독립했다.

이런 과정을 통해 식민지의 리더들은 다가올 미래를 어느 정도 예견할 수 있었고, 그에 따라 자신의 입장을 조절했으며, 식민 본국에 대한 감정도 완화 또는 상대화할 수 있었다. 이들에게 독립은 돌발적인 것이 아니라 노력과 협상 여하에 따라 그 경로가 어느 정도는 통제 가능한 것이었다. 반면 조선의 해방은 친일 세력뿐 아니라, 독립운동 세력에게도 뜻밖에 찾아온 일이었다. 적어도 해방 5년 전까지만 해도 해방을 예상한 사람은 많지 않았다. 함석헌의 말마따나 정말 "도둑처럼 해방이 찾아왔다."

조선을 통치하던 일본은 2차 세계대전의 패전국이었다는 점도 중요하다. 영국, 프랑스, 미국의 경우는 승전국이기 때문에 식민지에 식민 본국의 통치력을 유지하는 가운데, 식민권력과 현지 엘리트 사이의 협상을 통해 권력을 점진적으로 이양할 수 있었다(프랑스-베트남은 협상 결렬로 전쟁이 발발했다). 그러나 조선의

1945년 7월 독일 포츠담에서 미국, 영국, 소련 등 연합국 정상들이 만나 2차 세계대전의 처리를 논의하는 모습.

엘리트들에게 종전 후 독립을 논의할 상대는 일본이 아니라 미국이었다. 식민 본국과의 협상 경험도, 협상 창구도 거의 없는 상태에서 갑작스럽게 분리가 이뤄졌다. 한국과 일본은 협상과 논쟁을 통해 식민 지배를 '정산'할 기회를 갖지 못했던 것이다.

당황하기는 일본 측도 마찬가지였다. 일본은 카이로 선언과 포츠담 선언을 수용해 조선을 포기하는 데 이의를 제기하지 않았지만, 그 인식에서는 혼선을 보였다. 일본 역시 조선의 독립에 대해 구체적으로 생각해본 적이 없었던 것이다. 포츠담 선언 수락(1945)과 동시에 조선이 독립한 것인지, 대한민국 또는 조선민주주의인민공화국 수립(1948), 아니면 샌프란시스코 강화조약 발효(1952)로 조선 독립이 인정된 것인지가 명확하지 않았다. 35년간의 식민 지배를 어떻게 위치 지울 것인지, 그리고 그것을 가져온 1910년의 한일합방조약을 어떻게 평가할 것인지에 대해서도 그러했다.

이런 상태에서 해방 후 6년 만에 마주 앉은 양국 엘리트 사이에 벌어진 저 대화는 '미정산' 상태인 역사 인식의 현격한 차이를 적나라하게 보여준 것이다. 이후 일본은 과거사에 대해 십수 차례 사과했지만 곧 이를 무색하게 만드는 갖가지 '망언'을 해왔고, 이는 한국인의 대일감정을 악화하는 데 결정적으로 기여했다.

일본의 과거사 사과

우리 머릿속에는 잘 안 떠오르지만 지난 수십 년 동안 일본은 과거사에 대해 여러 차례 사과해왔다. 가장 대표적인 것이 일본이 한국 식민 지배를 따로 특정해서 통절한 반성과 마음으로부터의 사과를 표명한 '김대중-오부치 선언'(1998)과 '간 나오토 담화'(2010)다. 그래서인지 한국의 사과 요구에 대해 '이번에 사과하면 정말 마지막일까?'라는 마음도 숨어 있는 듯하다. 실제로 인터넷에서 '일본 과거사 사과'를 검색하면 천황, 총리, 정부 대변인, 외무장관, 의회 등의 사과 기록을 줄줄이 볼 수 있다. 여기서 잠시 일본의 사죄사謝罪史를 살펴보자.

해방 후 한국과 일본이 처음으로 공식 대면한 1951년 10월 국교 정상화를 위한 예비회담 석상에서 한국의 양유찬 대표가 "화해합시다"라고 하자, 일본의 지바 고 대표가 "뭘 화해하자는 말입니까"라고 되물었다는 이야기는 이미 앞에서 했다. 1953년에는 "식민지 지배 시절 유익한 일을 했으므로 일본에도 청구권이 있다", "일본은 36년간 많은 이익을 한국인에게 주었다"라는 구보타의 폭탄발언이 있었다.

저런 발언들이 튀어나온 배경에는 일본 보수우익에 잠재되어 있는 식민 통치관이 있다. 첫째, 일제의 동화정책은 조선을 식민지가 아니라 같은 일본으로 만들려고 한 선의에서 비롯되었고, 이 점에서 서구 제국주의와는 다르다. 둘째, 식민 통치는 경제·의료·교육의 발전과 인구 증가를 촉진해 결과적으로 조선의 근대화에 기여했다. 셋째, 당시는 제국주의가 세계적 대세였는데, 일본만 비난받는 것은 억울하다. 넷째, 일본이 한국을 식민지로 삼지 않았다면 러시아나 청나라가 침략했을 것이다. 겉으로 말을 안 해서 그렇지 적지 않은 일본인이 아직도 이런 인식을 암암리에 공유하고 있을 것이다.

그럼에도 수십 차례의 사과 표명이 나오기까지는 일본의 양식 있는 시민들과 한국 외교의 끈질긴 노력이 있었다. 한일조약 가서명 당시 시나 에쓰사부로 일본 외무장관은 과거사에 대해 "참으로 유감스러운 일로 깊이 반성한다"라고 첫 반성의 뜻을 표했다. 이어 1983년 나카소네 야스히로가 총리로서는 처음으로 사과를 했고, 1984년에는 히로히토가 천황으로서는 처음으로 유감의 뜻을 표했다. 1990년 노태우 대통령이 일본을 방문했을 때 아키히토 천황은 "귀국의 국민이 맛본 고통을 생각하니 통석痛惜의 염念을 금할 수 없다"라고 했다.

1990년대는 그야말로 '사과 릴레이'가 이어졌는데, 그 표현의 수위도 점점 높아졌다. 1993년 호소카와 모리히로 총리는 "일본의 침략 행위와 식민지 지배 등으로 많은 사람들에게 견디기 어려운 고통과 슬픔을 준 것을 깊이 반성하고 사과한다"라며 '침략', '식민지'라는 구체적인 표현을 쓰며 사과했다. 같은 해 일본 정부는 위안부 문제에 대해 일본군의 간여와 강제성을 인정하며 "종군위안부로서 (…) 심신에 씻기 어려운 상처를 입은 모든 분들께 사과와 반성의 마음을 올린다"라는 유명한 고노 담화를 발표했다.

1995년 일본 중의원은 '깊은 반성'을 표명하는 사과 결의를 채택했고, 무라야마 총리는 "식민지 지배와 침략으로 (…) 많은 손해와 고통을 주었다. (…) 통절한 반성의 뜻을 표하며 진심으로 사죄한다"라는 '무라야마 담화'를 발표하기에 이르렀다. 1998년의 김대중-오부치 선언은 이 바탕 위에서 가능했던 것이다. 한국병합 100주년을 맞이한 2010년에도 간 나오토 총리는 "아픔을 준 측은 잊기 쉽고, 당한 측은 쉽게 잊을 수 없는 법입니다. 이 식민지 지배가 가져온 다대한 손해와 고통에 대하여, 다시금 통절한 반성과 진심 어린 사죄의 마음을 표명합니다"라는 담화를 발표했다. 한국인들이 불만스러워하는 아베 신조 총리도 재임 기간 중에 열아홉 차례 사과했다. 이런 배경에서 "언제까지 사과하란 말이냐"는 일본인들의 반응도, "다음 세대의 아이들에게 사과를 계속할 숙명을 지게 해서는 안 된다"라는 아베 총리의 발언도 나왔을 것이다. 실제 한국에 호의적인 내 일본인 친구들 중에도 '일본이 오랜 기간 수십 차례에 걸쳐 사과해온 점은 한국이 좀 인정해줬으면 좋겠다'고 말하는 사람이 많다.

그런데 왜 한국인은 계속 사과를 요구하는 걸까. 우선은 위에 소개한 일본의 사과 사실 자체를 기억하는 한국 시민이 많지 않을 것이다. 그보다 더 큰 문제는 일본인들의 '망언'이다. "창씨개명은 조선인이 원해서 한 것", "식민지시대에 일본은 좋은 일도 많이 했다", "전쟁터의 위안부는 필요한 제도였다" 등 수시로 터져 나오는 '망언'들은 위의 '사과 릴레이'를 순식간에 의미 없는 것으로 만들어버렸다. 게다가 '망언'을 한 사람들이 일반 시민이

1. 1990년 5월 왕궁 만찬석상에서 아키히토 천황(오른쪽)이 "귀국의 국민이 맛본 고통을 생각하니 통석의 염을 금할 수 없다"라며 한일 과거사에 대해 유감을 표한 뒤 노태우 대통령에게 건배를 제의하고 있다.
2. 1998년 김대중 대통령(왼쪽)과 오부치 게이조 일본 총리가 도쿄 영빈관에서 '21세기 새 시대를 위한 공동 선언'에 서명하고 있다.

아니라 현직 장관, 유력 정치인이었기에 더욱 분노를 유발했다. 한국인이 일본의 사과를 '진정성이 없다'며 의심하는 것도 이 때문일 것이다.

한국과 일본은 세계를 이끌어야 할 국가들이다. 우리는 일본이 '뭘 화해하자는 말이냐'에서 '통절한 반성과 진심 어린 사죄'에 이르기까지 진전된 역사 인식을 보여주며 수십 차례 사과한 것에 대해서는 제대로 평가하되, 동시에 아베 정권 이후 과거사 문제에 대해 퇴행적 자세를 보이고 있는 점을 비판해야 한다. 또한 사과의 진정성을 의심케 하는 책임 있는 당국자의 '망언'은 용서할 수 없다고 단단히 못을 치자. 그게 '또 한 번'의 사과 요구보다 더 효과적인 방법이 아닐까.

일본의 반성과 역사학

학생운동이 한창이던 1980년대 운동권 학생들은 소위 '의식화 교육'을 위해 사회과학 책과 역사서를 많이 읽었다. 그중에 도야마 시게키遠山茂樹-시바하라 다쿠지芝原拓自 논쟁이란 게 있었다. 자본주의 이행 문제를 둘러싼 모리스 도브-폴 스위지 논쟁만큼 주목받지는 않았으나, 일종의 '쓰키다시'(?)로 논의된 적이 있었다. 요점만 말하자면 메이지 유신을 추동한 힘으로 국내적 요인과 국제적 압력 중 어느 쪽이 더 중요한가 하는 문제였다. 1960년대 일본의 이른바 '전후戰後 역사학자'들이 벌인 논쟁이었다.

1980년대라면 도야마(1914~2011)와 시바하라(1935~) 모두 왕성하게 활동하던 시기였지만, 이웃 나라에서 자신들의 연구가 저렇게 활용(?)되고 있는 줄은 몰랐을 것이다(저 생몰연대를 보니 일본은 정말 장수의 나라다). 사실 당시 운동권에서 탐독하던 책은 거의 다 일본 책을 번역한 것이었다. 영어나 다른 유럽어로 쓰인 책들도 일본어판을 중역重譯한 경우가 많았다. 그 운동권 학생들이 지금은 이 사회의 지배자가 되어 '노 재팬'도 하고, 한일협력 방침에 요란한 현수막도 내걸지만, 그때 '문제 서적'들을 읽으면서 그런 생각을 한 사람은 거의 없었을 것이다. 운동권만 그랬던 게 아니라, 일부 학계도 그랬다. 일본의 연구 성과에 의지해 글을 쓰면서도 그 정도를 축소하거나 아예 숨기는 경우도 있었다. 방송 프로그램이나 언론도 마찬가지였다. 1990년대 잠깐 신문사에서 일할 때 선배들은 '나와바리', '하리꼬미', '미다시' 같은 용어를 태연하게 썼다(지금은 없어졌겠지?). 건설 현장에서 쓰이던 '도끼다시' 같은 말을 기억하는 사람도 있을 것이다. 요컨대 전문 용어에는 '일제 잔재'가 많이 남아 있었다. 말만 남아 있는 게 아니라 그 말이 기반하고 있는 시스템이 다분히 일본식이었다.

왜 그랬을까? '문명의 힘' 때문이다. 강한 놈이 약한 놈을 집어삼킨다. 그 강함은 하루아침에 이뤄진 게 아니고, 오랜 기간 노력을 거듭해서 쌓아올린 것이다. 약한 놈이 아무리 억울해도 그 정도의 축적을 이루지 못하면 강한 놈에게서 빠져나올 수가 없다. 그러면 그 힘의 축적은 어디서 배우는가? 자기를 지배하고 있는 자에게서다. 그게 가장 쉽고, 빠르고, 피하려 해도 피하기 힘든 길

일본의 전후 역사학을 이끈 근대사가 도야마 시게키.

이다.

전후 역사학을 얘기하려다 옆으로 많이 샜다. 20세기 초부터 일본의 역사학은 일본이라는 국민국가의 건설, 나아가 제국주의적 팽창을 근저에서 지탱해왔다. 이에 대한 반발은 역사학 바깥, 특히 사회과학자들에게서 나왔다. 훗날 '강좌파講座派'라고 불리게 될 이들은 당시 전 세계적으로 유행하던 마르크스주의의 역사 발전단계론을 받아들인 후, 메이지 유신을 어떻게 위치 지울 것인가를 둘러싸고 논쟁했다. 메이지 유신을 절대주의 단계에 위치 짓고, 이를 타도하기 위해 부르주아 민주혁명을 해야 한다고 주장한 사람들이 편찬한 책이 유명한 《일본 자본주의 발달사 강좌》다. '강좌파'라는 이름도 여기서 나왔다(반면 메이지 유신을 불완전하나마 부르주아 혁명을 달성한 것으로 보고, 이에 따라 사회주의 혁명을 주장한 그룹이 '노농파勞農派'다). 이 연구자 중 많은 사람이 일본 공산당원이었으며, 공산당은 소련 코민테른의 지시에 따라 움직였으니, '혁명적 실천', '변혁 과업'이라는 명분으로 학문을 정치에 종속시키는 경향이 다분히 있었다.

황국사관 수립에 종사한 역사학자도 있었지만, 그렇지 않은 사람들은 사료 편찬 사업에 매달리며 정치와 거리를 두고 때를 기다렸다. 전후 역사학을 이끈 근대사가 도야마 시게키가 대표적이다. 그는 24세이던 1938년에 유신사료편찬사무국이라는 정부기관의 편찬관보編纂官補로 취직했다. 유신사료편찬사무국이 메이지 유신과 관련된 방대한 사료 편찬 사업을 마무리하고 황국사관에 입각한 통사 《유신사維新史》(전 5권, 부록 1권) 간행에 착수한 해다. 그는 황국사관에는 전혀 동의하지 않았지만, 거기서 방대한 양의 사료를 접할 수 있었다. 그리고 13년 후인 1951년, 37세의 나이에 지금은 고전이 된 《메이지 유신》을 간행했다. 38세의 마루야마 마사오丸山眞男가 《일본 정치사상사 연구》를 펴내기 1년 전이었다.

이후 일본 지성계는 이 두 책을 등대 삼아 진보 마르크스주의와 근대주의(리버럴)가 서로 경쟁하며 판도를 양분해왔다. 역사학계는 하루아침에 분리수거된 황국사관을 대신해, 강좌파를 계승하는 사적 유물론자들이 주류 자리를 차지했다. 이들은 군국주의에 대해 강렬한 비판의식을 갖고 있었고, 그 연원을 메이지 유신의 절대주의 체제 성립에서 찾았다. 제국일본에 반감을 갖고 있었으니 피식민지민에게는 동정적이었다. 소위 '양심적 일본 지식인'들이다. 역대 일본 정부가 식민 지배에 대해 감히 헛소리를 못하고 20세기 말에 '통절한 사죄와 반성'을 표하게 된 데에는 이들의 역할이 컸다.

그런데 지금 그 거대했던 전후 역사학은 어디로 사라져버린 것일까. 일본 유학 시절 대부분의 일본 학생들은 촌락사 같은 사회경제사를 연구 주제로 삼고 있었다. 사회경제사를 전공한 교수조차 '좀 다른 주제도 연구하라'며 탄식조로 말하던 모습이 생각난다. 그분이 그런 분위기를 만든 장본인 중 한 명이었겠지만, 그조차도 걱정할 정도로 연구 풍조가 경직되어 있었다. 학위 통과와 교수 자리를 꿈꾸는 학생들이 알아서 일렬종대로 줄을 섰던 것이다.

그때가 1996년, 사회주의 국가들이 무너진 후였는데도 이런 상태였으니 그전 상황은 짐작할 만하다. 정치와 이데올로기에서 과감히 독립하지 못하고, 방법론의 혁신을 거부하며 수십 년 동안 안주하는 사이에 전후 역사학은 서서히 그 활력을 잃어갔다. 일반 사회는 물론이고 인근 학문 분야에도 새 바람이 불고 있었건만 전후 역사학은 요지부동, 변화를 거부했다. 국민 작가 시바 료타로의 역사소설이 전 국민의 역사 인식을 사로잡는 것을 보면서도, '역사학의 주인은 우리'라며 NHK 대하드라마에 점잖게 고증자문을 하는 역할에 만족했다. 그 모습은 오래된 이론과 교조에 얽매여 혁신을 거부하고 만년 야당을 '즐기다' 몰락한 일본 사회당과 닮았다. 역사의 신은 누구의 발이 땅에 붙어 있지 않고, 허공에서 팔랑거리는지를 찾아 돌아다니고 있다. 분리수거를 위해.

도판 출처

이 책에 실린 그림과 사진은 저작권자의 허가를 받은 것입니다.
단 저작권자와 연락이 닿지 않아 부득이하게 허가를 구하지 못한 경우,
연락이 닿는 대로 절차에 따라 허가를 받고 사용료를 지불하겠습니다.

44쪽 마에다 쓰토무前田勉, 《에도의 독서회江戸の読書会》(2012) 일본어판 표지
65쪽 히코네성 박물관 홈페이지
342쪽(1) 연합뉴스
342쪽(2) 연세대 김대중도서관

한국인의 눈으로 본 근대 일본의 역사

초판 1쇄 발행 2025년 7월 21일
초판 2쇄 발행 2025년 9월 1일

지은이 박훈
발행인 김형보
편집 최윤경, 강태영, 임재희, 홍민기, 강민영, 송현주, 박지연, 김아영
마케팅 이연실, 김보미, 김민경 **디자인** 김지은, 박현민 **경영지원** 최윤영, 유현

발행처 어크로스출판그룹(주)
출판신고 2018년 12월 20일 제 2018-000339호
주소 서울시 마포구 동교로 109-6
전화 070-5080-4113(편집) 070-8724-5871(영업) 팩스 02-6085-7676
이메일 across@acrossbook.com 홈페이지 www.acrossbook.com

ⓒ 박훈 2025

ISBN 979-11-6774-221-6 (03910)

• 잘못된 책은 구입처에서 교환해드립니다.
• 이 책은 저작권법에 따라 보호를 받는 저작물이므로 무단 전재와 무단 복제를
  금지하며, 이 책의 전부 또는 일부를 이용하려면 반드시 저작권자와
  어크로스출판그룹(주)의 서면 동의를 받아야 합니다.

만든 사람들
편집 강태영 교정 오효순 디자인 박대성